아이클라우드,
그다음의 충격

아이클라우드, 그다음의 충격

지은이 공병환
펴낸이 안용백
펴낸곳 (주)넥서스

초판 1쇄 인쇄 2012년 4월 15일
초판 1쇄 발행 2012년 4월 20일

출판신고 1992년 4월 3일 제311-2002-2호
121-840 서울시 마포구 서교동 394-2
Tel (02)330-5500 Fax (02)330-5555

ISBN 978-89-5994-275-6 03320

www.nexusbook.com
넥서스BIZ는 (주)넥서스의 경제경영 브랜드입니다.

아이클라우드, 그다음의 충격

넥서스BIZ

클라우드를 점령하는 기업이
미래를 독점한다

스티브 잡스가 타계했다는 소식을 접했을 때 슬픔과 놀라움을 감출 수 없었다. 오랫동안 잘 알고 지내던 멘토가 곁을 떠난 느낌이었다. 만난 적도 없고 대화를 나눠본 적도 없지만 그의 죽음이 큰 슬픔으로 다가온 것은 그가 꿈꿔왔던 세상을 나도 모르게 동경하고 있었기 때문인지도 모르겠다. 그리고 지금까지의 관행에서 벗어나 소비자를 위한 제품을 만들어왔던 그의 모습이 진정성을 띠었기에 더욱 슬프게 다가오는 것 같다. 이제 그는 없다. 그가 없는 애플을 사람들이 계속해서 사랑할지는 알 수 없다. 다만 애플의 미래는 지금의 애플이 그의 철학을 얼마나 어떻게 소화하느냐에 달려 있다고 생각한다.

이 책을 집필하면서 가장 많이 든 생각은 '왜 그토록 많은 사람들이 아이폰과 아이패드에 열광할까?'라는 의구심이었다. 애플리케이션 스토어Application Store(이하 앱스토어)라는 새로운 시장을 개척해 소비자들이 원하는 좋은 프로그램들을 개발하게 한 성과가 무척 크기는 하지만, 다른 플랫폼 회사에서도 유사한 시장을 곧바로 구축했다. 물론 질적인 부분과 양적인 부분에서 차이가 있기는 하지만 다른 플랫폼의 스마트폰이나 터치패드를 사용해도 비슷한 경험을 할 수 있다. 언론은 오직 앱스토어에 등록된 애플리케이션의 개수가 다른 플랫폼보다 많기 때문에 애플이 경쟁력 있다고 하지만 그것은 애플 제품을 선택할 수 있게 하는 하나의 요인이지 지금처럼 애플에 열광하게 만드는 요인은 아니다.

IT 분야 시장조사 회사인 파이퍼 재프리Piper Jaffery가 미네소타 미니애폴리스 지역 216명을 대상으로 설문조사를 진행한 결과, 아이폰 이용자의 94퍼센트가 다음 스마트폰으로 다시 아이폰을 이용하고 싶다는 응답을 했다. 이런 수치는 열광이라는 표현을 넘어선다. 절대적으로 신봉하고 있다는 느낌이다.

"왜 그런지 한 번 써보면 알 수 있어!"

써봐야 알 수 있다는 것은 단순히 하드웨어나 스펙, 어플의 수가 아이폰의 경쟁력이 아니라는 얘기다. 정량적으로 비교하기 어려운 정성적인 부분이 있다는 말인데, 정말로 소비자가 편하게 쓸 수 있도록 디자인부터 많은 고민을 해서 여러 차례 다듬어진 제품이라는 뜻이다. 하지만 대부분의 언론들은 오직 정량적인 부분만을 가지고 비교와 판단을 하려고 한다. 소프트웨어가 중요하다고 말하지만 여전히 하드웨어에 입각한 사고와 판단을 하고 있다는 증거다.

애플은 2011년 3월 아이패드2를 발표할 때 iOS4.3도 같이 소개했다. 대중의 관심은 아이패드2에 집중되었지만 정작 주목해야 할 것은 iOS4.3에 속해 있는 개인용 핫스팟이라는 기능이었다. 그것은 기존에 테더링tethering이라는 이름으로 있었던 기능인데, 애플이 의도를 갖고 이 부분을 강화한 것이었다. 완전히 새로운 기능도 아닌 당시 업그레이드 발표에서 개인용 핫스팟이 핵심 기능으로 표현된 이유가 무엇인지 많은 생각을 하게 되었다.

개인용 핫스팟이란 아이폰을 이용해서 무선 인터넷이 불가능한 다른 애플 제품도 무선 인터넷을 사용하게 하는 기능이다. 가지고 있는 애플 제품 중 하나만 무선 인터넷이 된다면 나머지 제품들도 무선 인터넷을 사용할 수 있게 되는 것이다. 애플 제품은 언제든지 무선 인터넷에 연결될 수 있게 한다는 잡스의 의도인데, '왜 그렇게 했을까?'라는 고민을 많이 했다. 단순히 소비자의 편리성에만 의미를 두고 개발한 기능이라고 보기에는 지나치게 큰 비중을 차지한다는 생각이 들었다.

도대체 스티브 잡스와 애플은 무엇을 의도한 것일까? 그렇다. 이제 애플도 드디어 클라우드 세상에 본격적으로 진입하겠다는 의지를 드러낸 것이다. 애플의 클라우드가 완성되기 위해서는 애플의 모든 제품이 인터넷 접속이 가능해야 하는데, 그 부분에 대한 문제를 개인용 핫스팟으로 풀어내고자 한 것이다. 결국 개인용 핫스팟은 애플이 클라우드를 구현하는 첫 단추였던 셈이다. 아니나 다를까 2011년 6월 6일, 잡스는 애플의 세계 개발자 회의Worldwide Developers Conference, WWDC에서 아이클라우드를 발표했다.

애플과 스티브 잡스에 대한 자료 수집과 연구를 시작한 지는 2년이 넘었지만 원고 작업 기간은 9개월쯤 된 것 같다. 이 책을 집필하는 도중에도 애플은 끊임없이 새로운 기술과 행보로 세상의 주목을 끌었다. 그로 인해 이 책과 관련이 깊은 항목에 대해 다시 분석하여 원고를 수정해야 하는 수고가 계속 발생했다.

우리가 언론으로부터 접하게 되는 스티브 잡스의 내용을 보다 보면 재미있는 점이 있다. 그것은 바로 언론의 입장에서 자극적인 내용들은 즉시 공개되지만 불편한 진실들은 커튼 뒤에 숨겨놓는다는 것이다. 그래서 노력하지 않으면 쉽게 애플의 의도를 찾을 수 없다. 그렇다고 정보를 찾는 것이 불가능한 것은 아니다. 지금은 원하는 정보를 구하는 루트가 다양하기 때문에 노력과 시간이 필요할 뿐이다. 나는 언론에서 다루지 않은 잡스의 행보에 대해서도 자료를 수집하며 이런저런 분석을 계속해왔다. 우리나라 언론에 아직 공개되지 않은 그의 행보까지 중요하게 봐야 하는 이유는 그런 행보에 따른 결과가 당장은 아니더라도 언젠가 중요한 영향을 미치기 때문이다.

이런 관점에서 최근에 있었던 삼성전자와 애플 간의 특허 소송은 그냥 지나쳐서는 안 될 중요한 이슈다. 애플의 입장에서 볼 때 삼성전자는 경쟁자이자 부품을 공급해주는 훌륭한 조력자이다. 애플은 부품 업체로부터 안정적으로 부품을 공급받는 것이 매우 중요한 상황임에도 세계 메모리 분야 업계 1위인 삼성전자를 상대로 특허 침해 소송을 감행했다. 더구나 일본이 지진 등으로 안정적인 부품 공급이 되지 않을 수도 있음을 인지한 상황에서 삼성전자를 상대로 소송을 걸었다는 것은 많은 생각을 하게 만들었다. 굳이 소송까지 하지 않아도 협의를 통해서 충분히 풀 수 있는 문제였고, 만약 삼성전자로부터 안정적인 부품 공급이 이루어지지 않으면 애플도 크게 영향을 받을 수밖에 없는 상황이었다.

그런데 이 같은 애플의 행보는 아이클라우드의 발표를 듣고 나서야 이해가 되었다. 클라우드 세상에 진입하면 더 이상 고용량의 메모리가 개인용 디바이스에 들어갈 필요가 없어진다. 이제껏 애플에게 커다란 조력자였던 삼성전자가 클라우드 세상에서는 그리 큰 조력자가 아니게 되고, 오히려 안드로이드 진영의 대표 주자로 애플의 경쟁자로만 남게 된다. 잡스는 이런 계산까지 하고 나서 삼성전자에 대한 특허 침해 소송을 진행한 것이다. 부품 업체에 소송까지 건 상황이니 애플은 더욱 빠른 속도로 아이클라우드의 역량을 키우는 데 집중할 것이다.

스티브 잡스는 천재이자 IT계의 리더였다. 아이폰 때문에 스마트폰 세상이 훨씬 빨리 찾아왔으며, 빌 게이츠가 그토록 성공시키고 싶어 했던 스마트패드도 아이패드가 출시되고 나서야 전 세계적으로 확산되었다. 나는 언론이 이러한 잡스의 장점이 아닌 단점만 보고 문제점을 들춰내려고 할 때 많이 안타까웠다. 그의 부족한 부분에 대해서 떠들 시간에 그의 장점을 배워서 애플과 같은 기업을 창출해내는 것이 더 바람직한 모습이 아닌가 싶다. 잡스는 바둑을 두듯 중요한 부분에 미리 포석을 놓아두고 조금씩 그 영향력이 발휘되도록 세상을 움직였다. 그러므로 그의 의도를 파악해 대응하기 위해서는 그의 말과 행동을 깊이 고민하고 분석해볼 필요가 있다.

스티브 잡스와 관련된 책들은 이미 많이 나와 있다. 하지만 대부분 한 가지에만 집중하고 있다. 애플을 창업하고 애플에서 쫓겨난 이야기, 그리고 다시 애플로 복귀해 독불장군과 같은 고집과 투지로 재기에 성공한 인생 이야기이다. 물론 잡스 개인의 인생사도 충분히 의미가 있기는 하지만 중요한 것은 세계 IT 업계의 지도를 새로 그려낸 잡스와 애플의 현재와 미래이다. 잡스가 무슨 생각을 했고 현재 구축된 애플 생태계를 어떻게 발전시켜왔으며, 애플은 앞으로 어떤 제품과 서비스로 애플랜드를 완성시킬지가 더 중요하다. 또한 컴퓨터 회사였던 애플이 왜 스마트폰을 만들었으며, 애플TV까지 사업 영역을 넓혀가고 있는지 이해할 필요가 있다. 이에 대해 어느 누구도 답을 주지 않고 있고, 답을 가진 사람들도 세상에 알리려고 하지 않는다. 종종 버진 그룹의 리처드 브랜슨이 잡스와 비슷한 기업가로 비교되기도 하지만, 잡스는 생각만큼 즉흥적으로 새로운 사업에 뛰어들지 않았다. 전자공학을 사랑했던 엔지니어 출신의 잡스는 좀 더 철저하고 계획적으로 새로운 제품을 하나씩 내놓으며 애플이라는 커다란 성을 구축했다는 사실을 인지해야 한다.

이 책의 목표는 인간 스티브 잡스를 알고자 하는 것이 아니라 그가 무슨 생각으로 애플이란 생태계를 만들었는지, 그리고 앞으로 애플랜드는 어떤 식으로 더 확장되어 나갈지를 분석하고 예측하는 것이다. 이제 잡스는 떠나고 없다. 하지만 애플에 그의 철학과 영혼이 심어져 있기에 잡스를 정확히 이해하지 못하고서는 애플의 미래도 정확히 예측할 수 없다. 독창적이고 천재적인 재능을 지닌 잡스와 애플의 의도를 100퍼센트 파악하는 것은 상당히 어렵다. 하지만 잡스가 살아온 인생과 그가 제품에서 추구한 철학을 이해하고 그가 관심을 두었던 기술과 인수한 기업들을 살펴본다면 그가 어떤 미래를 꿈꾸었고 그 미래를 이루기 위해서 애플이 무엇을 할지 충분히 알아낼 수 있다. 가끔 그의 아픈 기억도 들춰야 하고 오래된 정보들도 꺼내 퍼즐을 맞추듯 논리의 조각을 맞추어야 하겠지만, 이런 과정을 충분히 거쳐야만 아이클라우드 이후의 세상도 충분히 예측할 수 있다.

잡스의 생각을 알아맞힐 수 있는 가장 큰 힌트는 애플 제품에 그 자신의 철학을 담았다는 사실이다. 트렌드와 기술에 의존해서 제품을 내놓는 보통의 기업과 달리 그는 자신의 철학을 근간으로 해서 제품을 만들었다. 아이폰4S도 바로 그 대표적인 사례다. 많은 언론들이 아이폰5의 출시를 기대하며 그 스펙에 대해서 다양한 예측을 했지만 모든 추측을 뒤집고 아이폰4S가 출시되었다. 사람들이 은근히 바랐던 큰 사이즈의 화면과 LTE나 NFC 기술 등은 모두 빠져 있었다. 애플은 자신들의 로드맵을 근간으로 제품을 만들고 주변 환경을 충분히 고려해 소비자가 애플 제품을 받았을 때 전혀 불편함이 없도록 제품을 디자인한다. LTE 버전이 나오지 않은 이유에 대해서 일부 사람들은 LTE 통신칩의 사이즈가 커서 아이폰의 슬림한 디자인으로는 어려웠을 것이라고 추측했지만, 내 개인적인 판단으로는 아직 LTE 통신 인프라가 미국과 기타 주요 국가에서 충분히 완성되지 않았기 때문으로 보인다.

스티브 잡스는 아이패드2 발표장에서 "2011년은 애플을 따라하는 따라쟁이의 해가 될 것이다."라는 말을 던졌다. 많은 기업 대표들의 입장에서는 상당히 자존심 상하는 말이지만 그가 그렇게 단언한 데는 여러 가지 이유가 있다. 그중 하나는 애플 제품에 담긴 철학은 다른 기업이 절대 모방할 수 없다는 자부심에서 비롯했다는 것이다. 기업들의 생태계가 변하고 있다. 애플은 단순한 기술 개발이 아니라 제품에 철학을 담고 세상을 변화시키고자 하는 비전을 담아야 함을 몸소 보여준 것이다. 영혼과 생명이 담기지 않은 죽은 기계 덩어리는 더 이상 사람들의 관심을 끌지 못한다는 역설이었다.

《오즈의 마법사》에서 도로시는 노란 길을 따라 마법사가 사는 곳으로 찾아간다. 노란 길은 마법사가 살고 있는 에메랄드 시로 연결되어 있다. 아무 생각 없이 그냥 노란 길을 따라가면 결국 에메랄드 시로 들어가게 되는 것이다. 이런 상황은 애플이 현재 추구하는 모습과 아주 유사하다. 노란색 길은 애플의 아이클라우드와 비교할 수 있다. 사람들은 애플이 깔아놓은 아이클라우드를 사용하면서 자신도 모르게 애플랜드까지 들어가게 되는 것이다. 도로시가 노란 길을 따라서 에메랄드 시로 찾아가는 것과 비슷한 상황이다. 그러나 애플랜드에 들어간다는 것이 무슨 의미인지 이해하는 사람들은 많지 않다. 어쩌면 도로시가 에메랄드 시에 들어간 것처럼 애플랜드에 들어갔을 때 우리는 선택권이라는 커다란 자유를 잃을 수도 있다. 다행인 것은 아직 애플랜드가 완성되지 않았고, 애플랜드로 이어지는 노란색 길도 완벽하지 않다는 사실이다. 그래서 아직까지는 우리에게 애플을 이길 수 있는 기회가 남아 있다.

애플이 깔고 있는 노란색 길은 분명 클라우드이다. 사람들을 안내하는 이 노란색 길이 얼마나 중요하고 큰 의미가 있는지 아는 사람은 별로 없다. 현재 클라우드를 준비하는 기업들은 대부분 플랫폼 기업이나 서비스 업체인데, 오직 애플만 디바이스까지 보유하고 있다. 디바이스를 가진 기업이 클라우드까지 점령했을 때의 파괴력은 우리가 상상하는 것 이상이다. 히틀러는 무력으로 전 세계를 통합하려고 했지만, 이제 무력으로 세상을 통합하는 것은 불가능하다. 대신 플랫폼을 근간으로 세상을 통합할 수 있다. 잡스가 꿈꾸었던 것이 바로 이런 세상까지의 진행이다. 물론 이런 세상이 왔다고 해서 소비자가 불편할 일은 전혀 없다. 오히려 단순하고 더욱 편리해질 것이다. 다만 선택권이라는 중요한 자유만을 잃어버리게 되는 것이다. 애플을 이기기 위해서는 반드시 잡스의 제품 철학을 이해해야 한다. 어렵지만 불가능한 일은 절대 아니다. 다만 아무도 이런 시도를 하려고 하지 않았을 뿐이다.

우리 아이들을 위해서라도 우리 기업들이 잘되어야 한다고 생각한다. 출근할 때마다 통근 버스에서 내리는 수많은 사람들을 보면서 가끔 이런 생각을 하곤 한다.

'하나의 기업을 통해서 먹고사는 사람들이 정말 많구나!'

기업에서 일하는 사람뿐 아니라 청소를 하시는 분, 건물의 보수를 담당하시는 분, 식사를 제공해주시는 분 등 하나의 기업을 근간으로 많은 사람들이 생계를 유지하고 있다. 만약 이런 기업이 우리나라에서 점점 사라지면 어떻게 될까? 우리 아이들이 성장했을 때 이런 기업들이 사라져서 일할 곳이 없어지면 어떻게 될까? 상상하기도 싫지만, 충분히 가능한 이야기이다.

우리나라의 많은 기업들이 세계적 수준의 좋은 기업이 되지는 못할지라도 절대로 무너지거나 사라져서는 안 된다. 우리 아이들의 미래가 사라지기 때문이다. 새로운 벤처를 통해서 신생 기업도 많이 나와야 하지만 기존 기업들도 꾸준히 성장해서 우리 아이들이 일하고 부가가치를 창출할 수 있는 기회가 많아져야 한다. 그래서 애플과 스티브 잡스를 배워야 한다. 애플과 경쟁하기 위해서는 반드시 그들을 정확히 이해하고 그들의 모든 생각을 알아야 한다. 그래야 앞으로 일어날 일에 대비할 수가 있다.

애플이 비록 좋은 기업이고 애플 제품이 경쟁력 있긴 하지만 애플이 모든 것을 독점하는 세상이 오는 것은 소비자로서 결코 반갑지만은 않다. 이 책을 읽고 나면 애플과 스티브 잡스의 생각, 전략, 그리고 그다음 제품의 디자인까지 많은 부분을 이해하게 될 것이다. 그러고 나서 우리가 무엇을 해야 할지 더 많은 고민과 토론이 이어져야 한다. 애플이 비록 강하고 반론의 여지가 없는 IT 선두 기업인 것은 분명하지만 결코 넘어설 수 없는 산은 아니다.

_공병환

차례

스티브 잡스의 애플이
최고인 이유

iCloud

스티브 잡스,
철학을 담고 떠나다

2010년 6월, 스티브 잡스는 애플 WWDC에서 아이폰4를 처음으로 공개했다. 그리고 16개월 후인 2011년 10월, 아이폰4의 후속 모델에 대한 언론의 추측성 보도가 무성한 가운데 아이폰4S가 공개되었다. 사람들은 아이폰5라는 이름으로 새롭게 진보한 스마트폰을 꿈꿨지만, 애플은 이런 바람을 외면하고 아이폰4와 동일한 디자인으로 신제품을 출시했다. 혁신적인 디자인과 기능을 기대했던 사람들은 실망감을 감추지 못했다. 성능 면에서 상당히 좋아진 것은 사실이었지만 새로움을 추구하는 사람들의 기내를 채워주기는 못했다. 또한 제품 출시 전까지 나돌던 다양한 추측들, 예를 들어 LTELong Term Evolution(고속 무선데이터 패킷 통신의 한 종류) 버전, NFCNear Field Communication(근거리 무선통신) 채택, 해상도 향상과 화면 사이즈 확대 등이 모두 사람들의 기대에 불과했다는 결론이 나고 말았다.

이러한 애플의 행보와 잡스의 의도에 대해서 사람들이 제대로 이해하고 파악하기도 전에 또 다른 뉴스가 전 세계를 강타했다. 췌장암에 걸려 치료를 받아오던 잡스가 결국 세상을 떠났다는 소식이었다. 아이폰4S를 발표한 바로 그다음 날 전해진 사망 소식이라 그 충격은 더욱 컸다. 많은 사람들이 그의 죽음을 슬퍼했고, 더 이상 그의 혁신적인 제품들을 볼 수 없다며 무척 아쉬워했다.

잡스를 향한 대중의 사랑은 그가 IT 세상에서 이뤄놓은 업적뿐 아니라 남다른 열정, 관행과 상반되었던 승부수를 던진 그의 창의력에 대한 감사의 표시일 것이다. 그가 애플을 통해 이처럼 혁신적인 활동을 추구하지 않았다면 오늘날 우리는 이렇게 편리한 스마트폰을 접해보지 못했을 것이고, 태블릿PC는 여전히 전문 분야에서만 사용되는 고가의 장비로 남아 있었을 것이다. 제품에 담은 그의 혼과 소비자를 위한 제품을 만들겠다는 그의 진정성이 바로 대중의 사랑을 한 몸에 받아온 이유이다. 기존의 제품에서 경험해보지 못했던 감정을 애플 제품에서는 느낄 수 있게 만든 것이 그가 성공할 수 있었던 까닭인 동시에 많은 사람들로 하여금 그를 따르게 한 힘이었던 것이다.

서울 올림픽 때 1980년대 육상 분야 최고의 스프린터였던 칼 루이스를 본 후 '과연 이 사람을 능가할 선수가 나올까?'라는 의문을 가진 적이 있다. 하지만 칼 루이스가 은퇴하고 10년쯤 지나자 우사인 볼트라는 새로운 스프린터가 새 역사를 만들어냈다. 이와 마찬가지로 잡스의 죽음으로 IT 세상의 혁신이 멈춰버리지는 않을까 염려하는 사람들도 많지만, 우사인 볼트처럼 IT계에도 혁신적인 신예가 나타나 잡스가 이루지 못한 꿈들을 하나씩 이뤄낼 것이다. 세상은 그렇게 발전해왔고, 앞으로도 그렇게 발전해갈 것이다.

아이폰5가 아니라 아이폰4S인 이유

아이폰4S가 출시되었을 때 많은 사람들이 실망한 것은 아이폰5라는 명칭이 아니라는 점과 기존과 다르지 않은 디자인 플랫폼을 적용했다는 점이었다. 그렇다면 아이폰4S의 성능도 기존과 같을까? 물론 그렇지 않다. 일반적인 기업이었다면 사전에 언론 보도에서 예측한 것처럼 화면 사이즈를 좀 더 키우고 해상도를 조금 더 높인 다음 아이폰4S에 들어간 성능을 포함시켜 아이폰5라고 명명했을 가능성이 크다. 애플의 기술력으로 그 정도의 작업은 별로 어렵지 않기 때문이다. 그럼에도 애플은 고객들의 불만이 뻔히 예상되는 가운데 아이폰4S라는 명칭을 붙이고, 아이폰4와 같은 디자인으로 차기작을 출시했다.

그런데 이는 스티브 잡스와 애플의 제품 철학이 반영된 산물로, 지금까지의 아이폰 시리즈를 보면 쉽게 이해된다. 아이폰은 아이폰3G → 아이폰3GS → 아이폰4 → 아이폰4S로 진화했다. 'S'라는 시리즈명이 붙은 것은 같은 디자인에 성능만 업데이트한 제품들이었다.

이런 흐름으로 볼 때 이후 차기작은 아이폰5가 될 것이며, 그다음은 아이폰5S가 될 가능성이 높다. 애플이 잡스의 제품 철학을 이어간다면 분명히 이런 방향으로 흘러갈 것이다. 또한 우리가 미처 감지하지 못하고 있는 한 가지는 시리즈가 거듭될수록 아이폰의 가격은 계속 낮아질 것이라는 점이다. 이번 아이폰4S 역시 플래시 메모리 기준으로 봤을 때 기존 제품보다 가격이 훨씬 저렴하다.

잡스와 애플이 이런 전략을 쓴 이유는 무엇일까? 가장 큰 이유는 제품 변화에 따른 아이폰 주변 생태계의 변화를 심각하게 여기고 이러한 생태계가 망가지지 않게 하기 위해 많은 배려를 한 것으로 볼 수 있다. 아이폰은 그 인기만큼 다양한 액세서리도 많은 제품이다. 아이폰을 도킹해서 아이폰에 저장된 음악을 들을 수 있는 오디오나 아이폰용 케이스 등 수많은 액세서리가 존재한다. 이런 제품들은 애플이 직접 만드는 것이 아니라 애플과 같이 생존하는 기업들이 제작한다. 만약 애플이 제품에 대한 변화를 심하게 하면 이런 액세서리 생태계는 살아남기 어렵게 된다. 앱스토어에 등록되어 있는 애플리케이션의 경우에도 하드웨어적으로 많은 변화를 주게 되면 개발자들 역시 거기에 맞춰서 어플을 수정해야 하며 사용이 불가한 어플들도 생겨날 것이다.

소비자들은 매년 다른 디자인과 좀 더 향상된 하드웨어와 소프트웨어를 바라지만, 이런 소비자들의 바람을 만족시키지 않는 것은 애플과 애플 제품에 기반해 살아가는 수많은 기업과의 공생 관계를 고려하기 때문이다. 생태계를 만든다는 것은 하나의 기업만으로 이뤄낼 수 있는 일이 아니다. 주축이 된 하나의 기업에서 파생한 여러 작은 기업들과 개인들이 있어야 가능한 부분이다. 잡스와 애플은 이런 생태계를 최대한 망가뜨리지 않으면서 제품의 성능을 높이는 방안을 고려하지 않을 수 없었을 것이고, 하나의 기기가 최소한 2년 정도는 안정적인 구조로 운영되어야 한다고 생각했던 것이다.

그런 애플에게 거대한 변화가 생겼다. 어떤 외풍이 불어도 그들 고유의 철학대로 제품을 만들 수 있었던 가장 큰 이유는 스티브 잡스라는 인물이 존재했기 때문이다. 그런데 수많은 소비자들의 바람에도 자신의 제품 철학에 따라 16개월 만에 내놓은 제품을 아이폰4S라고 명명할 수 있는 배짱을 가진 인물이 사라졌다. 많은 사람들은 잡스 없는 애플이 그들의 방식대로 제품을 디자인하고 제품을 출시할 수 있을지에 대해 의문을 갖는다. 애플은 최소한 잡스가 로드맵을 그려놓은 상당 기간 동안은 큰 변화 없이 흘러가겠지만, 그 이후에는 어떻게 변화할지에 대해 확신을 갖지 못하는 모습이다. 그러나 어쨌건 세상이 원하는 방식대로 제품을 기획하고 내놓는다면 그 시기부터 애플은 혁신이 사라진 평범한 기업이 되었다고 판단하면 된다.

인공지능을 갖춘 강력한 음성 인식, 시리

애플은 항상 생각한 것보다 조금 더 빠른 행보로 사람들을 놀라게 한다. 나는 인공지능이 애플의 향후 모든 제품의 기본 틀이 될 것이며, 인공지능의 외형적인 모습은 음성 인식 기술이 될 것이라고 예측해왔다. 하지만 솔직히 아이폰4S에 바로 적용될 것이라고는 생각하지 못했다. 아이클라우드가 예상보다 1~2

년쯤 앞당겨 발표된 것처럼 강력한 인공지능이 포함된 음성 인식 기술이 2011년 제품에 포함될 것이라고는 생각하지 못했다.

음성 인식 기술, 특히 인공지능과 연계된 음성 인식 기술은 애플의 향후 행보와 맞물려 아주 중요한 부분이다. 구글 역시 음성 인식 기술을 확보해둔 상태이다. 현재는 구글과 애플 두 기업의 싸움처럼 보이는데, 다른 기업들이 이 기술을 과소평가하고 방관한다면 앞으로 IT 산업에서 핵심적인 기업으로 존재하기는 어려울 것이다.

음성 인식이 중요한 이유는 바로 UI_{User Interface}(사용자 인터페이스)의 역할을 하기 때문이다. 애플의 현재 UI 핵심은 멀티 터치다. 하지만 시리_{Siri}[1]가 도입되면서 UI의 핵심은 점차 변화하게 될 텐데, 바로 음성 인식이 그 자리를 천천히 차지하게 될 것이다. 이것은 아이폰에만 국한된 상황이 아니다. TV에도 아이팟에도 모두 적용될 것이며 불필요한 지식에 대한 부담을 덜어주는 역할을 할 것이다.

스마트TV를 스마트하게 사용하기 위해서는 아주 복잡한 리모컨의 등장이 불가피한 상황이다. 아이폰이나 아이패드가 애플TV의 리모컨 역할을 해줄 수는 있지만 소비자 입장에서는 이것도 상당히 불편하다. 대안은 음성 인식 기술과 모션 인식 기술밖에 없다(이 부분은 3파트 5장 '애플TV에 대한 노림수'에서 좀 더 자세히 다룬다.).

애플은 세계 최고의 음성 인식 기술을 아이폰4S에 포함했다. 또한 생각보다 뛰어난 인공지능까지 연계해서 출시했다. 기존의 음성 인식은 명령어에 대해서 버튼을 대신하는 기능만 했기 때문에 활용도가 그다지 높지 않았지만 아이폰4S는 자연어를 인식해서 2, 3단계의 작업을 스스로 알아서 처리할 수 있다. 이 기능은 애플 제품 전체에 대해 매 단계마다 가치를 높이는 역할을 할 것이다. 우

---

1. 사용자의 위치, 시간, 취향 등 여러 가지 요소들을 적용해 요청한 내용을 해석해 적당한 답을 제공하는 인공지능 소셜 애플리케이션

리 기업들이 추후 애플로부터 음성 인식에 대한 기술 특허 공격을 받지 않기 위해서는 반드시 이 기술을 확보해두어야 한다. 인공지능까지 연계된 음성 인식 기술을 확보하지 않으면 향후 IT 산업 전 분야에서 큰 어려움을 겪게 될 가능성이 크다.

잡스 없는 애플,
쉽게 무너지지 않는다

영국의 일간지 〈데일리 메일〉이 현지 시간으로 2011년 10월 8일 스티브 잡스에 대한 특별한 소식을 전했다. 잡스는 투병 중에도 향후 4년 동안의 애플 신제품을 미리 준비했다는 내용이었다. 기사에 따르면 잡스는 사망하기 1년 전부터 자신의 죽음을 예감하고 아이폰과 아이팟, 아이패드, 맥북 등의 새로운 버전을 위한 로드맵을 직접 챙겼으며 향후 4년 동안의 신제품 개발을 위한 청사진을 마련해두었다고 한다. 또한 우주선 모양의 애플 신사옥 건설도 진두지휘했는데, 지난 2011년 6월에는 직접 쿠퍼티노 시의회 청문회에 나가 신사옥의 필요성을 역설하였고, 그의 역작인 아이클라우드의 개발이 지지부진하자 개발자를 직접 독려하기도 했다는 것이다. 그러한 노력으로 애플은 잡스가 없어도 최소한 4년 정도는 로드맵에 의해 운영될 것이고, 당분간은 잡스가 있을 때처럼 그의 철학을 근간으로 움직일 것이라고 예상하였다.

물론 대부분 기업들은 장기 로드맵을 가지고 있다. 어떤 제품을 만들고 어떻게 변화시킬지에 대해서 미리 생각하고 준비를 하지만 사회 변화가 심하기 때문에 로드맵대로 운영하기는 무척이나 어렵다. 부품을 개발하는 기업에서는 장기 로드맵의 실현이 오히려 쉬울 수 있다. 직접적으로 최종 소비자를 만나지 않기 때문에 기술 개발 부분에 집중해서 장기 개발 로드맵을 작성할 수 있다. 그러나 최종 소비자를 만나는 완제품 개발기업에서 몇 년간의 시황을 내다보고 장기 로드맵을 구성하기란 무척이나 어려운 일이다.

예컨대 2008년 세계 경제를 뒤흔든 리먼 브라더스 사태나 최근 이슈가 되고 있는 유럽 여러 국가들의 재정 위기 등으로 세계 경제에 큰 위기가 찾아오면 대부분 기업은 매출 감소라는 커다란 고통을 겪게 된다. 그러한 고통 속에서 처음 세웠던 로드맵으로 기업을 운영하기란 상당히 어렵다. 그런 큰 변화가 찾아오면 사람들의 소비 패턴도 크게 변화하기 때문이다. 한때 넷북이 큰 인기를 끈 것처럼 저가 제품에 대한 수요가 늘어나고 새로운 소비를 최대한 줄이는 경제활동이 일어날 것이다. 그러면 기업들은 그런 소비자의 입맛에 맞춰서 제품 구성을 다시 하게 된다. 하지만 잡스가 운영했던 애플은 그런 시장의 변화에 아랑곳하지 않았다. 애플은 자신만의 로드맵대로 제품을 출시하여 세계의 주목을 끌어왔다.

스티브 잡스가 미리 준비한 최소 4년의 로드맵이 중요한 것은 애플 제품의 트렌드를 그가 직접 그려놓았다는 사실이다. 이는 애플 제품은 세계 시장의 분위기와 상관없이 출시를 하겠다는 의미다. 지금까지는 잡스가 지켰던 애플의 방식 때문에 다음 모델이 어떤 식으로 변화할지 예측할 수가 있었다. 그는 로드맵을 그릴 때 자신의 제품 철학 아래 제품에 대한 세세한 스펙을 마련했다. 그의 다음 행보를 파악해낼 수 있었던 것은 바로 잡스라는 인물이 어떤 사람인지 알려졌기 때문이다.

물론 잡스가 떠난 자리를 메운 사람들이 과연 이런 식으로 애플을 운영할지는 좀 더 두고 봐야 할 부분이다. 특히 로드맵이 모두 끝난 뒤가 가장 중요한 시점이 될 것이다. 잡스처럼 철저하게 구상해둔 로드맵대로 기업을 운영할지, 아니면 세계 시장의 기민한 트렌드에 발을 맞추고 이사회 의견에 따라 운영하는 평범한 기업이 될지는 역시 5년 이상의 긴 시간이 지나봐야 알 수 있을 것이다.

애플대학, 잡스 유전자를 키운다

한때 우리나라 기업들이 GE를 열심히 벤치마킹한 적이 있다. 잭 웰치Jack Welch가 GE의 CEO로 있었을 때 가장 절정이었다. 웰치의 업적에는 여러 가지가 꼽히지만 그중 인재 육성 차원에서 운영된 크로톤빌Crotonville이 가장 큰 성과로 평가된다. 많은 기업들이 인재 육성의 중요성을 강조하면서도 인재를 어떻게 육성할 것인가에 대해서는 합리적인 답을 찾지 못하던 시절, GE는 크로톤빌로 그 문제의 해답을 찾아냈다. 대학이나 경영연구소에서 가르쳐주지 않는 실제 경영에 필요한 각종 경영 기법을 체계적으로 정리해서 경영진이 될 사람들을 대상으로 교육을 진행했다. 웰치가 GE를 떠나더라도 다음 후계자가 더 큰 성과를 낼 수 있는 체계를 구축하기 위해서였다.

이러한 고민은 스티브 잡스도 마찬가지였다. 많은 애널리스트들은 애플이 잡스에게 절대적으로 의지한 것이 가장 큰 단점이며 그가 애플을 떠난다면 애플의 미래는 불투명하다고 예측했다. 잡스 역시 그 점을 정확하게 인식하고 있었다. 시간이 지난다면 잡스 아닌 또 다른 잡스가 애플을 이끌어야 했기 때문이다. 애플은 잡스가 떠나자 그동안 비밀리에 준비해왔던 애플대학Apple University을 공개했다.

애플대학은 일반 대학이 아닌 애플 사 임원 교육 프로그램의 성격이 강한 교육 기관으로, 혁신적으로 생각하고 행동하는 것을 교육 목표로 운영된다. 이 대학의 학장은 예일대학교 경영대학원장 출신인 조엘 포돌니Joel Podolny가 맡았으며, 잡스의 남다른 창의성을 배우고 기존의 성공 방정식을 다각도로 분석해서 계속적으로 애플이 성공할 수 있는 전략을 수립할 수 있는 인재를 육성하는 것이 이 대학의 가장 큰 목적이다. 잡스의 빈 자리가 매우 큰 것은 사실이지만 애플은 그의 뒤를 이을 인재를 육성하고 있으며, 그들의 능력도 세계 유명 기업의 경영진과 비교했을 때 결코 뒤지지 않는다.

특히 잡스와 13년 이상 같이 근무했고 현재 CEO인 팀 쿡Tim Cook은 쓰러져가던 애플을 일으켜 세운 큰 공로자이다. 1998년에 애플에 입사했으니 잡스와 함께 위기에 처한 애플을 구했을 뿐 아니라 현재의 애플을 있게 만든 명장 중의 한 명이다. 그가 지금의 자리에 오를 수 있었던 것도 그만큼 잡스의 철학을 정확히 이해하고 추진했기 때문이다. 따라서 잡스가 없는 팀 쿡 체제 아래에서도 기존의 애플이 가졌던 기조가 크게 달라지지는 않을 것으로 보인다.

게다가 애플 제품에 대한 콘셉트와 방향이 잡스의 철학과 직관, 강한 의지에 의해서 결정되었다고 하지만 애플 역시 4만 6,000여 명이 근무하는 대기업이다. 방향은 잡스가 정했지만 회사는 체계적인 시스템에 의해서 운영되었으며, 각 시스템의 최고 담당자와 직원들이 협력해 잡스가 구상하는 제품 콘셉트를 완성해왔던 구조다. 그리고 각 분야의 직원들은 여전히 세계 최고 수준의 실력을 갖추고 엄격한 기준에 의해 선발된 인재들이다. 잡스가 떠난 자리를 팀 쿡이 잘 메워준다면 애플의 향후 시스템은 무리 없이 운영될 것이다.

애플의 인재는 여전히 세계 최고다

CEO인 팀 쿡의 가장 큰 장기 분야는 관리이다. 그는 산업공학을 전공했고, 애플에 입사하기 전까지 컴팩에서 재료 분야의 부사장으로 일했다. 그가 스티브 잡스를 이을 CEO가 될 수 있었던 가장 큰 이유는 잡스의 철학을 가장 잘 이해했기 때문이다. 쿡은 일밖에 모르는 일벌레라는 이미지와 모든 분야에 완벽을 기하는 성격을 가졌다는 점에서 잡스와 유사한 점이 많다. 일을 향한 그의 열정에 대해 애플의 임원인 마이클 제인스Michael Janes가 소개한 일화는 매우 유명하다. 쿡은 싱가포르 출장을 가는 18시간의 비행 동안 옆 사람과 대화를 나눌 틈도 없이 몰입하여 일을 하고, 새벽 6시에 싱가포르에 도착한 후에는 샤워만 하고 다시 12시간 동안의 마라톤 회의에 참석할 만큼 무척이나 열정적인 사람이라는 것이다.

애플의 CEO로 팀 쿡 외에 디자인 총괄 부사장인 조너선 아이브Jonathan Ive가 거론되기도 했다. 그는 1992년에 애플에 입사해서 잡스와 같이 아이맥 시리즈를 만들고 애플의 모든 제품 디자인에 대한 총책임을 맡았던 인물로, 20세기 최고 디자이너 중 한 사람으로 평가받는다. 잡스는 그의 디자인 능력을 인정해 불과 서른 살 나이의 아이브를 애플의 디자인 분야 부사장으로 추천했다. 능력이 뛰어나고 그런 점을 잡스가 인정했다 하더라도 서른 살의 부사장은 매우 파격적인 인사였다. 물론 이 실험은 성공적이었다. 그는 잡스가 생각했던 애플 제품에 대한 혁신을 디자인 분야에서 완벽하게 소화해냈다. 애플 제품의 강점인 단순함simple과 모던함이 모두 그의 손에서 나왔다. 애플 디자인의 단순함과 모던함은 소비자에게 매우 신선하게 다가갔으며, 꽤 오랜 시간이 흘러도 촌스럽지 않은 애플만의 만족감을 안겨주었다.

이처럼 위대한 성과를 낸 두 명의 뛰어난 인물 중에서 팀 쿡을 선택하기까지 잡스는 많은 고민을 했다. 조너선 아이브가 없는 애플의 디자인은 잡스가 없는 애플과 같았기 때문이다. 특히 아이브가 계약 종료와 함께 고향인 영국으로 돌아가고자 하는 속내를 자주 비췄다는 사실이 알려진 상황에서 그를 잡아두기 위해 CEO 자리가 당근 역할을 할 수도 있었다. 하지만 CEO는 기업 전체를 볼 수 있어야 하고, 기업의 장기 미래를 정확히 그려낼 수 있어야 하며, 기업 내부의 전 조직을 기업의 미래에 맞춰서 운영할 수 있어야 한다. 특히 잡스는 애플의 CEO라면 혁신적인 생각을 하며 그런 생각을 현실로 이뤄낼 때 발생되는 많은 장애물을 극복할 수 있어야 한다고 믿었다. 이런 종합적인 판단을 통해서 팀 쿡이 선정되었다.

앞으로 애플에 닥칠 위기

스티브 잡스가 인재를 활용하는 방식은 독특했다. 그는 아무리 힘든 상황에서도 직원들을 독려하고 고된 업무 강도를 이겨낼 수 있게 하는 능력이 있었다. 그들은 힘든 가운데서도 모두 잡스와 같이 일하는 것을 즐거워하며 그와 함께 창의적인 제품을 출시하는 것을 좋아했다. 잡스와 함께 일을 한다는 이유로 애플에 남아 있던 사람들이 적지 않았다. 그러나 이제는 사람들을 묶어두었던 강력한 고리가 사라졌다. 회사 내 트러블이 발생했을 때 얼마든지 애플을 떠날 수 있는 환경이 만들어졌다. 조너선 아이브 같은 인물이 애플을 떠나면 정말로 큰 어려움을 겪게 될 것이다.

물론 한 명의 인재가 떠난다고 해서 회사가 쓰러지거나 아주 허술한 제품이 출시되지는 않겠지만 강력한 힘이 상당히 분산되는 것은 사실이다. 세계 3대 자동차 디자이너 가운데 한 명으로 꼽히는 피터 슈라이어_{Peter Schreyer}가 기아자동차 디자인 총괄 부사장으로 영입된 뒤 기아차에 어떤 변화가 있었는지 생각해보면 쉽게 이해할 수 있다. K5와 K7의 성공은 바로 뛰어난 디자인 덕분이며, 기아자동차의 매출은 사상 최대를 경신하고 있다. 이는 한 명의 인재가 기업을 어떻게 바꾸는지 잘 보여주는 사례다.

팀 쿡의 가장 큰 역할은 바로 인재의 누수가 발생되지 않도록 막는 일이다. 스티브 잡스가 아닌 이상 잡스라는 깃발 아래 묶어둘 수는 없지만, 잡스와 같이 이룩한 애플이라는 기업을 통해서 사람들을 묶어둘 수는 있을 것이다.

애플이라는 기업은 21세기 IT 산업에서 혁신의 대표 아이콘이다. 세상이 어떤 말을 하든 자신만의 철학으로 소비자들이 생각지도 못한 혁신적인 제품을 출시한 기업이다. 비록 스티브 잡스는 없지만 애플은 여전히 건재한다. 물론 아이팟, 아이폰, 아이패드의 영광이 지속되기 위해서는 세상 사람들이 생각지 못하는 혁신을 계속해 나가야 한다. 그 새로운 역사의 중심에는 팀 쿡이라는 새로운 CEO가 있으며, 팀 쿡이 잡스의 바통을 이어받아 이런 혁신을 할 수 있음을 보여줘야 한다.

인간을 닮은
애플을 만들다

스티브 잡스가 뛰어났던 것은 제품에 자신의 철학을 담으려 했고 그 원칙에 따라 제품 디자인과 개발을 주도했기 때문이다. 그는 그냥 좋은 제품을 만들겠다는 신념으로 개발에 뛰어드는 평범한 방식을 벗어던지고 자신의 철학에 맞는 제품을 기획하고 관철시킬 줄 아는 리더였다. 애플의 다음 행보를 예측하기 위해서는 반드시 잡스의 철학과 비전을 이해할 필요가 있다.

"애플 DNA에서는 기술만으로 충분하지 않습니다. 기술에 인문학을 융합해야 합니다. 경쟁사들은 태블릿을 새로운 PC 시장이라고 보고 있습니다. 이는 올바른 인식이 아닙니다. 태블릿은 포스트 PC 디바이스입니다. PC보다 사용하기 쉬워야 하고 직관적이어야 합니다. 하드웨어와 소프트웨어를 좀 더 결합해야 합니다."

2011년 3월, 잡스는 아이패드2 발표장에서 아주 중요한 발언을 했다. 그가 만드는 제품에 대한 철학이면서 그가 만들고자 하는 세상에 대한 비전을 조금이나마 보여준 대목이었다. 기술만으로는 안 된다며 인문학과의 융합을 강조한 것이 처음은 아니었지만, 맺음말로 던진 이 말에는 애플이 만들어가는 제품과 세상에 대한 그의 생각이 정확히 담겨 있었다.

인문학은 인간과 인간의 문화에 관심을 갖는 학문 분야로 정치, 경제, 역사, 예술 등 인간과 인류 문화에 관한 모든 정신과학을 일컫는 말이다. 인문학을 기술에 접목시킨다는 잡스의 발언은 인간을 위해 기술을 개발하고 인간을 위한 제품을 만들겠다는 의지를 드러낸 것이다. 재미있는 점은 그의 생각처럼 애플 제품을 구입한 고객들은 그 제품을 단순한 기기로 치부하지 않고 자신의 분신처럼 이용한다는 것이다. 아이폰이 단순히 전화를 걸고 음악과 영화를 보는 도구로만 사용되지 않고 한 사람의 삶을 윤택하게 하는 기기로 활용된다는 뜻이다. 아이패드2 발표장에서 잡스가 프레젠테이션을 통해 밝혔듯 향후 애플은 모든 제품에 인간을 위한 개발을 시도할 것이며, 어떻게 해야 인간의 역사를 담고 인간의 웃음과 사랑을 담고 표현할지에 대해 끊임없이 고민할 것이다.

인간을 사랑한 불교에 심취하다

스티브 잡스가 불교 철학에 심취해 있었다는 것은 일찍이 알려진 사실이다. 불교 철학의 핵심 내용은 덕, 베풂, 인내, 사랑 등 몇 개 단어들로 축약할 수 있다. 잡스는 종교인이 아니었기 때문에 불교 사상의 모든 정신을 받들어 행동하지는 않았지만 불교 철학에서 사람을 다루는 부분은 그의 비즈니스에 명확히 반영되었다.

기술보다는 그런 기술을 다룰 줄 아는 사람을 가져야 한다는 생각도 그러한 불교 철학에서 시작한다. 제품 분야에서도 인문학과의 융합을 통해서 제품이 재창조되어야 한다는 생각과 오직 사람을 위한 제품 개발이 가장 중요하다는 생각도 분명히 불교 철학의 반영이라고 볼 수 있다.

어렸을 때 불교 철학에 심취했던 잡스는 인간이라는 존재에 대해 남들보다 더 깊이 고민했고 인간을 알기 위해 더 많은 노력을 기울였다. 사업 초창기 애플 Ⅱ 개발로 성공을 할 수 있었던 가장 큰 이유도 여기에 있다. 그가 만든 초창기에 제품들에는 '매끄러움sleek, 단순함simple, 편의성user friendly'이라는 원칙이 철저히 적용되었다. 복잡한 키보드를 이용하여 명령어를 입력해야 했던 시절이지만 명령어를 알지 못해도 컴퓨터를 사용할 수 있도록 개발했고, 컴퓨터에 마우스를 사용하자는 의견도 잡스의 아이디어였다. 귀에 거슬리는 컴퓨터의 소음을 없애기 위해서 스위치식 전원 장치로 바꿔놓은 사례는 단순히 제품 성능의 업그레이드라기보다 인간이 사용하기 편하게 만드는 것이 그의 제품 철학임을 알 수 있게 한다. 그런 철학으로 만들어진 제품들에 사람들을 열광했고, 애플의 신제품은 줄을 서야만 구입할 수 있는 상황이 되었다.

아이패드 1세대가 출시되었을 때 언론들은 이 제품의 부족한 기능에 대한 비평으로 잡스와 애플을 공격했다. 전후면 카메라가 없다는 점, 누구나 하나쯤 가지고 있는 USB가 없다는 점, HDMI 케이블을 사용할 수 없다는 점 등 아이패드1의 부족한 성능에 대해서 줄기차게 지적했다. 잡스 역시 이런 부족한 성능에 대해서 알고 있었지만, 아이패드1이 출시되던 당시에는 그 모든 기능을 다 담을 수 없다는 것을 알았고 기술이 더 좋아졌을 때 부족한 기능을 보완하고자 했다.

잡스가 아이패드 1세대에서 기대한 것은 다른 것이었다. 그에게 가장 우선적인 해결 과제는 인터넷 접속을 위해 고정된 장소에 가서 노트북이나 PC를 켜고 작업을 해야 하는 불편을 개선하는 것이었다. 소파 또는 침대에 등을 기댄 채 보고 싶은 동영상을 보고 신문을 읽으며 인터넷을 즐기는 인간의 삶을 1차적으로 만들고자 했다. 그러기 위해서는 일단 화면이 넉넉하되 가벼워야 했고, 사람들이 기꺼이 돈을 지불할 만큼 저렴해야 했다. 아이패드1에 카메라를 달고 USB와 HDMI를 넣는다면 가볍고 저렴한 제품을 출시하는 것은 불가능에 가까웠다.

따라서 언론의 지적을 어느 정도 감수하고서라도 고객 편의성이라는 코드에 맞춰 아이패드 1세대를 출시하는 것이 더 좋은 선택이었다. 물론 그것은 언론의 예측과 달리 보기 좋게 성공했다. 아이패드1이 출시된 이후 사람들은 무언가를 검색해야 할 때 굳이 PC를 켜고 부팅이 될 때까지 오래 기다릴 필요가 없어졌고, 수많은 책을 가방에 넣는 대신 아이패드에 전자책을 담아서 보고 싶을 때면 언제든지 원하는 책을 볼 수 있게 되었다. 그가 항상 주변 사람들에게 외쳤던, 세상을 바꾸겠다는 그의 목표 일부가 실현된 것이다.

그의 이런 생각은 아이폰3G에서도 엿보인다. 터치스크린의 화면 터치 방식은 크게 두 가지로 구분할 수 있다. 그것은 바로 저항막 방식(감압식 방식)과 정전기 방식이다. 저항막 방식의 장점은 손 대신에 펜 등을 이용해서 누를 수 있고 일반 장갑 등을 낀 채로 눌러도 작동이 잘되며, 가격이 정전기 방식보다 저렴하다는 점 등이 있다. 그러나 중간에 공기층이 있기에 화질이 떨어지는 데다 강하게 눌러야 하므로 흠집이 나기 쉽고 멀티 터치 작업이 어렵다는 단점이 있다.

아이폰3G가 처음 출시되었을 때 우리나라에서 판매되던 대부분의 터치폰은 주로 저항막 방식이 채택되었다. 당시 이들 터치폰은 인터넷 검색 등의 작업에서 스크롤이 원하는 대로 이루어지지 않는 등의 불편함으로 이용 고객들로부터 원성을 들었다. 반면에 아이폰3G는 정전기 방식을 도입했다. 소비자들은 가격이 조금 더 비싸고 고장이 났을 때 수리비가 더 들더라도 원하는 대로 움직이고 좀 더 깨끗한 화질을 보여줄 수 있는 정전기 방식의 아이폰3G를 선호했다. 이처럼 잡스는 선택의 기로에 서 있을 때 판단 기준이 명확했다. 조금이라도 더 사람이 편리한 제품, 좀 더 인간을 위한 제품을 만드는 데 부합하는 방향으로 기술을 반영했던 것이다.

[표1] 저항막 방식과 정전기 방식에 대한 비교

	저항막 방식	정전기 방식	적외선 방식	초음파 방식
터치 방식	손가락, 스타일러스펜	손가락	손가락	손가락, 스타일러스펜
빛 투과율	85% 이하	90% 이상	100%	92% 이상
장점	저비용	높은 투과율과 내구성	대형 사이즈 유리	대형 사이즈 유리
단점	낮은 투과율과 내구성	장갑, 손톱 등에 반응하지 않음	고비용	센서 액체, 오염에 취약
터치 해상도	Best	Best	Better	Good
멀티 터치	가능	가능		
적용 분야	내비게이션, 휴대전화 PDA, 게임기	키오스크, ATM, 휴대전화, 게임기	POS, 게임기	키오스크 ATM, 전자칠판

생명이 있는 제품은 팔릴 수밖에 없다

물론 스티브 잡스가 일반적으로 다른 기업들이 저지르는 실수를 전혀 하지 않은 것은 아니다. 리사 컴퓨터의 실패가 그러했다. 그가 생각했던 모든 것을 담은 리사는 무게가 23킬로그램이나 나가고 가격은 9,000달러가 넘는 고가의 컴퓨터였다. 잡다하게 여러 기능을 갖춘 이 제품은 시장에서 냉정하게 외면받았다. 사람들은 굳이 잘 사용하지 않는 기능이 포함된 제품에 비싼 대가를 치르지 않았다.

잡스는 이 실패를 통해 분명히 깨달았다. 소비자는 단순히 새로운 기술이 무작위로 적용된 제품을 원하지 않았다. 그리고 단순히 기술 개발과 새로운 기술의 적용이 제품 판매에서 가장 중요한 요인은 아니라는 사실도 이러한 실패를 통해 뼈저리게 느끼게 되었다. 실패하는 많은 기업들은 이와 같은 실수를 똑같이 한다. 좋은 기술로 가장 앞선 제품을 내놓으면 소비자들이 호응할 것이라고 생각하지만 사람들이 필요로 하는 것은 인간을 닮은 제품이다. 잡스가 제품을 내놓을 때 인문학 얘기를 강조하는 것도 바로 이 부분과 관계가 깊다.

 아이클라우드, 그다음의 충격

기업들의 중요한 과제 중 하나는 소비자들의 요구를 받아서 제품 개발에 반영하는 것이다. 냉장고나 세탁기 등을 개발할 때 꼭 포함시키는 항목이 있는데, 주부들의 요구 사항에 대한 조사와 반영이다. 이런 과정을 거쳐서 제품을 만들더라도 항상 불만을 제기하는 소비자가 있고 추가적인 요청 사항이 생기게 마련이다. 그렇다면 이러한 요구 사항까지 모두 반영한 제품은 과연 잘 팔릴 수 있을까? 최소한 잡스는 이에 동의하지 않았다. 모든 사람들의 요구 사항을 받아들인다면 제품에 너무 많은 기능이 들어가야 하고, 그럴 경우 사용법이 복잡해지고 가격이 올라간다. 이것은 또 다른 불만을 야기한다.

요구 사항이 모두 반영된 신제품은 기존 제품에 대한 불합리한 점을 개선할수는 있지만 소비자의 혁신적 니즈를 만족시킬 수는 없다. 간단하게 선풍기를예로 들면, 기존의 모든 선풍기에는 바람을 일으키는 날개가 있다. 선풍기 제조사들은 이런 기본 형태에서 개선을 시도한다. 소리가 조금 덜 나게 하고 타이머를 작동시켜도 소음이 발생하지 않게 하려고 노력한다. 대부분은 이런저런 소비자들의 불만을 반영해 선풍기에 대한 불합리를 개선하려고 했다. 그런데 근래에 다이슨 사가 날개 없는 제트기류 선풍기를 출시했다. 제트기류를 이용했기에 날개가 없다. 여기에는 중요한 시사점이 있다. 소비자들의 일반적인 요구는 기존 제품에 대한 불만과 불합리에 대한 내용들인데, 그런 요구의 반영으로 기존 제품을 개선할 수는 있어도 혁신적인 제품을 창조할 수는 없다는 점이다. 혁신을 창조할 것인가, 아니면 기존 제품의 개선을 추진할 것인가에 대해서 기업은 개념을명확히 하고 제품 개발에 임해야 한다.

잡스는 기존 제품의 성능 향상이 아닌 혁신적인 제품 개발에 무게를 두고 제품을 만들어왔다. 직원들을 독려할 때도 늘 그런 말을 입에 달고 살았다. 항상세상을 바꿔보자는 말을 하면서 직원들의 사기를 끌어올렸다. 그의 제품 철학의 한 축에는 세상을 바꾸는 혁신적인 제품 개발이 자리 잡고 있었다.

모든 소비자를 만족시킬 수는 없다

스티브 잡스의 고집스러운 제품 철학 중 하나는 모든 소비자가 아닌 대부분의 소비자를 만족시켜야 한다는 것이다. 세상의 모든 소비자를 만족시킬 수는 없다. 그렇게 제품을 만들 수도 없으며, 어떤 제품을 만들어도 불만을 가진 사람은 나오게 마련이다. 그래서 잡스는 대부분의 소비자가 만족할 수 있는 제품을 기획하고 디자인하며 출시하는 것을 선택했다. 그래서 소비자들의 의견에 귀 기울이지 않는 오만한 경영자라는 비판을 받기도 했다. 특히 제품 철학과 관련한 부분에서는 두 귀를 꽉 막고 소비자나 언론의 어떤 비판도 듣지 않았다. 대표적인 것이 교체형 배터리와 메모리 확장성에 대한 요구였다. 이 부분은 잡스 사후에도 애플에서 절대로 변하지 않을 정책이다. 이런 정책의 근간에는 애플 제품으로 모든 소비자들을 만족시킬 수 없음을 인정하고 불만을 가진 소비자들의 비판에 절대로 흔들리지 않는 애플의 철학으로 제품을 만들겠다는 의지가 담겨있다.

잡스의 제품 철학이 옳았음은 매출과 수익률로 증명되었다. 모든 사람들이 애플의 아이폰과 아이패드를 사용하는 것은 아니고 사용자 모두가 애플 제품에 만족하지는 않지만, 애플 제품 사용자가 갈수록 늘어나고 사용자의 상당수가 제품에 만족하고 있음을 시장이 말해주고 있다.

잡스의 제품 철학이 외풍에 흔들리지 않고 기업의 수익을 늘리면서 이어져올 수 있었던 것은 그만큼 제품에 대한 로드맵을 명확히 가지고 있었기 때문이다. 이 정도의 제품 기획력을 가지지 못한 기업이 잡스처럼 행동했다가는 바로 거만한 기업으로 찍혀 시장에서 외면당하게 될지도 모른다. 대부분의 소비자를 만족시키는 혁신적인 제품을 만들어내는 것은 잡스의 마음속에 자리하고 있던 또 하나의 제품 철학이다.

철학이 있다면 제품은 스스로 생존한다

단일 모델명으로 꾸준히 신제품을 출시할 수 있는 시장은 많지 않다. 자동차 산업이 이런 형태의 발전이 가능한 시장인데, 아반떼나 쏘나타, 그랜저, 에쿠스 등은 단일 모델명으로 오랜 기간 동안 제품을 판매해왔다. 그랜저 XG, 그랜저 TG, 그랜저 5G 등 세부 시리즈가 다르게 불리기는 하지만 이 모든 모델이 그랜저에서 출발한 것은 분명한 사실이다.

자동차 세상과 달리 IT 분야에는 이렇게 긴 생명력을 가진 이름의 제품이 그리 많지 않다. 자동차보다 더 자주 교체하는 소비 특성 탓에 IT 시장에서는 새로운 이름으로 제품을 출시하는 것이 더 일반화되어 있다. 소비자들도 새로운 이름의 제품을 접했을 때 신제품이라는 이미지와 더 좋은 기능이 있을 것이라는 선입견을 갖게 된다.

스티브 잡스는 이런 IT 문화를 바꿔낸 사람 중 한 명이다. 스마트폰은 아이폰으로, 스마트패드는 아이패드라는 이름으로 제품의 진화를 이뤄냈고 지금도 진행형이다. 제품을 하나의 생명이 있는 존재로 본다면 생명체가 성장하듯이 제품도 진화하는 것이 맞다. 단일 모델명을 꾸준히 가지고 가는 잡스의 전략은 소비자로 하여금 제품을 생명이 있는 존재처럼 느끼게 하려는 의도가 담겨 있다.

잡스는 생명이 있다고 여겨지는 제품은 쉽게 내팽개칠 수 없다는 사실을 잘 알고 있었다. 단지 문제는 이렇게 제품을 꾸준히 성장시키는 것이 기업 입장에서 쉽지 않다는 데 있다. 일정 시기까지는 꾸준히 성장하는 사람처럼, 생명력을 가진 제품이라면 성장 곡선을 가져야 하기 때문이다. 소비자가 만족할 만한 스펙과 기능으로 꾸준히 성장을 한다는 것이 쉽지 않고, 그렇게 기획하는 것도 무척이나 힘든 일이다.

아이폰4S도 이와 같은 철학에 의거해서 나온 것이다. 우리 아이들의 성장 과정을 살펴보면 아이폰5가 아니고 4S가 나온 이유를 좀 더 쉽게 이해할 수 있다.

성장기 아이들의 경우 어느 단계에서는 하루가 다르게 키가 크다가 어느 단계에 이르러서는 키 크는 것이 멈추고 몸의 내부 성장을 도모한다. 아이폰도 비슷하다. 아이폰3G와 아이폰4는 외형이 변화하는 단계이고, 아이폰3GS와 아이폰4S는 내부 성장을 도모하는 단계였다. 내부 성장은 바로 OS의 성장이다. 이런 체계로 신제품을 내놓기 때문에 우리는 항상 애플의 다음 행보를 기대하고 궁금해한다. 아이폰의 이러한 성장과 진화는 과연 다음 아이폰이 어떻게 성장할지, 또 어떤 형태로 진화될지 무척 큰 궁금증을 유발하고, 이러한 궁금증은 더욱더 많은 사람들로 하여금 애플에 빠져들게 만드는 한 요인이 된다.

혁신은 시장조사에서 나오지 않는다

대부분의 업계에서 새로운 제품을 내놓기 전에 시장조사를 하는 것이 일반적인 관행이다. 제품을 개선하려 할 때는 시장조사가 꼭 필요하다. 또 새로 나온 제품에 대한 시장의 평을 듣기 위한 과정도 필요하다. 하지만 혁신적인 제품에 대해서는 꼭 시장조사가 필요한 것이 아니다. 이런 사례는 의류 산업에서 흔히 볼 수 있다. 의류 산업을 이끌어가는 것은 시장조사가 아닌 디자이너다. 디자이너들이 내놓는 혁신적인 디자인에 따라서 그해 유행이 바뀌고, 소비자들에게는 선택의 권한만 주어지는 것이다. 새로운 것을 디자인하기 전에 간단한 시장조사 정도는 할 수 있지만, 시장조사에서 나온 내용이 디자인에 절대적 영향을 미쳐서는 안 된다. 새로움은 시장 밖에 있기 때문이다.

스티브 잡스는 항상 세상을 바꾸는 것이 꿈이자 목표인 사람이었다. 그래서 그는 시장조사로 제품을 구상하거나 디자인하지 않았다. 세상을 바꾸기 위해서는 지금의 소비자가 생각하지 못하는 제품의 성능과 디자인을 창조해야 한다. 소비자가 생각하지 못하는 제품이기 때문에 시장조사 자체가 무의미한 것이다.

다시 애플로 돌아온 잡스는 애플을 살리기 위한 대대적인 수술을 감행했다.

인력에 대한 구조조정도 있었지만 제품에 대한 구조조정도 진행해야 했다. 이때 나온 제품이 바로 아이맥iMac이다. 아이맥은 소비자가 예상치 못할 정도로 혁신적인 제품을 내놓겠다는 잡스의 고집대로 본체뿐 아니라 스피커, 모뎀까지 모두 일체형인 컴퓨터였다. 필요한 모든 장치는 플라스틱 상자 안에 들어갔고 고객은 단순히 전원만 연결하면 되는 심플한 컴퓨터였다. 아이맥의 가장 큰 장점은 컴퓨터를 잘 모르는 고객도 아주 쉽게 인터넷을 할 수 있다는 것이었다. 이로써 위기에 몰려 있던 애플은 다시 한 번 도약의 기회를 갖게 되었다.

소프트웨어가 하드웨어보다 중요하다

스티브 잡스도 처음부터 소프트웨어가 핵심이라고는 생각하지 않았다. 사업 초기에는 하드웨어의 기능조차 수준 낮은 상황이라 좋은 하드웨어만 구축해도 사업을 성공시킬 수 있었다. 스티브 워즈니악Steve Wozniak과 동업을 한 이유도 그가 훌륭한 하드웨어를 만들 수 있는 엔지니어였기 때문이다. 그러던 잡스가 소프트웨어가 핵심이라는 생각을 가지게 된 가장 큰 이유는 사회가 변했기 때문이다. 소비자들은 최고 사양의 컴퓨터가 아니라 자신이 지불할 수 있는 가격대의 컴퓨터를 원했다. 하지만 운영체제는 안정적으로 가지고 가기를 원했다. 조금 늦은 감은 있지만 NeXT를 건립한 이후 사업의 방향을 바꾼 것이다. 잡스가 보유한 NeXT의 OS는 실리콘밸리에서 알아줄 정도로 훌륭했으며, 많은 기업들이 이 OS를 탐냈다. 잡스는 NeXT의 주력 상품을 컴퓨터가 아닌 OS로 변경하고 나서야 수익을 창출해낼 수 있었다.

잡스는 애플을 떠나올 때 일부 인원들을 데리고 나왔는데, 그중 운영체제를 개발하던 팀도 함께했던 것이 NeXT OS 성공의 큰 원동력이 되었다. 더구나 최고의 제품을 추구하던 잡스의 성격상 NeXT에서 새로 둥지를 튼 직원들은 최고의 OS를 만들기 위해 미친 듯이 일했다. 이런 성과로 NeXT는 1994년부터 흑자를 낼 수 있었으며, NeXT의 운영체제인 넥스트 스텝을 사용하기 위해서 잡스를 쫓아냈던 애플은 어쩔 수 없이 잡스에게 다시 손을 내밀게 되었다.

소프트웨어의 중요성에 대한 사례는 잡스가 픽사Pixar를 운영하던 시기에서도 찾을 수 있다. 픽사는 지속적으로 적자를 내던 기업이었다. 구조조정이 필요한 상황에서 잡스는 결국 픽사의 하드웨어 부분을 글로벌 콘텐츠 기업인 비아콤Viacom에 넘겨주었다. 픽사는 소프트웨어 부분만 성과를 냈기 때문이다. 이런 일련의 사건은 잡스에게 소프트웨어의 중요성을 수차례 인식시켜주었을 것이다. 사람들은 하드웨어 성능의 작은 차이에 별 관심을 보이지 않았지만 안정적인 소프트웨어를 쓰고 싶어 하는 욕망은 더욱 커져갔다. 이런 시대의 흐름을 몸소 체험한 잡스는 소프트웨어의 중요성을 그 누구보다도 절실히 깨닫고 안정적인 소프트웨어를 만들기 위해서 노력했다. 어떤 사람들은 자신이 성공을 하고서도 왜 성공했는지 모른 채 시대의 흐름과 상관없는 다른 영역으로 사업을 확장하다가 망하는 경우도 많다. 이에 반해 잡스는 정확히 자신이 왜 성공했는지를 깨닫고 세상의 흐름이 달라지고 있음도 감지해냈으며, 이런 점을 다시 제품에 반영하면서 세상을 놀라게 하는 제품들을 탄생시켰던 것이다.

실패가 그를 더욱 단단하게 만들다

한 사람의 인생에서 실패를 다루는 것은 매우 중요하다. 이유는 간단하다. 성공보다는 실패에서 깨우치고 배우는 점이 더 많고, 혹독한 실패를 겪은 사람은 더 크게 성장할 수 있는 에너지를 가지게 되기 때문이다. 스탠퍼드 대학의 졸업식 연설에서 잡스는 자신의 실패가 얼마나 중요했는지를 다시 한 번 강조했다.

"그때는 몰랐지만 애플에서 해고당한 것은 제 인생 최고의 사건이었습니다. 애플에서 나오면서 성공에 대한 중압감을 다시 시작할 수 있는 가벼움으로 대체할 수 있었죠. 그 시기는 내 인생에서 가장 창조적인 시간이었습니다. 만약 제가 애플에서 해고당하지 않았다면 이 모든 일은 일어나지 않았을 겁니다. 몸에 좋은 약은 쓰다고 하지요. 아마 제가 약이 필요했던 시기였나 봅니다. 때로 인생이 당신을 벽돌로 내리치는 것 같은 시기가 있습니다. 그래도 여러분의 신념을 잃지 마세요. 제가 포기하지 않고 계속 나아갈 수 있었던 유일한 힘은 제가 하는 일을 사랑했기 때문입니다."

잡스가 실패했던 여러 사건들은 추후 아이팟, 아이폰 등에 그대로 반영되었다. 사람들은 아이팟 터치와 아이폰 등이 그냥 잡스의 천재적인 머리에서 나왔다고 생각하지만 절대 그렇지 않다. 여러 실패를 경험한 잡스는 같은 원인으로 또다시 실패하지 않으려고 했다. 그러한 노력으로 탄생한 것이 바로 아이팟과 아이폰 등 세상을 변화시킨 제품들이다. 사람들을 놀라게 한 아이패드2에 대한 전략도 잡스가 실패에서 깨달은 경험을 아주 잘 적용한 경우라고 볼 수 있다. 이렇게 잡스를 다각도로 분석할 수 있었다면 아이패드2의 전략을 충분히 짐작할 수 있었을 것이다. 경쟁 업체들이 애플을 이기기 위해서는 잡스가 어떻게 해왔는지 읽을 필요가 있다. 따라서 그가 각각의 실패에서 어떤 교훈을 얻었는지 살펴보는 것은 매우 중요하다.

실패작에는 고객이 없고 기술만 있다

애플II는 스티브 잡스에게 큰돈을 벌어주었지만 자신만의 컴퓨터를 만들고 싶다는 욕망 또한 가지게 한 제품이다. 물론 이런 생각은 절대로 성공할 수 없다. 고객을 위한 제품이 아니라 자신도 스티브 워즈니악처럼 훌륭한 컴퓨터를 만들 수 있다는 사실을 보여주고자 시작한 제품 개발이었기 때문이다. 리사 프로젝트는 이렇게 출발했다.

1983년에 출시된 리사 컴퓨터는 날렵한 외모와 뛰어난 성능뿐만 아니라 갖가지 소프트웨어가 설치된 아주 훌륭한 제품이었다. 너무나 훌륭하게 만들다 보니 가격이 9,000달러를 훌쩍 뛰어넘었다. 그러나 개인용 컴퓨터에 9,000달러나 투자할 사람이 당시에는 많지 않았다. 애초 기획부터 리사 컴퓨터는 성공할 수 없는 프로젝트였다. 고객이 필요한 컴퓨터도 아니고 적당한 가격의 혁신적인 컴퓨터도 아닌, 그 어느 쪽에도 속하지 않는 스티브 잡스만을 위한 컴퓨터를 만든 것이다.

게다가 매킨토시의 실패는 그동안 쌓아놓았던 모든 것을 잃게 만들었다. 잡스는 매킨토시에 사활을 걸고 작업을 진행했다. 대대적인 홍보를 통해 제품 출시 전부터 사람들로 하여금 매킨토시를 잔뜩 기다리게 했고, 실제로 제품 출시 초기에는 매출이 높아 성공적인 것처럼 보였다. 하지만 그뿐이었다. 매킨토시도 소비자들에게 외면받기는 마찬가지였다. 경쟁사보다 높은 가격과 제한적인 프로그램 등이 문제였다.

이러한 실패와 독불장군 같은 성격은 이사회로부터 따돌림을 받는 계기가 되었고, 잡스는 더 이상 애플에 남아 있을 수 없었다. 젊은 나이에 억만장자가 되어서 승승장구하던 잡스는 하루아침에 자신이 만든 회사에서 쫓겨나는 신세가 된 것이다. 고객을 위한 제품을 만들겠다는 생각보다는 최고의 성능을 가진 제품을 만들면 고객이 따라오리라는 생각에 실수를 범했던 것이다.

고객은 최고의 성능을 가진 제품보다 저렴한 가격에 쓰기 편한 제품을 원한다. 저렴한 가격에 쓰기 편한 제품을 만들기 위해서는 어쩔 수 없이 선택을 해야 했다. 리사 컴퓨터처럼 필요한 성능을 모두 넣으면 비싸고 무거운 제품이 될 수밖에 없었다. 카메라 기능이 빠진 아이패드 1세대와 화면 터치 방식으로 정전기 방식을 채택한 아이폰 등에서 볼 수 있듯이 잡스는 이때의 실패에서 배운 교훈을 애플의 제품에 반영하였다. 언론들은 카메라 기능이 빠진 아이패드 1세대의 한계를 지적했지만 잡스는 어떤 비난에도 굴하지 않고 자신의 스타일과 자신의 계획대로 제품을 만들고 출시했다. 아이패드 1세대에서 이런저런 기능이 빠진 것은 그 당시로서는 어쩔 수 없는 선택이었다. 그의 선택이 정확했다는 것은 2010년에 아이패드 1세대가 1,500만 대 이상 팔린 결과가 잘 말해준다.

애플랜드는
무슨 일을 벌이고 있는가?

iCloud

미래를 위해서라면
무엇이든 사들인다

애플의 미래를 예상하기 위해서는 그들이 어떤 기업을 인수했는지 유심히 살펴봐야 한다. 애플은 어떠한 분야의 기술이 필요한데 자신들이 가지고 있지 않은 경우, 기업 인수를 진행한다. 단순히 기술이 필요하다면 기술만 구입해서 사용해도 될 텐데 굳이 기업 자체를 인수하는 것은 그 기업이 가지고 있는 지금의 기술뿐 아니라 그런 기술을 만들어낼 수 있는 사람까지 필요하다는 의미다. 사람까지 필요하다는 얘기는 그 기술들이 이런저런 변화를 통해 애플 제품에서 지속적으로 쓰일 수 있다는 말이 된다. 애니메이션 기업 픽사의 경우에도 스티브 잡스는 픽사의 그래픽 이미지 컴퓨터만을 구입한 것이 아니라 이런 컴퓨터를 만들어낼 수 있는 사람까지 인수한 것이라고 공언해왔다. 그러므로 애플에서 인수한 기업들이 어떤 기술들을 보유했으며, 이런 기술들이 어떻게 응용이 가능한지 유심히 살펴봐야 한다.

실제로 애플에서 인수한 기업들의 전문 분야는 이후 애플의 행보와 매우 일

[표2] 최근 애플이 인수한 기업 목록(위키피디아 참조)

인수 일	인수 기업	전문 분야	국적	인수 금액
2002년 7월 1일	이매직	음악 제작 소프트웨어	독일	3,000만 달러
2005년 4월	핑거웍스	제스처 인식사	미국	–
2006년 10월 16일	실리콘 컬러	방송용 영상	미국	–
2006년 12월 4일	프록시미티	소프트웨어	오스트레일리아	–
2008년 4월 24일	PA세미	반도체	미국	2억 7,800만 달러
2009년 7월 7일	플레이스베이스	지도 제작	미국	–
2009년 12월 6일	랄라닷컴	음악 스트리밍	미국	1,700만 달러
2010년 1월 5일	쿼트로 와이어리스	모바일 광고	미국	2억 7,500만 달러
2010년 4월 27일	인트린시티	반도체	미국	1억 2,100만 달러
2010년 4월 27일	시리	소프트웨어	미국	–
2010년 7월 14일	폴리나인	웹 기반 매핑	캐나다	–

치해왔다. 2005년에 인수한 핑거웍스FingerWorks[1]는 실제로 아이폰, 아이패드의 멀티 터치스크린 개발과 연관되어 있다. 멀티 터치 기술이 없었던 애플은 핑거웍스의 기술 특허만을 사들이는 데 그치지 않고 기업을 통째로 인수하였다. 애플 입장에서 필요한 기술을 개발할 수도 있지만 그들은 세상의 모든 기술을 개발할 수 없다는 점을 매우 잘 알고 있다. 오히려 자신들에게 필요한 기술을 가진 기업을 인수하는 것이 더 빠르고 좋은 선택이라고 판단한다. 애플은 주저 없이 핑거웍스를 인수하고 그들이 가지고 있는 기술을 아이폰, 아이패드, 맥북 등 모든 분

---

1. 미국 델라웨어대학교 공대의 지도교수 존 엘리아스(John Elias)와 박사 과정에 있던 웨인 웨스터먼(Wayne Westerman)이 1998년에 설립한 벤처 회사다. 키보드나 마우스 없이 패드를 터치하는 것만으로 조작이 가능한 컴퓨터 기기를 속속 내놓았지만 참신한 기술에 비해 상품성과 마케팅 능력이 모자란 탓에 경영이 악화되었다. 때마침 멀티 터치를 기반으로 한 태블릿PC의 가능성에 주목했던 애플에게 인수되었으며, 공동 설립자였던 존 엘리아스와 웨인 웨스터먼도 애플에 영입되었다.

야에서 적용해냈다. 잡스와 애플의 의도를 그대로 읽을 수 있는 좋은 사례다.

잡스가 기업을 인수하는 경우는 지속적으로 그 기업의 기술이 필요하기 때문이었다. 애플 제품에 지속적으로 필요한 기술이라고 판단될 때 해당 기업을 인수했는데, 핑거웍스는 바로 그런 기업이었다. 멀티 터치 기능은 한 번만 쓰고 말 것이 아니라 애플 제품에 계속 업그레이드되어 지속적으로 들어가야 하는 기술이다. 애플은 2007년에 이 기술에 대한 특허권을 신청했는데, 미국 특허청은 최근에서야 애플의 이 특허를 공식적으로 인정해주었다. 모든 정전기 방식의 모바일에 적용되는 이 기술은 모바일 제품을 개발하는 많은 기업들이 현실적으로 벗어나기가 어려우므로 엄청난 특허권이라 할 수 있다.

또한 2002년에 인수합병한 이매직Emagic[2] 도 아이팟을 위해서는 아주 중요한 기업이었다. 당시만 해도 아이팟이 애플의 주요 판매 제품이었는데, 중요한 음악 제작 프로그램을 보유한 이매직을 인수함으로써 음악을 작곡하려면 반드시 매킨토시를 이용해야 하는 상황으로 바꿔버렸던 것이다.

아이폰과 아이패드를 위해 준비된 인수합병

2005년 이후에 진행된 인수합병은 이미 그려져 있던 아이폰과 아이패드를 업그레이드하기 위해서였다. 아이패드가 2010년에 출시되었기 때문에 그 이전까지는 대부분 아이폰을 위한 인수합병이고, 추후 아이패드에까지 영향을 주게 되었다. 특히 아이폰이 처음 출시된 2007년 이전의 인수합병은 아이폰 개발을 위한 사전작업이며, 아이폰 출시 이후의 인수합병은 아이폰의 성능 향상 및 다음 변화에 대한 준비 작업을 위해서였다.

---

2. 음악용 소프트웨어와 하드웨어를 개발해 판매하는 독일 소재의 업체. 애플이 2002년에 인수했다. 로직(Logic)이라는 전문가용 음악 제작 프로그램을 개발하여 판매했는데, 애플에 인수되면서 윈도용 프로그램은 공급을 끊고 애플의 매킨토시용 프로그램만 제공하게 되었다.

2006년에 영상 프로그램인 아트박스Artbox[3]를 개발하는 프록시미티Proximity를 인수한 것은 기존의 아이팟에서 아이폰과 같은 다기능의 제품으로 전환할 때 영상 프로그램이 필요했기 때문이다. 또한 PA세미PA Semi[4]는 본격적으로 아이폰이 판매되고 시장에서 인기를 끌면서 2008년에 인수한 기업으로, 2003년에 설립되어 저전력 프로세서를 개발해왔다. 이 업체는 파워PC 아키텍처를 기반으로 저전력 64비트 듀얼코어 프로세서를 출시했는데, 동종 성능을 내는 다른 제품보다 300퍼센트 정도 더 효율적이었다. 애플이 이 기업을 인수한 데는 CPU에 대한 인텔 의존도를 낮추고자 하는 의도가 담겨 있었다. 또한 애플이 원하는 프로세서 칩까지 스스로 개발해야 완벽한 제품들을 만들어낼 수 있다는 스티브 잡스의 의지가 반영된 것이었다. 핵심 부품에 대해서 다른 업체에 의존하게 되면 잡스가 구상하는 형태로 제품 출시를 할 수 없을뿐더러 애플 제품을 인텔의 CPU에 맞춰야 하는 불상사까지 발생할 수 있기 때문이다. 이러한 잡스의 구상은 2010년 출시한 아이패드에 애플에서 직접 디자인한 A4 SOCSystem On Chip[5] 칩셋을 탑재하면서 본격적으로 실현되기 시작했다. 그리고 2011년에 이르러 A5로 업그레이드된 SOC를 아이패드에 탑재하면서 핵심 부품에 대한 '로직은 스스로 만들어간다.'는 잡스의 전략이 완성되었다.

2009년 인수한 지도 제작 업체인 플레이스베이스Placebase[6]와 2010년 인수한

---

3. 방송용 영상 프로그램. 아트박스는 대형 프로덕션, 예를 들어 방송국의 뉴스룸 등에서 네트워크를 통해 라이브러리를 공유하고 실제 데이터를 전송해주는 시스템이다.

4. 2003년 댄 도버풀(Dan Dobberpuhl)에 의해 설립된 설계 전문 반도체 기업으로 전력 사용에서 매우 효율적인 제품을 개발했다.

5. 칩 하나로 모든 기능을 처리하는 반도체로서 마이크로프로세서, 메모리 반도체, 디지털 신호 처리칩(DSP), 마이크로 컨트롤러(MCU) 등 개별 반도체를 하나의 칩에 통합해 연산 기능과 데이터의 저장 및 기억, 아날로그와 디지털 신호의 변화 등을 하나의 칩으로 만든 것이다.

6. 제론 발드만(Jaron Waldman)이 창업한 전자지도 개발 업체로 구글에 대한 의존도를 줄이고자 애플이 인수했다.

폴리나인Poly 9[7]도 PA세미와 같이 핵심 부품에 대한 자립도를 높이기 위해 인수한 기업들이다. 아이폰이든 안드로이드든 모두 구글Google Map을 사용하는데, 애플은 이런 방식으로 한 기업에 대한 의존도가 높아지는 것을 매우 위험하게 여긴다. 따라서 종속될 가능성이 조금이라도 있을 경우에는 자체적으로 대체할 수 있는 능력을 확보하려는 것이다.

인수 기업에 담긴 애플의 비전

흔히 시리Siri[8]는 애플이 구글의 음성 검색에 대한 대비책으로 인수합병한 기업으로 알려져 있다. 하지만 2010년 진행된 시리 인수를 단순히 구글의 음성 인식에 대한 대비책으로만 보기는 어렵다. 애플은 해당 분야의 선두 주자에 대한 경쟁 차원으로 기업을 인수하지는 않는다. 잡스는 음성 인식 부분이 앞으로 애플 제품에 중대한 영향을 끼칠 것으로 판단했다. 향후 애플의 모든 제품에는 음성 인식이 들어갈 것이며, 특히 스마트TV에서 복잡한 리모컨을 대체할 기술로 음성 인식이 중요한 자리를 차지할 것이다. 아직은 불편하고 오류가 생각보다 많지만 이 부분이 개선되는 것은 시간문제다. 아나운서처럼 명확하지 않은 발음이나 묵직한 저음의 남성 목소리도 정확하게 인식될 수 있다면 응용 분야는 무궁무진하다. 음성 인식의 기술이 더 정확해질 경우 이보다 사람을 편하게 만들어주는 기술은 없을 것이다.

2009년에 있었던 랄라닷컴Lala.com[9] 인수도 유심히 살펴야 한다. 랄라닷컴은

---

7. 지도 솔루션을 전문적으로 제공하는 기업으로 캐나다 퀘벡에 위치해 있다. 3차원 지도 서비스인 폴리나인 글로브(Poly9 Globe)를 다운로드맵 없이 인터넷 브라우저 상에서 실행할 수 있게 서비스를 제공하는 기업으로 메모리 사용이 적은 것이 특징이다.

8. 인공지능 기반의 음성 인식 기술을 보유한 기업으로, 시리 어시스턴트(Siri Assistant)라는 앱을 제공했다.

9. 스트리밍 방식의 웹 기반 음악 서비스를 제공하는 기업으로 약 800만 곡의 음악을 보유하고 있으며 다운로드맵 받은 음악은 아이튠즈나 윈도 미디어 플레이로 재생시킬 수 있다.

온라인 음악 스트리밍 기술을 보유하고 서비스를 제공하는 업체인데, 인수 결과로 향후 음악 시장은 급격히 변화할 것이다. 애플의 기업 인수 성향을 봤을 때 랄라닷컴 인수에 따른 결과는 분명하다. 지금까지 파일 다운로드맵 형태의 음악 제공 방식에서 앞으로는 스트리밍 방식의 음원 제공 방식으로 100퍼센트 전환될 것이다. 또한 클라우드라는 커다란 시장에 대한 준비 과정으로 이해할 수도 있다. 실제로 아이클라우드를 발표하면서 음악을 스트리밍 방식으로 제공하겠다는 의지를 밝혔다. 애플은 랄라닷컴을 인수할 때부터 이미 클라우드를 실현시키겠다는 점을 분명히 한 셈이다.

애플의 미래를 예측할 때 랄라닷컴과 시리에 대한 인수합병은 의미가 매우 커서 세심하게 살펴볼 필요가 있다. 클라우드 세상에서 스트리밍 방식은 음악뿐만 아니라 온갖 콘텐츠가 동일한 방식으로 제공될 것이라는 점을 말한다. 게다가 이러한 서비스에 대한 주된 컨트롤이 완벽한 음성 인식으로 처리된다면 소비자들 입장에서 훨씬 편리한 방식의 서비스를 제공받을 수 있음을 의미한다. 그러므로 향후 시리 인수에 따른 진정한 효과를 보기 위해서는 음성 인식이 인공지능에 발맞춰 개발되어야 한다는 과제가 남는다. 그렇게 되었을 경우 애플의 모든 제품에는 반드시 음성 인식 기능이 포함될 것이다. 특히 심플함을 강조하는 애플에게 시리의 음성 인식 기술은 복잡함을 제거하기 위해서라도 무척이나 필요하다. 앞으로 이들 두 회사에 대한 인수로 애플의 제품이 어떻게 진화하는지 눈여겨봐야 할 것 같다.

모바일 광고 시장을 넘보다

이제 언제 어디서나 스마트폰으로 인터넷에 접속해 필요한 정보를 찾는 일이 일상이 되었다. 무료로 다운받을 수 있는 스마트폰 애플리케이션은 스마트폰의 보급 및 확산에 적지 않은 역할을 했다. 어플을 무료화할 수 있는 이유는 광고를 실을 수 있기 때문이다. 인기 게임 애플리케이션 앵그리버드Angry Birds를 보면 모바일 광고의 힘을 다시 한 번 실감할 수 있다. 아이폰 사용자라면 0.99달러로 구매해야 하는 앵그리버드를 안드로이드 마켓에서는 무료로 배포했다. 대신 구글은 여기에 광고를 넣음으로써 수익을 얻을 수 있게 했다. 결과는 아이폰 앱스토어에서 판매하는 것보다 안드로이드 마켓에서 광고로 벌어들이는 수익이 더욱 컸다.

애플 입장에서 이렇게 커지는 모바일 광고 시장을 구글에게 넘겨줄 리는 만무하다. 애플은 모바일 광고 회사 쿼트로 와이어리스Quattro Wireless[10]를 인수하면서 드디어 모바일 광고 시장에서도 맞춤형 광고로 수익을 창출할 수 있게 되었다.

모바일 시장의 성장 속도 못지않게 모바일 광고 시장도 엄청난 속도로 확장되고 있다. 우리나라의 경우도 2011년 모바일 광고 시장 규모를 3,000억 원 정도로 추산하고 있는데, 2012년에는 5,000억 원 이상으로 성장할 전망이다. 1년 만에 시장 규모가 67퍼센트나 증가하는 것이다. 전 세계적으로는 2011년 150억 달러 규모로 예상되며, 2012년에는 191억 5,000만 달러까지 성장할 것으로 기대하고 있다. 전문가들은 당분간 전 세계 모바일 광고 시장의 성장률이 매년 20퍼센트 이상 유지될 것으로 예측하고 있다. 모바일 광고 시장에서 애플은 아이폰과 아이패드 등의 훌륭한 모바일 기기와 소프트웨어를 보유하고 있기 때문에 유리한 입장에 서 있다. 사실 모바일 광고 시장의 성장과 기업 간 경쟁은 소비자들에게 많은 이익을 제공한다. 이를테면 여러 가지 서비스가 소비자들에게 무료화되거나 저렴해지고, 더 나아가 아이폰이나 아이패드 같은 하드웨어 가격이 낮아지는 시기도 앞당겨질 것이다.

---

10. 미식축구리그, CBS인터랙티브, 타임 등 굵직한 사업자들과 광고 제휴를 맺고 있으며, 여러 스마트폰을 통해서 월간 40억 건의 광고 노출을 제공했다. 애플의 인수 가격은 정확히 공개되지 않았지만 2억 7,500만 달러 안팎일 것으로 추정된다.

아이클라우드 완전 무료의 비밀

물론 당장 애플이 광고로 많은 수익을 내더라도 아이폰이나 아이패드 등을 무료화하지는 않을 것이다. 가격을 더 낮추지는 않겠지만 구글과 유사한 행보를 보일 것으로 예상된다. 구글은 충분한 광고 수익을 통해 많은 부분을 무료화하는데, 특히 자신의 강점인 소프트웨어 부분을 무료로 제공하고 있다. 애플도 대표적으로 아이클라우드 서비스의 상당 부분을 무료화할 수 있을 것이다. 비록 지금은 5G까지만 무료로 제공한다고 했지만 광고 수익이 늘어나면 아이클라우드에서의 무료 서비스 분야가 상당히 확장될 것이다. 시장 선점을 위해서라도 반드시 클라우드는 무료를 지향할 수밖에 없다. 이러한 관점에서 애플보다는 구글이 좀 더 앞선 정책으로 시장 선점을 위한 노력을 잘하는 것 같다.

클라우드로 전환되는 시장에서 소비자들을 잡기 위해 무료화는 필수다. 아직까지는 아이클라우드 서비스가 그리 대단하지 않다. 하지만 장점은 역시 애플 제품과 아이클라우드와의 동기화를 통해서 언제든, 어느 디바이스를 사용하든 클라우드에 있는 자신의 자료들을 마음껏 활용할 수 있다는 것이다. 이 정도는 웬만큼 예상되던 클라우드 서비스인데, 클라우드 시장이 확대되면서 서비스의 종류는 훨씬 더 많아질 것이다. 결국 모바일 광고 시장을 애플이 잡으면서 무료 서비스는 더욱 늘어나게 될 것이며, 이런 서비스를 이용하고자 애플 제품을 구매하는 소비자들이 상대적으로 늘어나는 선순환이 이어질 것이다.

광고를 통해서 서비스를 무료화하는 것은 구글의 대표적인 전략이지만, 자존심 강한 애플일지라도 다른 기업의 장점들은 얼마든지 받아들이고 응용한다. 대표적인 사례가 맥북MacBook에 있는 맥세이프MacSafe다. 맥북을 사용하다 보면 전선에 발이 걸려서 사람이 넘어지거나 맥북이 바닥에 떨어질 수 있는데, 이런 실수를 막고자 맥세이프라는 기능을 맥북에 추가한 것이다. 물론 맥세이프 기능은 애플 고유의 아이디어가 아니라, 일본 전기밥솥에 사용된 기술을 맥북의 전선 케이블에 적용한 사례다.

애플은 이처럼 다른 기업의 좋은 방식과 아이디어를 얼마든지 받아들여서 자사의 제품에 적용한다. 구글의 광고 전략도 애플이 충분히 받아들여서 적용할 수 있는 항목이다. 또한 이러한 전략은 소비자들에게 더 많은 편의를 제공할 수 있도록 한다. 물론 쿼트로 와이어리스의 인수가 단순히 애플의 배만 불릴지, 아니면 더 큰 파이를 먹기 위한 유인물로 사용될지는 조금 더 지켜봐야 한다.

단순하지만 강력한
애플의 진화

소비자들이 애플에 바라는 것 중 하나는 저가 제품 출시에 관한 것이다. 한때 저가형으로 현재 아이폰 절반 사이즈의 제품이 출시될 것이라는 추측이 돌기도 했다. 소비자들이 애플에게 저가 상품 출시를 빈번하게 요구하는 것은 역시 애플의 제품이 비싸기 때문이다. 전 세계 사람들이 애플 제품을 더 많이 이용하게 하려면 가격을 크게 낮춘 제품이 출시되어야 한다. 중국과 인도에서 150달러짜리 저가형 스마트폰이 인기를 끌면서 안드로이드 OS의 점유율이 높아지는 것은 애플의 딜레마이기도 하다. 노키아가 여전히 높은 점유율을 차지하는 이유도 저가형 휴대전화 시장에서 영향력이 높기 때문이다.

스티브 잡스는 이런 요구에 부응하며 저가형 아이폰을 개발하지는 않을 것이라고 일축한 바 있다. 대신 기존 제품의 가격을 낮춤으로써 저가형 제품에 대응하겠다는 의지를 보였다. 저가 신모델을 별도로 생산하는 대신에 기존 제품의 가격을 낮춤으로써 지속적으로 판매하는 방법을 쓰겠다는 것이다. 그런데 사실 이런 전략이 어느 정도 효과를 볼 수 있겠지만 인도나 중국에서 판매되는 저가형 스마트폰만큼 싼 가격으로 공급하는 것은 어렵기 때문에 애플의 점유율을 높이는 데는 한계가 있을 것이다. 이들 나라의 저가형 스마트폰은 아이폰의 가격을 인하해서 대응할 수 있는 수준의 가격대가 아니기 때문이다. 따라서 이런 나라에 애플 제품을 공급하기 위해서는 저가형 제품의 개발이 필수적이다. 지금껏 아이폰은 단일 모델로 전 세계에 판매되고 있는데, 만약 애플이 저가형 제품을 출시한다면 이제까지 지켜온 정책을 바꿀 수밖에 없다.

하지만 아이클라우드가 확대된다면 아이폰의 가격 인하가 가능하다. 그렇다고 해서 인도나 중국에서 팔리는 수준의 저가형 아이폰이 되지는 않을 텐데, 애플이 기대하는 성능 수준에 맞추려면 아주 저렴한 제품을 만들기는 어렵기 때문이다. 만약 이런 예상을 깨고 저가형 아이폰 제품이 나온다면 애플이 아이클라우드로 전 세계 사람들을 모두 모으려는 작업을 본격적으로 시작했다고 이해하면 된다. 하지만 단기적으로 저가형 애플 제품의 출시는 아이클라우드가 어느 정도 안정화되고 그 역할이 충분히 확대된 이후에나 기대해봄직한 내용이다. 이는 당장은 저가형 아이폰이 나오기는 어렵다는 말인데, 애플이 저가형 아이폰으로 시장점유율을 높이는 것 외에는 별다른 이익을 얻을 수 없기 때문이다. 지금도 아이폰은 충분히 공급이 달리는 상황이므로 차라리 아이폰 공급 통신사를 더 확대하는 정책으로 아이폰 점유율을 늘리려고 할 것이다.

아이팟의 경우는 다르다. 아이팟은 중국이나 인도에서도 쓸 수 있는 저가형 제품이 얼마든지 출시될 수 있다. 일단 아이팟은 아이폰보다 제품 라인업이 다양하고 아이폰과 달리 다양한 소비자층을 대상으로 제품을 기획하기 때문이다. 아이폰 시장의 확대는 아이팟 시장의 축소에도 영향을 주기 때문에 아이팟 시장의 확대를 위해서라면 저가형 제품이 출시될 가능성이 높다. 종국적으로 시장 점유율을 높여야 하는 애플 입장에서는 아이팟의 최소 기능만 남겨놓고 충분히 저가형 제품을 출시할 수 있다. 음원 공급에 대해서는 스트리밍 방식으로 어려움이 있기는 하지만 이런 부분도 그 나라의 특성에 맞춰서 얼마든지 변화가 가능하다. 아이튠즈를 이용한 음원 공급이 애플에게는 최고의 방법이지만 인도나 중국 같은 나라에서 이런 방식은 힘들 것이다.

물론 저가형 제품 공급이 단기적으로는 애플의 영업이익률을 깎아먹을 수도 있다. 2011년 1분기에 애플은 30퍼센트가 넘는 영업이익률을 보이고 있는데 일반적으로 저가 제품 라인은 영업이익률 10퍼센트 미만이기 때문에 저가형 제품이 공급된다면 현재 애플의 영업이익률을 더 낮추는 결과를 초래할 수도 있다. 애플의 저가형 제품을 쉽게 기대하기 어려운 또 하나의 이유이기도 하다.

아이팟의 다음 단계는 지금과 매우 비슷하게 흘러갈 것이다. 저가형의 제품이 추가로 출시되지 않는다면 제품 라인업도 지금과 비슷한 형태로 유지될 것이다. 아이팟 터치iPod Touch(4세대)는 아이폰과 같은 iOS가 설치되어 있고 아이폰에서 통화 기능이 빠진 형태로 지속될 것이다. 애플의 아이폰을 쓸 수 없는 상황에서 간접적으로 아이폰 기능을 느낄 수 있게 해주는 제품으로 소비자들을 만족시킬 것이다. 아이팟 나노iPod Nano(6세대)와 아이팟 셔플iPod Shuffle(7세대)도 지금처럼 꾸준히 출시되겠지만 아이팟 클래식iPod Classic(1세대)은 향후에 보기 어려운 제품이 될 것이다.

아이팟 셔플과 아이팟 나노는 나름의 특징을 가지고 있다. 일단 매우 작고 가벼우며, 아이폰으로 음악을 듣기 어려운 상황에서 충분히 그 대체재 역할을 해준다. 또한 아이팟 터치는 가격이 매우 높지만 아이팟 셔플은 저렴한 가격으로 아이들이나 청소년층의 구입이 꾸준히 지속될 수 있는 제품이고, 아이팟 나노도 스마트폰 없이 아이튠즈나 인터넷을 이용하고자 하는 젊은 여성 고객들에게 어필함으로써 생명력을 이어갈 수 있다. 반면 아이팟 클래식은 대용량이란 장점은 있지만 가격이 지나치게 비싸고, 시간이 지날수록 구입의 필요성이 느껴지지 않는 제품이다. 그리고 무엇보다 애플이 아이클라우드로 진행하게 된 이상 앞으로 대용량의 가치는 전혀 장점이 될 수 없다. 클라우드 시대에 이런 기기들의 자체 저장 기능은 별로 의미가 없고 스트리밍이 잘되는 것이 중요하기 때문이다.

아이팟, 아이클라우드의 매개체로 진화

애플은 아이폰을 개발하는 과정에서 무수히 많은 기술들을 보유하게 되었다. 그런데 이러한 기술들이 꼭 아이폰에만 적용되는 것은 아니며 얼마든지 다른 제품으로 확대될 수 있다. 특히 앞서도 말했던 음성 인식 기술과 지니어스Genius와 같이 애플의 서버를 이용한 기술은 얼마든지 응용하고 확대해갈 수 있다. 지금도 이 기술들의 일부가 아이팟에 들어가 있다. 매킨토시나 PC를 이용하여 아이튠즈의 지니어스 재생 목록을 만들어볼 수 있고, 음성 인식 기술까지는 아니지만 아이팟 셔플은 보이스오버Voice Over 기능을 통해서 현재 재생 중인 노래에 대한 정보를 음성으로 알려주기도 한다.

이제 무선 인터넷을 가능하게 하고 애플의 서버에 언제든지 접속할 수 있게 만들어준다면, 아이팟은 단순히 음악을 듣고 동영상만 보는 제품이 아닌 아이클라우드의 작은 접속 매체로 진화할 수 있다. 클라우드에 접속할 때 우리는 노트북이나 스마트패드, 아이폰만을 생각하는데 이런 제품만이 클라우드에 접속할 수 있는 것은 아니다. 작업량이 많거나 기업에서 사용할 때는 반드시 이런 제품들이 클라우드를 활용하는 매개체가 되어야 하지만, 어린아이들이나 무거운 제품을 휴대하기 어려운 이용자에게는 클라우드에 접속할 수 있는 작은 매개체가 필요하다.

이처럼 아이팟이 계속 시장에 살아남아 애플의 수익을 올려주는 제품이 되기 위해서는 역할의 변화가 절실히 필요하다. 일단 아이팟에 설치된 GPS를 통해서 부모들은 아이들의 위치를 알 수 있고, 애플 캘린더에 스케줄을 등록해 아이들을 챙겨줄 수도 있다. 아이팟 나노와 셔플에는 음성 인식 기능이 추가되어 손으로 문자를 입력하는 대신 음성으로 검색을 하거나 메모를 저장할 수 있으며, 이렇게 보내진 정보는 애플의 클라우드 서버에서 처리한다. 나노는 작은 화면에 멀티 터치까지 가능하니 이런 정보를 받아서 볼 수도 있으며, 애플의 클라우드에는 인공지능의 알고리즘이 잘 갖춰져 있기에 아이들에게는 아이팟이 보모와 같은 역할을 할 수 있게 된다.

크기가 작은 아이팟 기기 자체에 많은 것을 넣고 발전시키는 데는 한계가 있기에 그런 역할은 역시 애플의 클라우드 서버에서 해야 한다. 아이팟은 음악과 동영상을 보는 간단한 기능만 보유하고 그 밖의 많은 역할은 클라우드 서버에서 처리하고 정보를 받게 함으로써 클라우드 매개체로 발전해야 한다. 이렇게 진화해갈 때 아이팟은 또 다른 혁신으로 그 생명을 연장할 수 있을 것이다.

아이폰은 어떻게 바뀔까

기술의 지속적 발달로 애플은 소비자들이 생각하지도 못한 편리한 기능을 새로운 아이폰에 반영할 것이다. 그중 몇 가지 눈여겨봐야 할 기능들이 있다.

첫 번째는 무선 충전 방식의 도입이다. 이것은 아이폰 제품에 포함되지는 않고 아이패드의 스마트 커버처럼 액세서리로 나올 것이다. 다만 지금의 무선 충전 패드처럼 케이스를 씌워서 충전하는 것이 아니라 아이폰 자체에 케이스 역할을 할 수 있도록 개발될 것이다. 애플의 무선 충전 패드만 구입하면 바로 무선으로 아이폰이 충전되도록 개발을 진행할 것이다.

음성 인식 기능의 확대도 앞으로 추가되는 기능 중 하나일 것이다. 음성 인식 기능의 중요성은 날로 커지고 있다. 지금보다 더 정확히 음성을 인식할 수 있다면 굉장한 편의를 제공하겠지만 아직까지는 만족스러운 상황이 아니다.

보안 문제와 결재에 대해서는 생체 인식 기능이 적용될 것이다. 우선은 NFC

모바일 결재를 사용하겠지만 보안이 더 중요해지면서 생체 인식으로 발전될 가능성이 높다. 생체 인식을 통한 결재와 보안 시스템 적용을 아이폰에서 생각해볼 수 있다.

인공지능 알고리즘의 확대 적용으로 더 똑똑한 아이폰을 생각해볼 수도 있다. 인공지능의 활용 범위는 무궁무진하다. 이를테면 위치에 기반해 사용자가 처한 상황에 따라 필요한 음악을 선택해서 틀어준다든지, 사용자의 반복된 습관을 익혀서 명령 없이도 해당 시간에 스스로 해야 할 일을 제시해준다든지, 주로 쇼핑하는 목록을 기억했다가 쇼핑 사이트를 열 때 그런 제품들이 먼저 눈에 띄게 할 수도 있다. 이런 기능들이 아이폰에 포함될 가능성이 높다. 다만 인공지능의 알고리즘을 처리하기 위해서는 그만큼 처리 속도가 빨라야 한다. 인공지능 기술은 한 번에 반영되는 것이 아니라 매번 조금씩 반영되면서 사용자를 편하게 해줄 것이다.

아마 몇 년 뒤에는 우리가 아이폰의 인공지능에 꽤나 의존적으로 살아가게 될 것이다. 앞으로는 클라우드와 더 밀접하게 연계된 아이폰도 볼 수 있을 것이다. 모든 것을 작은 아이폰에서 할 수 없기에 대용량의 데이터 처리는 클라우드라는 애플의 서버에서 진행될 것이다.

쇼핑과 교육을 위한 최고의 도구, 스마트패드

스마트패드가 처음 나왔을 때는 그 용도와 관련해서 의견이 많았다. 스티브 잡스는 포스트 PC라고 했지만 소비자들은 어떤 용도로 사용해야 하는지 잘 이해하지 못했다. 그러던 차에 최근 미국의 메인 주에 속해 있는 한 도시에서 유치원생들에게 아이패드를 교육용 교재로 지급하기로 결정해 찬반 논란을 일으키기도 했다. 해당 시 교육위원회는 2011년 가을 학기부터 시내 공립 유치원생 300명에게 아이패드2를 나눠주고 알파벳과 아라비아 숫자, 그림 그리기, 음악

교재 등으로 사용하자는 의견을 만장일치로 통과시켰는데, 어린 유치원생에게 이런 전자 기기를 교육용 교재로 지급하는 것이 과연 옳은 일이냐에 대한 논란이 불거졌다.

유치원생들에게 아이패드 같은 전자 제품을 교육용 교재로 지급한 것은 분명 잘못된 선택이다. 자연적인 경험이 적은 유치원생들에게 전자 기기는 오히려 독이 될 수 있다. 시력 저하나 전자파 영향 등의 신체적 문제는 차치하고라도 아날로그적 감성과 창의성을 오히려 저해하는 경향이 있기 때문이다. 실제로 유럽의 독일, 핀란드 등에서는 집중력 문제를 이유로 유치원생들에게 글자조차 가르치지 않는다. 해당 교육위원회의 결정은 유아 교육 철학에 명백히 위배되었기 때문에 사회적으로 찬반 논란을 일으킨 것이다. 만약 아이패드2를 초등학교 고학년이나 중학생의 교육 교재로 선택했다면 이런 논란은 생기지 않았을 것이다.

사실 이 해프닝은 스마트패드가 교육용 교재로 활용될 가치가 매우 높다는 것을 보여준 상징적인 사건이다. 그리고 앞으로도 상당히 많은 단체에서 스마트패드를 교육용으로 활용할 것이다. 학교에서 보는 교과서는 물론 무거운 참고서들도 스마트패드 속에 들어갈 것이다. 가정에서도 스마트패드를 이용한 학습이 다양하게 진행될 것이다. 물론 아직 교육용 어플이 소비자의 기대 수준에 미치지는 못하지만, 지금 속도로 발전한다면 교육 분야에서 두루 활용성이 높아질 것이다. 교육 성취 과정과 결과를 볼 수도 있고, 아이패드로 시험을 보고 누적된 데이터를 확인해 강한 부분과 취약한 부분을 분석하며, 이런 분석을 통해서 적합한 해결책을 제시받을 수도 있다.

지금은 많은 사람들이 오직 책의 대체재로서 스마트패드를 주목하고 있지만 책을 넘어 한 사람의 교육 전반을 관리하는 핵심 툴로 발전할 가능성이 높다. 물론 이런 수준까지 발전하기 위해서는 아이클라우드 같은 애플 서버의 도움이 필요하다. 따라서 아이클라우드의 진화는 필수적이다. 아이패드의 성능이 좋아진다고 해도 인공지능 처리까지 할 수 있을 만큼 발전이 가능할지는 여전히 미지수이기 때문이다.

개인의 교육 전체를 관리하는 기기로 발전할 경우 스마트패드는 포스트 PC 이상의 역할을 하게 될 것이고, PC처럼 각 가정에 한 대씩 두고 쓰는 제품이 아니라 개인별로 한 대씩 보유해야 하는 제품이 된다. 이렇게 되면 스마트패드 시장은 PC 시장보다 몇 배나 큰 규모로 성장할 것이다.

TV를 시청하는 방식이 아이패드를 통해서 변했듯이 쇼핑도 아이패드에 의해 크게 변화할 것으로 보인다. 특히 홈쇼핑의 변화가 두드러질 텐데, TV에만 의존하던 홈쇼핑이 스마트패드 속으로 들어오지 않으면 경쟁에서 이기기 어려울 것이다. 케이블 업체가 서비스하는 것처럼 실시간 형태로 갈지 미리 촬영한 동영상 형태를 보여주는 홈쇼핑으로 진화할지는 변화의 모습을 좀 더 지켜봐야겠지만, 스마트패드 속으로 쇼핑 채널이 급속히 흡수되고 쇼핑 업체들도 이런 변화에 빨리 대응해야 살아남을 수 있을 것이다.

스마트패드의 무게를 줄여라

스마트패드 보급을 위한 최고의 과제는 역시 무게 감량이다. 삼성도 애플도 스마트패드의 무게를 줄이기 위해서 많은 노력을 하고 있지만 아직까지는 손목에 부담이 되는 무게임에 틀림없다. 사이즈는 8~10인치 정도면 한 손으로 보기에 전혀 문제가 없지만, 편한 자세에서 스마트패드를 사용하기 위해서는 손목에 전혀 무리가 되지 않는 스마트폰 수준까지 무게를 줄여야 한다. 아직까지 이 부분에 대한 목표를 달성한 제품은 없다.

한 손으로 쥐고 사용할 때 무게 때문에 불편함을 느끼는 스마트폰은 없다. 하지만 현재의 스마트패드는 스마트폰 무게의 4~6배 수준이다. 아이들이 교육용으로 스마트패드를 사용한다고 할 때 무게에 대한 관심은 더욱 커질 것이다. 아

직까지는 성인 중심으로 스마트패드가 사용되므로 그 정도가 덜하지만, 교육용
으로 확대되면 무게에 대한 이슈는 더욱 거세질 전망이다.

다음의 아이패드3가 나오면 이 부분에 대한 혁신을 기대해볼 만하다. 아이패
드2에서는 가격에 대한 혁신을 추구했는데, 아이패드3에서는 무게에서 혁신적
인 제품의 출시를 기대해볼 수 있다.

애플TV, 스마트TV의 중심이 될 수 있을까?

아직까지 애플TV는 셋톱박스에 불과하다. 셋톱박스는 스마트TV가 아니다.
말 그대로 TV를 인터넷을 통해서 애플 서버에 연결해주는 기능만 가진 제품이
다. 애플TV 자체는 어떤 기능이 없기 때문에 가격이 비싸지 않다. 이런 셋톱박스
의 애플TV는 하나의 실험 모델일 뿐이다. 향후 애플TV가 진정한 스마트TV로
진화하기 위해서는 반드시 디스플레이가 있는 TV 형태로 발전되어야 한다. 혹
시 디스플레이에 대한 개념이 홀로그램으로 진화하게 되면 셋톱박스 형태를 계
속 고집할 수 있겠지만, 그렇지 않을 경우에는 반드시 수상기 일체형의 스마트
TV가 나와야 한다. 애플이 어떤 선택을 할지 당장은 알 수 없지만 진정한 스마
트TV로의 진화를 위해서는 반드시 둘 중에 하나를 선택해야 한다.

진정한 의미의 스마트TV가 되기 위해서는 TV 안에 갖춰야 할 것이 많다. 카
메라도 있어야 하며, 음석 인식과 동작 인식을 위한 센서와 알고리즘이 들어가
야 한다. 인터넷 연결은 당연하고, TV를 통해서 다양한 정보를 찾아볼 수 있는
스마트TV용 브라우저의 개발이 선행되어야 한다. 단지 TV라는 기기에 PC와
똑같은 방법과 화면으로 인터넷을 활용할 수 있는 개념으로는 절대 안 된다. TV
는 PC보다 훨씬 더 편하고 단순한 제품이어야 한다. 인터넷 포털사이트를 보고
싶은 소비자들은 스마트패드를 이용할 것이다. 시력 보호를 위해 TV를 최대한
멀리서 보는 상황에서 인터넷 포털사이트에 접속해 뭔가를 검색한다는 것은 쉬

운 일이 아니다. 검색 결과가 촘촘하게 정렬되어 글씨도 잘 보이지 않으므로 상당히 불편하다.

스마트TV가 많은 일을 하기 때문에 리모컨은 복잡해질 수밖에 없다. 복잡한 리모컨만큼 소비자들을 당황하게 만드는 것은 없다. 결국 리모컨을 단순화하기 위해서는 복잡한 기능에 대한 처리를 음성 인식과 동작 인식으로 대체해야 하는데, 이런 기술은 지금 충분히 발전된 상태라 얼마든지 가능한 일이다. 나아가 카메라까지 전면에 설치하면 더욱 정확하게 사람의 행동을 인식할 수 있게 될 것이다.

스마트TV로 넘어가면서 TV의 역할은 더욱 다양해질 것이다. 애플도 아직까지는 방송이나 영화 콘텐츠를 보는 수준으로만 접근하고 있지만 이 정도 활용은 기본에 속하고, 중요한 것은 집 안의 모든 것을 보고 확인할 수 있는 매개체로 진화하는 것이다. TV의 발전 범위가 얼마나 확대될지 알 수 없으나 TV를 통해서 집 안의 모든 일을 처리할 수 있는 시대가 멀지 않은 것은 확실하다.

애플 제품을 하나로 묶어주는 애플TV

스티브 잡스는 모든 애플 제품에 대해 동기화 전략을 추구해왔다. 이 부분이 애플의 가장 큰 장점이었고 앞으로도 마찬가지일 것이다. 현재는 PC와 아이튠즈가 이런 역할의 중심이 되고 있지만, 앞으로는 이런 역할이 애플TV로 넘어갈 가능성이 크다. 특히 애플TV를 선보이면서 포함시킨 에어플레이AirPlay 기능[11]은 이런 변화가 지속적으로 일어날 것임을 알려주었다. 아이패드 또는 아이폰에 있는 동영상이나 사진들을 애플TV의 대형 화면으로 볼 수 있게 한 것이다. 무선으로 연결되어 있다면 앉아서 얼마든지 이렇게 볼 수 있으며, 홈 공유 시스템을

---

11. ios4.2에서 처음 선보인 기능으로 아이폰이나 아이패드에 있는 사진, 음악, 동영상을 애플TV로 실시간 전송할 수 있게 한다.

이용하면 아이튠즈에 있는 자료들도 TV를 통해 볼 수 있다. 애플은 이런 식으로 모든 제품들이 동기화되고 연결되도록 하는데, 에어플레이 기능을 제공함으로써 이런 역할의 중심에 애플TV가 자리 잡을 수 있도록 했다.

이러한 잡스의 전략은 한 번 애플 제품을 구입하면 지속적으로 애플 제품을 구입해야만 이 모든 편한 기능을 사용할 수 있게 하는 방식이다. 다른 회사 제품이 끼어들 틈을 만들지 않는 것이 잡스의 전략이었다. 이런 전략에서 애플TV는 생각보다 큰 비중을 차지한다. 잡스가 2007년 애플TV 첫 작품이 실패했음에도 지속적으로 TV에 대한 꿈을 버리지 않았던 이유는 TV만큼 가정에서 큰 역할을 차지하는 것이 없다고 판단했기 때문이다.

가전과 연계, 아이클라우드와 다시 연계되는 TV

언젠가 '가전의 진화, 스마트 시대 열렸다'라는 제목의 한 신문 기사가 눈에 들어왔다. 냉장고 앞에서 "우유"라고 말을 하면 음성 검색을 통해서 유통기한이 지났다는 알람이 뜨고, 모니터를 통해서 어떤 음식이 들어 있는지, 보관 기한은 언제인지 문을 열지 않은 상태에서 알 수 있고, 스마트폰 어플을 이용해서 점심 시간 때 세탁기의 세탁을 예약할 수 있고, 로봇청소기도 돌릴 수 있다. 로봇청소기에 달린 화상카메라를 통해서 집 안을 살펴볼 수도 있다. 냉장고 어플을 통해서 남은 재료가 무엇인지 확인하고 무슨 요리를 할 수 있는지 확인할 수 있으며, 스마트폰으로 에어컨을 퇴근 시간에 맞춰서 켜놓을 수도 있다.

신문 기사처럼 이런 시대가 조만간 찾아올 것이다. 하지만 소비자가 냉장고 앞에서 "우유"라고 말해야 하는 것은 소비자가 먼저 생각하고 판단해야 한다는 점에서 스마트 시대에는 불편한 편에 속한다. 소비자가 원하는 것은 모든 필요한 정보를 미리 알려주는 것이다. "우유"라고 말했을 때 비로소 유통기한이 지났다는 응답을 듣는 것이 아니라 '우유의 유통기한이 얼마 남지 않았으니 관리가 필요하다.'는 정보를 냉장고가 미리 알려주기를 원하는 것이다. 또한 냉장고 어플을 통해서 남은 재료가 무엇인지 확인하고 구입하는 것이 아니라, 다 떨어진 재료들을 냉장고가 소비자에게 알려주고 가장 저렴하게 구입할 수 있는 마트를 찾아주어 장보기까지 한 번에 해결할 수 있도록 해주어야 진정한 스마트 가전이라 할 수 있다.

하지만 현실적으로 이런 기능을 냉장고 단독으로 처리하기는 불가능하다. 데이터를 처리하고 분석하며 인터넷을 뒤져서 정보까지 이끌어내려면 냉장고에 매우 많은 장치가 달려야 하기 때문이다. 결국 이런 일을 처리하기 위해서는 클라우드 서버를 이용해야 하고 서버에서 모든 자료를 분석해서 소비자들에게 제공해줘야 한다.

소비자들은 냉장고 어플이 아닌 자신의 클라우드에서 이 같은 정보를 읽고 거기에서 작업한 결과로 집 안의 모든 가전들이 일들을 처리해주기 원한다. 이렇게 클라우드와 가전이 연계되고 소비자가 어디에 있든지 집 안을 관리할 수 있게 하기 위해서는 중간 매개체 또는 관리자가 필요한데, 그 역할을 해줄 수 있는 것이 바로 스마트TV다. 스마트TV는 PC처럼 항상 인터넷에 연결되어 있을 뿐 아니라 클라우드로 진행되면서 정보와 항상 연결될 수 있다. 애플의 현재 TV 서비스는 바로 이런 형태를 지향하는 것이다.

미래의 우리는 스마트TV와 연결된 클라우드를 통해서 가전에 명령을 내리고 스마트TV는 와이파이 등의 무선 네트워크로 집 안에 설치된 모든 가전과 연결될 것이다. 각각의 가전은 무선 네트워크를 통해서 자신의 정보를 소비자의 클라우드에 전송하고, 클라우드 서버에서 관련 데이터를 저장하고 분석해 소비자에게 전달하는 역할을 하게 되는 것이다. 바로 이런 모습이 스마트TV와 가전의 최종적인 진화 형태일 것이다. 잡스는 이런 진화를 꿈꿨고 애플TV를 애플 서버에 연결해서 콘텐츠를 다운받을 수 있도록 고민했다.

물론 이런 세상이 바로 찾아오지는 않을 것이다. 우선 스마트폰에 각 가전에 대한 어플이 깔리고 그런 앱을 이용해서 관리하는 단계가 먼저 진행될 것이고, 그다음 단계가 바로 위와 같은 세상이 되는 것이다. 언제쯤 이런 세상이 찾아올지는 모르겠지만 애플은 이미 현실에서 준비하고 있다. 이런 것들을 미리 준비해두지 않으면 패러다임이 전환되는 세상에서 기업이 생존할 기회를 잡기 어려울 것이다.

소셜은 결국
아이클라우드에 점령된다

2006년 이후 소셜 네트워크 서비스Social Network Service, SNS인 트위터Twitter가 세상의 이목을 끌었다. 전 세계 유명인들을 '팔로어' 하는 많은 사람들은 그들이 던지는 글 한 줄 한 줄을 주의 깊게 살펴보고 그들이 지금 무엇을 하는지 큰 관심을 보였다. 그리고 트위터의 열기가 잠잠해지는가 싶더니 이제는 페이스북Facebook이 그 아성을 위협하고 있다. 많은 사람들이 페이스북을 통해 자신의 친구와 소통하기 시작했다. 같은 나라에 있는 친구들뿐만 아니라 다른 나라에 있는 친구들까지 모두 쉽게 연락할 수 있다는 장점을 무기로 페이스북은 상당히 빠른 속도로 성장했으며, 결국 방문자 수에서 검색 사이트 1위인 구글을 제치는 성과까지 보여주었다.

페이스북의 핵심은 내가 아는 사람을 중심으로 연결시켜주고 내가 알 만한 사람들을 나의 메일이나 등록된 정보를 바탕으로 지속적으로 찾아서 보여준다는 것이다. 페이스북은 이러한 알고리즘이 다른 사이트보다 뛰어나기 때문에 상당히 짧은 시간 안에 전 세계적으로 퍼져나갔다. 우리는 모르는 불특정 다수보다는 아는 사람들을 더욱 신뢰하는데, 아는 사람 중심의 네트워크를 만든다는 것이 소셜 네트워크의 특징이다. 이러한 특징에 힘입어 페이스북의 사용자가 늘면서 페이스북의 가치는 더욱 높아졌다. 비록 아직까지는 수익이 기업 가치에 미치지 못하지만 페이스북의 사업 모델에 따라 성장 가능성이 무척이나 높다는 것은 일반적으로 인정되는 사실이다.

하지만 이런 페이스북 형태의 소셜 네트워크의 인기도 역시 한때의 유행으로 서서히 정리될 가능성이 높다. 영원한 것은 아무것도 없듯이 소셜 네트워크도 마찬가지의 흐름을 겪게 될 것이다. 처음에는 지금껏 잊고 있던 사람들까지 연결되어 반갑고 신기하기도 하지만, 바쁜 현대 사회에서 그런 호기심은 차츰 줄어들고 페이스북을 알기 전처럼 주로 교류가 있는 사람들하고만 연락하게 될 것이다.

소셜 네트워크의 외연은 확장된다

새로운 콘셉트와 문화의 유행은 항상 새로운 비즈니스를 창출하고, 이런 비즈니스 문화에 잘 동승한다면 큰돈을 버는 기회를 가질 수 있다. 미국의 그루폰Groupon[12]과 4푸드4Food[13] 등이 이러한 소셜 네트워크를 이용하여 성공한 사업 모델이다.

그루폰은 우리나라에도 진출을 했는데, 그루폰이 진출하기 전에도 유사한 방식으로 기업들이 사업을 진행하고 있었다. 예컨대 티켓몬스터, 쿠팡, 위메프 등이 있는데, 이런 기업들은 사실 공동구매라는 기존 모델에 소셜을 엮은 사업 모델이다.

---

12. 2008년 11월에 시작된 미국의 대표적인 소셜 커머스 업체

13. 뉴욕 맨해튼에 위치한 햄버거 가게로, 손님이 개인별로 좋아하는 재료를 직접 선택해서 자신만의 햄버거를 디자인할 수 있는 곳이다. 이렇게 디자인된 햄버거를 소셜 네트워크를 통해서 친구들과 공유할 수 있으며 자신이 디자인한 햄버거가 팔리면 일정 수수료를 받는다.

불특정 다수가 모여 구입하는 것이 공동구매였다면 이런 기업들은 개인들의 소셜 네트워크를 이용해서 제품 판매를 도모하는 것이다. 이를테면 평소 꼭 가지고 싶었던 제품이 있는데 여러 사람이 모이면 아주 저렴하게 구입할 수 있다는 조건이 걸려 있다. 소비자들은 자신이 아는 소셜 네트워크를 이용해서 그 제품의 구매자를 모으고, 그렇게 되면 공동구매의 조건이 좀 더 빨리 달성될 수 있다는 것이 이 사업의 기본 구상이다. 초기에는 매우 성공적이었고 소셜이 매우 발달한 지금 시절에 아주 잘 어울리는 사업 모델이었다. 하지만 너무 많은 기업들이 뛰어들다 보니 어느새 소셜 네트워크의 사업 모델이라기보다 공동구매에 더 가깝게 변질되어버렸다. 처음 의도는 좋았으나 너무 많은 기업의 참여와 수많은 제품의 등장으로 소셜 네트워크를 통한 마케팅은 한계에 도달했다는 평가가 나오고 있다.

4푸드도 소셜 네트워크를 이용한 마케팅 구상에서 시작된 사업 모델이다. 자신이 직접 디자인한 햄버거를 사이트에 올린 뒤 자신의 소셜 네트워크를 통해서 광고하는 방식이다. 자신이 디자인한 햄버거가 판매되면 판매 금액의 일정 부분을 수수료로 받는 것이다. 많은 사람들이 참여하다 보니 햄버거 종류는 엄청나게 늘어났으며, 돈을 벌고자 하는 사람들이 광고를 함으로써 기업 매출도 크게 증가했다. 하지만 햄버거 디자인을 통해서 돈을 번 개인이 과연 얼마나 되는지는 의문이다. 너무 많은 종류의 햄버거가 등록되어 있고 개인의 소셜 네트워크 광고도 한계가 있기 때문이다. 결국 이런 소셜 마케팅은 기업들의 배만 불리는 상황이 되고 있다.

이처럼 개인의 소셜 네트워크를 이용해서 스스로 마케팅을 하게끔 유도하는 노력은 지속될 것이며, 이런 특징을 이용한 비즈니스 모델도 당분간은 계속 만들어질 것이다. 새로운 문화가 유입되었을 때 성공하기 위해서 가장 필요한 것은 창의력과 아이디어다. 개인의 소셜 네트워크로 광고하는 문화가 등장한 상황에서 이런 소셜 네트워크를 어떻게 잘 활용하느냐가 사업 성공의 한 방법이 될 수 있다.

애플 사용자만을 위한 소셜 네트워크

소셜 네트워크가 하나의 트렌드로 자리를 잡은 상황에서 애플 역시 이런 트렌드를 무시할 수는 없다. 애플 자체만으로도 파워가 대단하지만 소셜 네크워크까지 연결되면 그 힘은 한층 더 강해질 수 있기 때문이다. 애플은 하드웨어와 소프트웨어, 콘텐츠를 구비한 기업이라 소셜 네트워크가 들어갈 자리가 마땅치 않다. 구글은 자신의 검색 사이트를 기반으로 소셜 네트워크를 만들고자 노력하고 있으며, 그런 노력의 일환으로 소셜 커머스인 구글오퍼Google Offers를 시장에 선보였다. 하지만 검색 서비스를 중심으로 소프트웨어만 개발해서 판매하는 기업인 구글과 달리 애플은 자신의 하드웨어를 극대화하기 위해 자신만의 소프트웨어를 가지고 가는 입장이라 하드웨어가 상당히 큰 비중을 차지하는 기업이다. 그렇다고 소셜의 힘을 알고 있는 애플이 소셜 네트워크를 포기하기란 쉽지 않다.

결국 애플의 선택은 클라우드인데, 아이클라우드와 함께 소셜 네트워크도 같은 틀에서 사용할 수 있게 만들 것이다. 이런 구상은 iOS5를 통해서도 대략 짐작할 수 있다. 아이메시지iMessage는 우리가 흔히 사용하고 있는 카카오톡처럼 등록된 지인과 메신저 등을 할 수 있게 만들었다. 아이메시지 개발이 소셜 네트워크에 대한 애플의 준비가 이루어지고 있다는 점을 보여준다.

대신 애플의 소셜 네트워크는 페이스북만큼 개방적이지 않을 것이다. 지금까지 애플은 애플 제품끼리 묶으려는 정책을 지켜왔고, 소셜 네트워크도 이와 비슷한 행보를 보일 것이다. 따라서 애플 제품을 쓰는 사람 중심의 소셜 네트워크를 생각해볼 수 있다. 당연히 페이스북만큼의 확장성이나 성장을 기대하기는 어렵다. 구글의 안드로이드 OS가 오픈을 통해서 급성장했지만 아이폰의 iOS는 그러하지 못했다. 그렇다고 해서 애플이 iOS를 오픈소스로 전환하는 일은 절대로 없을 것이다. 이 같은 정책은 클라우드에서도 마찬가지일 텐데, 애플의 소셜 네트워크를 느끼고 싶으면 애플 세상으로 들어와야만 가능하게 만들 것이다. 이것은 매우 위험한 방식이지만, 반대로 안정화시킬 수만 있다면 독보적인 위치를 차지하게 되는 것이다.

과거 애플의 폐쇄 정책은 분명 MS 윈도와의 경쟁에서 매킨토시가 밀리게 만든 요인이었지만, 지금의 애플은 그때의 애플과 다르다. 애플의 소셜 네트워크도 애플에 한정된 폐쇄 정책을 유지하면서 적절한 개방으로 사용자를 늘리려고 할 것이다. 소셜 네트워크가 하나의 유행이 아닌 하나의 문화로 애플 안에서 자리 잡을 수 있도록 노력할 것이며, 그런 노력은 분명히 아이클라우드 속에서 진행될 것이다. 소셜 네트워크까지 애플의 클라우드 안으로 들어가게 되면 소비자들은 애플에서 더욱 벗어나기 어려워진다. 컴퓨터 OS라면 오직 윈도만 생각하듯이 언젠가 애플 제품과 애플 클라우드에서만 IT 생활을 즐겨야 하는 세상이 올지도 모른다. 소비자들을 아이클라우드로 이끌 수만 있다면 그 안에서 소셜 네트워크 구축은 아주 쉬운 일이다. 따라서 향후 애플은 그런 방향으로 정책을 구상하고 적용할 것이다.

애플을 공기처럼
느끼도록 하라

애플은 부품 공급에 대해서 철저하게 비밀주의로 일관해왔다. 공급되는 부품의 사양과 특징 등이 공개될 수 있기 때문인지, 아니면 가격 면에서 우위에 서기 위해서인지는 명확히 밝혀지지 않았다. 하지만 재미있는 것은 애플이 각기 다른 회사와 상이한 방법으로 부품 공급 계약을 맺고, 그렇게 맺은 계약이 애플 제품의 가격을 낮출 수 있는 동력이 되었다는 점이다. 2011년 1분기 재무실적 발표회에서 당시 애플의 최고운영책임자인 팀 쿡은 가장 중요한 부품을 담당하는 공급 업체 세 곳과 2년간 39억 달러에 달하는 계약을 체결했다고 밝혔다. 이것은 2005년 애플이 삼성과 체결했던, 아이팟을 위한 플래시 메모리 공급 계약과 비슷한 성격의 계약이라고 했다.

아이패드2가 상상을 뛰어넘는 가격 경쟁력으로 세계 시장에 풀렸다. 팬택의 박병엽 부회장이 '이 가격이면 다른 업체들은 모두 죽으란 얘기'라고 말할 정도로 다른 제조 업체에게는 큰 부담이 되는 가격으로 아이패드2를 출시한 것이다. 이렇게 저렴한 가격으로 제품을 내놓을 수 있는 것은 팀 쿡이 말했듯이 사전에 선결재를 하는 방식으로 중요 부품을 공급받기 때문이다. 애플의 신용이라면 훨씬 저렴한 가격으로 부품을 공급받을 수 있고, 부품 업체는 장기간 제품 판매에 대한 고민 없이 원가 절감에만 집중하면 된다. 어차피 설비 감가상각비는 해가 갈수록 줄어들기 때문에 몇 년간의 안정된 부품 공급은 비록 납품 가격이 시장가에 미치지 못할지라도 큰 이익이 되는 것이다. 애플이 몇 년간 조건대로 부품을 가지고 간다는 약속만 지켜준다면 말이다.

오늘날 애플의 위상으로 볼 때 부품 업체들 입장에서는 이런 애플의 조건을 거절할 이유가 없다. 일반적인 회사라면 꿈도 꿀 수 없는 결재 시스템이다. 아이패드2의 가격 정책도 분명 스티브 잡스의 전체 구상도에서 한 부분으로 자리 잡고 있었을 것이다. 잡스는 과거에 좋은 제품을 갖고도 가격 정책의 실패로 큰 어려움을 많이 겪었기 때문에 사람들이 소비할 수 있는 수준의 가격 책정이 얼마나 중요한지 잘 알고 있었다. 이 정책은 앞으로 절대 바뀌지 않을 것이므로 애플에서 나오는 모든 제품은 사람들이 소비할 수 있는 가격 수준이 될 것이다.

가격을 올려야 한다면 차라리 기능을 추가하지 않는다

아이패드2가 출시되면서 가장 비난을 많이 받은 부분은 카메라의 성능이다. 전면 카메라는 30만 화소, 후면 카메라는 90만 화소로 매우 낮은 성능의 카메라가 내장되었기 때문이다. 이 정도의 카메라 성능은 2000년대 초반에 나온 카메라가 장착된 휴대전화 초기 모델과 비슷한 수준이다. 아이폰4가 500만 화소의 카메라를 단 것과 비교해보면 정말로 터무니없는 듯 보였다. 하지만 애플이 이러한 점을 고려하지 않았을 리는 없다. 아무리 아이패드의 카메라가 촬영용이 아니고 영상통화나 증강 현실의 어플을 사용하기 위한 보조 도구의 역할을 한다고 하지만, 카메라의 성능이 좋으면 더 깨끗한 영상통화를 할 수 있고 카메라를 통한 뷰어도 더 선명하게 볼 수 있는 것이 사실이다.

그런데도 이렇게 낮은 성능의 카메라를 설치한 것은 역시 비용 문제 때문일 것이다. 아이패드2를 분석하면서 이 부분에 대한 잡스의 생각이 확고함을 알 수 있었다. 소비자가 구매할 수 있는 범위 이상의 가격 책정은 옳지 않다고 여기고 가격이 오르는 것을 막기 위해서는 제품의 기능이나 성능을 일부 떨어뜨릴 수 있다는 의지를 보여준 것이다. 대신에 각 제품의 핵심 기능에 대해서는 최고의 제품을 쓴다는 원칙도 확인되었다. A5의 칩은 A4보다 훨씬 더 업그레이드된 제품이고 RAM 용량도 지난 모델보다 늘렸으며, 해상도는 같지만 반사방지막을 추가해 가독성을 높였다.

가격 정책은 제품의 대중화를 위해 매우 중요한 요소이다. 아무리 성능이 좋아도 소비자가 지불하기 어려운 가격대면 부러워하기만 할 뿐 구입하고자 하는 욕구가 생기지 않는다. 잡스는 리사 컴퓨터 때 이 부분을 확실히 깨달았고, 이 깨달음은 아이패드2에 충실히 반영되었다. 결국 아이패드2는 지난 모델보다 더욱 소비자들의 구매욕을 자극했으며, 실제로도 아이패드1보다 훨씬 빠른 속도로 판매량이 증가했다. 애플의 이 같은 전략은 신제품을 내놓을 때마다 가격을 올리는 우리나라의 여러 기업들에게 큰 충격을 준다. 이 부분은 우리 기업들도 충분히 이해하고 검토해봐야 할 정책이다.

단순하라, 복잡하면 액세서리로 만들면 된다

스티브 잡스가 추구한 제품 철학 중 하나는 단순함이다. 애플TV의 단순한 리모컨을 보더라도 잡스가 얼마나 단순함을 중요시하는지 알 수 있다. 그래서 그는 자신이 만드는 제품이 복잡해지거나 외형적으로 이것저것 많이 달린 형태로 디자인되는 것을 용납하지 않았다. 하지만 기기는 점점 복잡해지고 소비자는 다양한 제품과의 연결을 원하는 상황에서 제품의 단순함만을 주장할 수는 없었다.

이런 모순을 해결하기 위해서 잡스는 액세서리 공급이라는 정책을 선택했다.

애플에서 공급하는 액세서리를 보면 케이블이 많다. 애플은 30핀의 케이블을 쓰기 때문에 다른 제품, 특히 TV와 연결하기 위해서는 HDMI나 AV 케이블이 필요한데 이런 케이블을 액세서리로 만들어서 공급한다. 이 부분은 우리 기업들도 눈여겨볼 필요가 있다. 우리나라 기업의 휴대전화를 구입하면 이런저런 케이블이 많이 포함되어 있다. 다양한 매체에 연결해 볼 수 있도록 케이블을 무료로 공급하는 것이다. 그러나 애플 제품에는 전력 공급과 PC 연결용 케이블, 그리고 이어폰만이 포함되어 있다. 추가적인 액세서리를 원한다면 만만치 않은 가격을 지불하고 구매해야 한다. 때로는 폭리를 취한다는 느낌이 들 정도로 비싼 경우도 있다.

무료로 할 수 없다면 액세서리의 가격을 낮추면 좋겠다는 생각이 들기도 하지만, 애플에게서 그런 의지는 찾아보기 어렵다. 제조원가가 높아서 비싸게 판매한다기보다 액세서리를 구입하면 모든 애플 제품에 적용할 수 있기 때문에 애플의 다른 제품 구입으로 이어지게 하려는 의도로 보인다. HDMI 케이블 하나면 아이폰, 아이패드, 아이팟 터치 등 30핀이 있는 모든 애플 제품을 연결해서 사용할 수 있다. 키보드도 판매하는데, 마찬가지로 모든 30핀의 애플 제품에 적용이 가능하다. 이런 식으로 액세서리를 비싸게 구입하게 되면 그 비용이 아까워서라도 다른 제품이 아닌 애플 제품을 다시 선택하게 된다. 액세서리에 대해서도 애플 제품끼리 호환해 사용할 수 있게 만든 것 자체가 잡스의 전략이었다.

소비자는 단순한 것을 선호한다

애플 제품을 사는 고객은 누구일까? 20대의 젊은 남녀일까, 아니면 30~40대의 직장인일까? 상품을 개발할 때는 누구에게 판매할 것인가를 생각하고 그들의 눈높이에 맞추려고 애쓰는데, 전 세계로 팔리는 IT 기기를 만들 때는 고객에 대한 생각을 더욱 많이 할 수밖에 없다. 그렇다면 애플이 생각하는 고객은 누구인가?

　아이팟의 경우 초등학생부터 고객으로 생각할 것이고, 아이폰은 젊은 대학생부터 직장인까지 고객으로 생각하고 제품을 판매한다. 하지만 이렇게 고객 분류를 했다고 해서 반드시 그들에게만 판매되는 것은 아니다. 30~40대 직장인이라는 핵심 타깃층에서 아이폰이 잘 팔린다면 바로 입소문을 통해 다른 계층으로 확대되게 마련이다. 주 고객층만큼은 아니지만 바로 그 옆 계층까지 해당 제품의 성공적인 판매를 기대할 수 있는 것이다. 이렇게 다양한 계층이 애플 제품을 접하기 때문에 모든 계층을 만족시키기 위해서는 최대한 단순하게 만들 필요가 있다.

　그러기 위해서는 참고서만큼 두꺼운 매뉴얼은 사라져야 하고, 직관적으로 제품을 이해하고 바로 사용이 가능해야 한다. 제품을 만드는 입장에서 무척이나 어려운 과제다. 성능이 향상될수록 복잡해질 수밖에 없는데, 성능은 좋아지되 기기 사용은 단순해져야 한다는 것이 개발자 입장에서는 무척이나 속이 타는 요구 사항이다. 하지만 잡스는 아이폰이나 아이패드, 애플TV처럼 심플한 디자인과 몇 번만 사용하면 바로 익힐 수 있는 편리한 기능을 창출해냈다. 이렇게 소비자가 원하는 대로 작동되도록 제품을 만드는 것은 정말로 소비자에 대한 이해와 고민을 많이 해야만 가능한 것이다. 급한 성격의 우리 문화에서는 달성하기가 조금 어려운 부분이다. 실제로 고민을 많이 하는 만큼 더욱더 소비자들을 위한 제품이 만들어지는데, 제품을 기획하거나 디자인할 때 이 부분에 대한 시간 배정은 매우 부족하게 잡혀 있는 것이 사실이다. 더 큰 성장을 위해서는 철저하게 고민할 수 있도록 시간을 좀 더 투자할 필요가 있다.

애플에는 시장조사가 없다

　스티브 잡스는 신제품을 만들 때 시장조사를 하지 않는 것으로 유명한데, 사실 이 말은 맞는 말이기도 하고 틀린 말이기도 하다. 트렌드를 익히기 위해서, 그리고 기술 발전의 흐름을 이해하기 위해서는 시장조사를 하지 않을 수가 없다. 그리고 실제로 아이팟을 출시하기 전에 잡스는 충분히 시장조사를 하고 가능성을 분석한 후 사업에 뛰어들었다. 그래서 시장조사를 하지 않는다는 말은 틀린 말이다. 하지만 아이폰 개발의 경우처럼 정전기 방식의 터치가 필요하다는 내용이나 멀티 터치 기능이 필요한지 또는 가속 센서와 자이로 센서가 필요한지 등의 내용들은 시장조사에서 나올 수 없는 항목이다. 이러한 내용은 해당 분야의 전문가만이 생각할 수 있고, 아이폰에 이 기능을 넣어야 한다는 생각은 그런 전문가와 제품 기획을 맡은 사람의 머리에서 나오는 결정이다. 이처럼 아직 나오지 않은 것에 대한 시장조사는 의미가 없다. 잡스가 생전에 강조했던 시장조사의 무의미성은 아마도 두 번째 항목에 국한된 의견일 것이다.

트렌드와 변화의 흐름은 분명 시장조사나 소비자들의 의견을 통해 알 수 있지만, 트렌드 속에서 스스로 어떤 비전을 가지고 제품을 디자인할지 결정하는 것은 시장조사에만 의존해서는 안 된다. 시장조사에만 의존하면 혁신적인 제품의 탄생은 기대할 수 없다. 혁신적인 제품을 탄생시키려면 해당 분야의 전문가와 기획자가 제품의 비전을 생각하고 그런 비전에 맞춰서 어떤 기능들을 담을지 고민을 해야 한다. 그런 고민이 많고 깊을수록 소비자들에게 더 큰 감동을 줄 수 있고, 소비자들은 이런 제품을 판매하는 기업에게 더 많은 애정을 주는 것이다. 혁신이란 시장조사가 아닌 자기 자신에게서 나온다는 것을 이해해야 한다.

지금까지 애플은
하이브리드일 뿐이다

아이클라우드와 관련해 애플 제품에서 유심히 살펴봐야 하는 부분이 있다. 그중 하나가 바로 Mac OS X 레오파드Mac OS X Leopard(애플이 개발한 매킨토시용 운영체제인 매킨토시 OS 10의 여섯 번째 주요 버전)에 있는 타임머신 기능이다. 매킨토시 OS가 레오파드로 업그레이드되면서 추가된 기능인데, 매킨토시에 저장된 모든 콘텐츠(디지털 사진, 음악, 동영상, 문서)의 복사본을 항상 최신 상태로 유지해 과거의 시점으로 되돌아가 어떤 파일이든지 복원할 수 있게 해준다.

타임머신은 먼저 기존 디스크의 정보를 모두 백업해 기억하고 이후에는 변경된 사항만 저장해준다. 백업디스크가 가득 찰 때까지 백업을 자동으로 실행하다가 하드디스크가 부족해질 경우에는 옵션을 통해서 백업하지 않을 항목들을 선택할 수도 있다. 그러다 보니 매킨토시 사용자들은 타임머신의 작동에 대해서 신경 쓸 필요가 없다. 자동으로 백업이 진행되기 때문에 한 번만 설정해두면 되고, 실수로 중요한 파일을 잃어버렸거나 바이러스 등의 침투로 파일이 손상되었을 때 정말 유용하다. 또한 타임머신은 그래픽 사용자 인터페이스도 매우 훌륭하다. 타임머신 기능을 제대로 사용하기 위해서는 외장 하드를 추가로 설치하는 것이 좋다. 매킨토시에 있는 하드디스크를 나눠서 쓰기에는 용량이 부족할 수 있기 때문이다.

이런 용도에 대응할 수 있는 것이 바로 타임캡슐이다. 타임캡슐은 외장 하드디스크이기는 하지만 와이파이 기능을 자체적으로 가진다. 굳이 케이블로 연결하지 않아도 와이파이를 이용해서 타임캡슐 기능을 활용할 수 있다. 이 타임캡슐은 매킨토시의 타임머신을 이용한 백업뿐 아니라 아이폰, 아이팟 터치, 애플TV까지 모두 동시에 사용할 수 있다. 타임캡슐에 있는 자료는 애플의 어떤 디바이스에서든 사용이 가능하다.

그래서 타임캡슐은 단순한 외장 하드디스크라고 말하기 어렵다. 공유기에 내장 하드디스크를 탑재한 제품이라는 표현이 오히려 더 정확하다. 하드디스크에 대한 자료 공유는 애플 제품에서뿐만 아니라 윈도 제품에서도 모두 가능하기 때문이다. 타임캡슐보다 더 많은 용량이 필요할 때는 추가로 외장 하드를 타임캡슐에 연결할 수 있다. 그러면 타임캡슐의 용량을 더 확장해서 사용하는 데도 큰 문제가 없다.

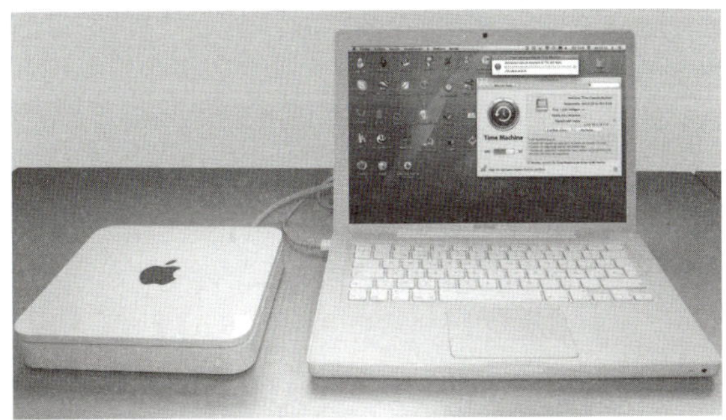

[사진1] 맥북에 연결한 타임캡슐

애플은 타임머신과 타임캡슐을 통해 스티브 잡스가 꿈꾸었던 세상을 향해 열심히 달려가고 있다. 소비자들은 자신들의 중요한 자료를 안정적으로 백업해 두길 원하고, 애플은 이런 기능을 담은 제품들을 출시한 것이다. 특징은 무선으로 이루어지고 백업의 과정이 매우 편리하다는 점, 그리고 다른 애플 제품과도 연동이 가능하다는 점이다.

아이클라우드 사용과 개인용 백업 시스템

타임머신과 타임캡슐은 아이클라우드 세상에서 그 기능을 제대로 발휘할 수 있다. 클라우드 사용에 반대하는 전문가들의 공통적인 지적 사항은 클라우드 업체가 개인 자료를 과연 얼마나 안전하게 보호할 수 있는가 하는 점이다. 다시 말해 업체의 실수로 자료를 모두 날릴 수 있는데 거기에 대한 보호 장치는 얼마나 되어 있으며, 업체에서 백업을 한다고 하지만 이런 백업 파일까지 해커의 공격을 받으면 어떻게 하겠느냐라는 의문이다. 거기에 대한 답이 바로 타임머신 기능과 타임캡슐이라고 볼 수 있다.

소비자들은 클라우드 업체가 아무리 완벽하게 자료를 보호한다고 하더라도 불안한 마음을 떨쳐버릴 수 없을 것이다. 그렇다고 편리한 클라우드를 사용하지 않을 수도 없는 노릇이다. 따라서 중요한 자료는 스스로 자신의 스토리지에 저장하고자 할 것이다. 이때 타임캡슐과 타임머신 기능은 아주 적절하게 활용될 수 있다. 클라우드에 있는 중요한 자료는 타임머신 기능을 이용해서 타임캡슐에 저장하면 된다. 클라우드를 본격적으로 사용하는 시대가 오면 개인용 컴퓨터에는 대용량의 저장 장치가 불필요해질 것이며, 하드디스크보다는 SSD_{Solid State Disk}[14] 기반으로 노트북 중심의 컴퓨팅 체계가 도래할 것이다. 이렇게 되었을 때 케

---

14. 하드디스크(HDD)를 대체할 차세대 PC용 저장 장치로, 기계적 구동 장치가 달려 소음이 발생하는 HDD와 달리 SSD 는 메모리 반도체로만 만들어져 소음이 전혀 나지 않으며 속도가 빠른 특징이 있다.

이블이 아닌 무선으로 데이터를 백업하는 기능은 매우 중요하며, 소비자가 신경을 쓰지 않아도 알아서 스스로 백업을 하는 타임머신 기능이 필요해진다. 이런 관점에서 보았을 때 애플의 제품군은 다가올 미래를 대비하기에 아주 좋게 구성되어 있다. 물론 지금도 타임캡슐은 매킨토시 사용자들에게 무척이나 요긴한 제품이다.

타임캡슐은 단순히 백업에만 유용한 것이 아니다. 동기화를 통해서 쉽고 편하게 매킨토시에 있는 자료를 아이폰이나 아이팟 터치, 애플TV 등으로 옮겨서 볼 수 있다. 애플은 제품의 연계를 통해서 자사 제품의 사용 빈도나 성능을 극대화하려고 많은 노력을 기울여왔다. 이런 관점에서 타임캡슐의 탄생은 매우 중요한 의미를 가진다. 클라우드 세상에 진입해 간단하고 가벼운 노트북이 가정에서 메인으로 사용될 때, 타임캡슐 같은 가정용 저장 장치는 더더욱 유용한 도구가 될 것이다. 아직 완벽한 클라우드 세상이 오지 않았기에 다른 외장 하드의 세 배쯤 되는 가격을 지불하고 타임캡슐을 구입하기는 쉽지 않지만, 가격이 떨어지고 클라우드가 일상화된다면 개인이 반드시 소장해야 할 제품이 될 것이다.

'관리'는 소비자에게 불편하다

이제는 여름 휴가 때 해외로 떠나는 사람들이 낯설지 않다, 많은 사람이 해외 여행은 더 이상 일부 부유층만이 즐기는 특권이 아닌 것으로 인식한다. 해외로 여행을 떠나는 이유는 여러 가지가 있겠지만, 스트레스를 많이 받는 직장인들은 패키지 여행을 통해 온갖 서비스를 받고 누리며 신경 써야 하는 모든 일에서 벗어나고 싶어 한다. 실제로 최고급 여행 상품은 관광객들이 신경 써야 하는 일이 거의 없다. 적절한 시간에 맛있는 음식과 재미있는 볼거리를 제공하고, 피곤할 때쯤이면 마사지나 온천 등으로 피로도 풀어주며, 심심할 것 같으면 공연을 통해서 지루함을 느끼지 않게 해준다. 운전을 하거나 스케줄에 대해서 신경 쓸 필요도 없고, 교통편이나 숙소 등을 미리 알아보거나 예약할 필요도 없다. 계약한 여행 기간 동안 아무 생각도 하지 않고 그냥 편하게 지내고 오면 되는 것이 패키지 여행 상품이다. 이런 편리함 때문에 사람들은 돈을 들여서 패키지 해외 여행 상품을 구매하고 기회만 되면 여행을 떠나는 것이다. 그리고 이런 경험을 가진 소비자들은 모두 한결같은 마음을 가지고 있다. 시간만 허락한다면 이런 여행을 자주 가고 싶다는 것이다.

그런데 소비자들의 이런 마음은 꼭 여행에만 국한된 것이 아니다. 소비자들은 이처럼 신경을 쓰지 않아도 모든 일이 처리되는 것을 원한다. 우리가 사용하는 제품들도 마찬가지다. 우리가 관리하지 않아도 알아서 처리되기를 원하는 것이다. 윈도에 설치된 프로그램을 삭제할 때 제어판의 프로그램 추가/제거 항목에 찾아 들어가서 제거하는 것을 원하지 않는다. 이렇게 삭제해야 프로그램이 깨끗하게 지워지는지 모르는 사람들도 많다. 사람들은 작업이 제대로 실행되지 않을 때 윈도의 작업관리자로 들어가 강제로 프로그램을 닫는 행위들을 하고 싶어 하지 않는다. 그냥 오른쪽 맨 위에 자리 잡은 X 표시 아이콘을 누르면 이유가 무엇이든 작업이 마무리되어서 프로그램이 종료되기를 원한다. 프로세스에서 어떤 프로그램이 CPU를 많이 차지하고 있는지 보고 싶어 하지도 않으며, CPU 사용 현황을 살펴보고 싶어 하지도 않는다. 정기적으로 보안 프로그램을 가동시켜서 바이러스나 악성코드가 설치되어 있는지 살펴보고 싶어 하지도 않고, 그냥 평소에 쓰듯이 별 문제 없이 컴퓨터를 사용하기만을 원하는 것이 일반 소비자의 마음이다.

애플의 어플 심사, 소비자에게 이익이다

이 같은 관리는 아이폰의 어플보다 윈도에 깔린 프로그램에서 더욱 필요한데, 아이폰의 어플은 소비자가 아닌 애플에서 1차적으로 적정 여부를 검토하기 때문이다. 반면에 윈도는 설치 프로그램을 MS에서 관리하는 것이 아니라 각 프로그램 개발 회사들이 윈도에서 제대로 설치되고 돌아가는지 검토한 후 판매한다. 각각의 프로그램 개발사들은 개인의 PC가 어떤 하드웨어로 구성되고 어떤 프로그램이 설치되어 있는지 전혀 모르는 상태에서 프로그램을 개발하여 판매하다 보니 가끔씩 개인이 PC를 관리해야 하는 상황이 일어난다. 새로 설치한 프로그램 때문에 알지도 못하는 에러로 소비자들이 마음고생을 하는 경우도 종종 발생한다. 소프트웨어에 대해서 잘 모르는 대부분의 소비자들은 세세한 컴퓨터 관리를 결코 원하지 않으며, 그렇게 하라고 해도 할 수가 없다.

애플이 어플을 1차로 심사하는 것에 대해서 비판하는 사람들도 많지만, 실은 소비자의 입장에서는 상당히 필요한 과정이다. 애플의 하드웨어와 OS를 잘 아는 전문가들이 어플의 적정성까지 검토한 후에 앱스토어에 등록을 하므로 어플끼리 충돌을 일으키거나 어플 때문에 아이폰 자체에 문제가 일어나는 일은 많지 않다. 물론 어플 심사가 단순히 소프트웨어적인 부분뿐만 아니라 카테고리 적절성 및 애플 규정 위반 여부 등을 모두 살펴본다는 점에서 잘못되었다고 지적하는 사람들도 많지만, 일단 이용자들은 앱스토어에 있는 어플에 대해서는 안정성 등을 신뢰하고 설치할 수 있다.

애플의 폐쇄 정책이 이런 형태로 발전하는 것은 매우 바람직한 부분이다. 소비자들은 어플을 깔면서 자신의 정보가 새나가지 않을까, 어플 때문에 전화 성능이 떨어지거나 배터리 소모가 심해지지 않을까 걱정하고 싶어 하지 않는다. 어떤 어플이 깔려 있는지 조사하는 어플을 다시 설치해서 체크하고 싶어 하지도 않으며, 이런 어플을 다시 지워야 하는 수고도 하고 싶어 하지 않는다.

이처럼 소비자가 아이폰에 대해서 잘 알지 못해도 아무런 불편함을 느끼지 않고 사용하게 하는 것은 아주 중요한 제품 원칙이다. 그리고 이런 편리함은 시대가 진보할수록 더욱 추구해야 하는 부분이기도 하다. 소비자들은 제품을 쓰면서 많은 걱정과 염려, 그리고 관리를 해야 하는 것들을 절대 원하지 않는다는 점을 기억해야 한다. 아직 애플이 소비자를 위한 완벽한 편의성에 도달하지는 못했지만 이런 형태로 제품들이 진화하는 것은 매우 바람직한 모습이다.

혁신에 대한 부담,
애플의 고민

전 세계적으로 최고라는 평가를 받고 소비자들로부터 과도한 기대를 받는 기업이라면, 소비자를 위한 제품보다 기술을 위한 제품을 만드는 실수를 저지를 수 있다. 이는 지금껏 대부분의 기업들이 범해온 일반적인 실수다. 지금까지 없었던 최고의 기술과 성능을 갖춘 제품을 만들려는 욕심은 소비자와 멀어지는 계기가 될 수 있다. 새로운 무언가를 지속적으로 내놓아야 한다는 중압감이 소비자와 멀어지는 제품의 출시로 이어져 회사를 서서히 몰락하게 만들 수도 있다.

소니의 사례가 대표적이다. 소니는 초창기 LCD TV 분야에서 다양한 기술력을 가지고 좋은 성능의 제품을 출시했지만 2006년 1분기 때부터 삼성에게 세계 1위의 자리를 내주고 말았다. 1980년대에 절정을 달리던 소니는 시장 지배력을 확고히 하기 위해 기술 우위 정책으로 일관했으나, 편의성에 비해 가격이 비싼 탓에 품질은 비슷하지만 상대적으로 저렴한 삼성 제품에 밀리게 되었다. 소비자가 늘 최고의 성능이 탑재된 제품을 원하는 것이 아님을 명확히 인식시켜준 사례였다. 최첨단 기술과 성능이 탑재된 소니의 제품을 찾는 사람들은 얼리어답터들뿐이었다. 이처럼 소비자들은 편리한 사용법과 기꺼이 돈을 지불할 만한 가격대, 그리고 좋은 디자인 등 여러 가지 요소에 두루 만족할 때 해당 제품을 구매하는 것이지, 최신 기술로만 무장된 제품을 구매하지는 않는다.

그런 측면에서 아이패드2와 아이폰4S는 애플의 한층 더 성숙한 모습을 보여준다. 시리라는 음성 검색 시스템이 추가되기는 했어도 아이폰4S든 아이패드2든 한편으로는 사람들이 예측한 수준에 미치지 못했지만, 애플은 소비자가 기꺼이 지불할 수 있는 가격대의 제품을 공급한다는 원칙에서 벗어나지 않았다. 제품 자체의 혁신이 어려울 경우 무리하게 가격을 올리지 않고 부분 혁신을 통해 제품을 업그레이드해왔다. 앞으로도 혁신(아이폰3)과 개선(아이폰3G), 혁신(아이폰4)과 개선(아이폰4S)이라는 패턴이 지속될 것이다. 그러나 한 번 이렇게 쉬었다가 가더라도 다음에는 분명 혁신이 담긴 제품이 나와야 한다. 지금도 애플에서 일하는 많은 사람들은 이 혁신에 대한 답을 찾기 위해 고민할 것이며, 그 혁신의 방향이 잡스가 이끌었던 과거와 변함이 없어야 함을 알기에 그 어느 때보다 어깨가 무겁게 느껴질 것이다.

IT 선두 기업으로서의 역할

애플의 CEO로 재직할 당시 스티브 잡스는 신제품 발표회에서 다른 기업들에게 한 번씩 독설을 던지곤 했다. 2010년 10월 애플의 실적을 발표하는 컨퍼런스콜에서 7인치 태블릿은 출시 즉시 사망할 운명이라는 말을 던졌고, 2011년 아이패드2 발표회에서는 "2011년은 따라쟁이들의 해인가?"라는 유명한 독설을 남기기도 했다.

애플은 아이패드를 출시하기 전에 크기와 디자인 등 많은 부분에서 세심하게 준비했고, 특히 아이패드가 포스트 PC라는 개념을 명확히 가지고 있었다. 그러므로 잡스의 입장에서 7인치 사이즈의 스마트패드가 포스트 PC의 역할을 할 수 없을 것이라고 판단한 것은 당연했다. 미처 형성되지 않은 시장에서 애플이 아이패드로 스마트패드 시장을 석권할 수 있었던 것은 제품의 개념을 명확히 정립한 뒤 그 개념에 맞게 디자인하고 개발했기 때문이다. 이것이 바로 빌 게이츠도 부러워했던 잡스의 재능이다.

스마트폰 분야는 블랙베리Blackberry[15]가 먼저 나오면서 세상을 열었지만, 본격적인 스마트폰 세상을 구축한 것은 역시 애플의 아이폰이었다. 구글도 안드로이드를 인수하여 모바일 OS 시장을 준비하고 있었지만, 실질적으로 스마트폰 시장이 형성된 것은 2007년에 아이폰이 소개되면서부터다. 잡스에게는 새로운 시장이든 기존에 형성되어 있던 시장이든 소비자들이 그 시장에서 자신이 정립한 개념대로 제품을 활용하고 즐기도록 만드는 능력이 있었다. 하지만 지금의 애플에는 잡스가 없다. 앞으로도 애플이 수많은 마니아를 거느린 기업으로 존재하기 위해서는 잡스 없이도 이런 역할을 지속적으로 해줘야 하는데, 아직까지는 남아 있는 사람들에게 그런 능력이 있는지 검증되지 않았다.

비록 지금은 애플이 IT 선두 기업이고(구글도 뛰어난 기술을 보유하고 매우 창의적인 생각으로 세상에 도전하는 기업이 분명하지만 IT계 전체를 이끌어간다는 느낌은 없다.) 아이폰과 아이패드를 통해서 끊임없이 혁신을 창조해내는 기업으로 인정받고 있지만, 지금처럼 선두 기업의 역할을 제대로 해내지 못하면 그 어느 기업보다 더 많은 질책을 받게 될 것이다. 아이패드가 스마트패드 시장에서 60퍼센트 이상의 점유율을 보일 수 있는 것은 애플이 선두 기업이었기 때문이다. 선두 기업의 혜택은 바로 이런 것이지만 혁신의 수준이 기대에 미치지 못하면 사람들은 큰 실망을 안고 애플을 떠날 수 있다. 선두 기업으로서의 어려움은 애플이 지금의

---

15. 2002년 캐나다의 리서치 인모션(RIM)에서 개발한 스마트폰으로, 미국 대통령 오바마가 사용하는 것으로 알려지면서 오바마폰으로 유명해졌다.

자리에서 밀려나지 않는 한 결코 벗을 수 없는 없는 짐이다.

애플의 욕심을 채워주지 못하는 기술력

스티브 잡스는 애플의 개발자들을 혹독하게 부리는 사람으로 유명했다. 매킨토시 컴퓨터를 만들 때도 그랬고, 아이폰을 개발할 때도 그랬다. 계획된 기간 안에 자신이 구상한 디자인대로 제품이 출시될 수 있도록 개발자들을 혹독하게 몰아세웠다. 용인술의 귀재였던 잡스는 직원들이 환상 속에서 일할 수 있는 역건을 조성해주기도 했다. 이처럼 혹독하고 힘든 개발 과정에서 태어난 제품들은 그만큼 소비자들을 만족시킬 수 있었다. 이런 식의 개발 과정은 오직 애플 내에서만 적용이 가능했다. 과거에 모토로라와 합작으로 뮤직폰 로커ROKR[16]를 만들 때 잡스는 답답함을 많이 느꼈다. 애플의 개발자가 로커를 만들었다면 자신의 진두지휘 아래에서 자신이 생각하는 디자인과 성능을 갖춘 뮤직폰을 만들도록 했겠지만, 자신의 영향력 밖인 모토로라에서 뮤직폰을 개발하다 보니 욕구를 채울 수 없었던 것이다.

그래서 아이폰을 스스로 개발하고자 하는 욕심을 가지게 되었다. 자신 밑에 있는 개발자가 개발할 경우 자신의 통제 범위 안에 있지만 그렇지 못할 경우에는 직접 통제할 수가 없었기 때문이다. 이는 아이폰에만 해당하는 이야기가 아니다. 애플에서 생각하는 많은 아이디어들을 실현시키기 위해서는 주변의 기술들도 같이 발달되어야 하는데 그러하지 못하다는 것이 문제다.

영화 〈터미네이터〉를 보면 미래에서 온 로봇을 분석해서 얻게 된 기술을 바탕으로 세상을 위협하는 무서운 로봇을 만들게 된다는 대목이 나온다. 이 이야기의 논리가 어찌 보면 맞는 것 같지만 우리가 이런 로봇을 얻게 되더라도 당장 똑

---

16. 애플과 합작해서 개발한 모토로라의 뮤직폰으로, 아이튠즈를 활용할 수 있는 장점이 있다.

같은 로봇을 만들 수는 없다. 왜냐하면 이런 로봇을 만들 수 있는 주변 상황까지 모두 발전되어 있어야 하기 때문이다. CPU와 메모리도 수준이 맞아야 하고, 로봇 제작을 위한 성형 기술, 배터리 기술, 로봇을 동작시키는 모터 기술, 그리고 로봇을 움직이게 하는 소프트웨어 기술 등이 모두 일정 수준에 도달해 있어야 비로소 이런 로봇을 만들 수 있다. 특히 소프트웨어는 다른 기업들이 내용을 볼 수 없도록 막아두므로 하드웨어가 갖추어져도 로봇을 움직일 프로그램이 없기 때문에 같은 수준의 로봇을 만들 수는 없다.

애플에서 생각하는 아이폰과 아이패드의 기능 개선 역시 주변의 다른 기술들이 같이 발전을 하지 못하면 실현시킬 수 없다. 팀 쿡이 훌륭한 아이디어를 가지고 있고 이 아이디어를 애플 제품에 심고 싶어도, 그런 기술들이 같이 발전을 해야 가능하다.

특히 배터리 기술의 발달 지연은 애플에게 많은 고민을 던져주었으며 애플 제품에서 배터리의 소모를 줄이는 데 노력을 집중하게 만들었다. 물론 배터리 문제는 애플뿐 아니라 모든 회사가 안고 있는 어려움이다. 짧은 시간에 소모되는 배터리 때문에 스마트폰 제조 기업들은 배터리가 조금 더 오래 유지되도록 소프트웨어 쪽에서 많은 노력을 해야만 했다. 배터리 제조 업체에서도 기술 개발을 위해서 모든 노력을 기울이고 있지만 다른 제품의 기술 개발 수준에 비해 배터리의 성능 향상이 더딘 것은 사실이다. 다른 분야도 마찬가지이지만 배터리 문제만 해결된다면 세상의 모든 모바일 기기들에게 그보다 더 혁신적인 지원은 없을 것이고, 더욱 다양한 성능을 가진 도전적인 제품이 출시될 것이다.

플래시 메모리의 성능 향상도 예전 같지 않다. 일정한 용량까지는 빠른 속도로 개발되었지만 최근에는 지체되고 있는 상황이다. 더 작지만 용량은 더 큰 플래시 메모리를 만들어내는 기술이 한계에 이르렀기 때문이다.

인공지능에 대한 기술 개발의 지연도 애플에게 다양한 제품 라인을 구성하지 못하게 하는 원인 중 하나다. 애플I은 애플의 공동 창업자였던 스티브 워즈니악 혼자서 만들었지만 매우 훌륭하다는 평가를 받는 컴퓨터였다. 하지만 지금은 절대로 그런 제품을 만들 수 없다. 각각 전문적으로 잘하는 분야가 다르기 때문에 애플이 모든 분야의 기술을 가질 수는 없다. 간혹 꼭 필요한 기술이 있다고 판단되면 해당 기술을 가진 기업 자체를 인수하는 방법을 써야 하는 상황이다. 애플이 꿈꾸는 세상에 빨리 도달하고 싶지만 주변 기술이 그만큼 받쳐주지 못하기 때문에 시간을 기다려야 하는 것이다. 하지만 소비자들은 계속 기다려주지 않는다. 그 점이 바로 애플의 고민이다.

소비자들이 적응할 시간이 필요하다

흔히 세상의 트렌드는 소비자가 만드는 것이라고 생각하지만 전적으로 맞는 말이 아니다. 패션 분야를 보더라도 소비자가 패션의 트렌드를 만들지는 못한다. 세계적인 디자이너가 그해 패션이 어떻게 될지 예측하고 그런 패션 흐름에 맞는 의류를 디자인한 후 시장에 내놓는 것이다. 패션쇼는 이런 패션의 흐름을 대중에게 선보이며 패션이 이렇게 변할 텐데 대중의 생각은 어떤지 묻는 자리이다. 결국 세상의 트렌드를 만드는 것은 각 분야의 전문가이며, 소비자들은 그런 전문가가 창출해낸 시장에 대해 소비를 통해서 동의하는 것에 불과하다.

이런 경향은 의류 시장에서만 나타나는 것이 아니다. 대부분의 시장에서 비슷한 현상이 발생한다. TV 시장도 마찬가지다. 의류 시장은 디자인으로 세상의 변화를 추구하지만, 가전 시장은 기술로 새로운 시장을 형성하게 되는 것이다. 과거에는 프로젝션 TV가 유행했지만 곧 PDP나 LCD로 시장이 변모했으며, LCD로 넘어온 이후에는 LED TV로 소비자들을 유혹했다. LED TV가 어느 정도 자리를 잡자 그다음에는 3D TV가 나오면서 새로운 TV를 구매하도록 유도했는데, 삼성뿐만 아니라 LG와 소니 등 모든 가전 업체가 합의라도 한 듯 모두 똑같은 TV를 들고 나와서 광고를 쏟아내며 소비자들을 유혹했다. 3D TV가 웬만큼 포화 상태라고 판단한 업체들은 이제 스마트TV를 다음 타깃으로 잡고 집중해서 판매를 기획하고 있다.

그런데 입지 않는 옷은 옷장에 넣어두면 되지만 가전제품은 그렇게 하기가 힘들다. 의류처럼 새로운 트렌드에 맞춰서 제품을 쉽게 구입할 수 없다. 가령 냉장고나 세탁기는 아주 좋은 성능을 갖춘 최신 제품이 나와도 바꾸겠다는 생각을 하지 않는다. 다만 자신이 가지고 있는 제품이 망가졌거나 성능에 문제가 생겼을 때 교체를 생각한다. 그렇기 때문에 의류 시장보다는 가전제품 시장이 더욱 힘들고 치열한 경쟁을 해야 한다.

이와 같은 고충을 겪는 것은 애플도 마찬가지다. 아이폰을 오직 1년에 한 종류만 출시하는 것도 이런 이유에서다. 애플은 만약 2~3개월 단위로 신제품을 출시한다면 소비자들은 비슷한 수준의 제품을 구입하기 위해 지갑을 열지 않을 것이라고 판단했다. 또한 결정적으로 2~3개월로는 혁신적인 제품을 만들어낼 수도 없다. 소비자들도(우리나라 소비자들은 모바일 분야에 돈을 쓰는 데 관대한 편이다.) 최소 1년 이상은 사용해야 가지고 있는 모바일 제품의 교체를 고민한다.

이런 소비자들의 심리를 알고 있는 상황에서 그들이 기꺼이 애플의 새 제품에 지갑을 열 수 있도록 제품의 성능을 갖추고 분위기를 만드는 것이 애플의 리더가 해야 하는 가장 큰 역할이다. 지금까지는 잘해왔지만 앞으로도 계속 잘하기 위해서는 어떻게 해야 할지가 애플의 가장 큰 고민 중 하나일 것이다.

애플이 꿈꾸는
생태계는 현실이다

iCloud

제품에 영혼을 넣어라:
콘텐츠가 곧 생명이다

스티브 잡스는 음악 시장에 뛰어들었다. 왜 그랬을까? 아이폰이나 아이패드, 애플TV의 개발 동기는 오히려 쉽게 찾을 수 있지만 오직 컴퓨터만 생각하는 사람이 음악 시장에 뛰어든 것은 매우 의아한 대목이다. 아주 중요한 터닝 포인트인데도 잡스나 애플을 연구하는 사람들이 쉽게 간과했던 부분이다.

당시 잡스는 우선적으로 픽사를 통해 콘텐츠의 중요성을 알았으며 하드웨어와 소프트웨어, 마지막으로 콘텐츠까지 결합되어야 최종 완성품이 된다는 사실을 인지하고 있었다. 물론 그러기 위해서는 사업 전략을 다시 수립해야만 했다.

콘텐츠를 대표하는 산업은 크게 세 가지로 볼 수 있다. 영화와 음악, 책이 바로 그것이다. 영화 산업은 뛰어들기가 쉽지 않다. 당시 잡스가 영화 산업에 뛰어든다면 오직 애니메이션 분야만 가능한 상황이었는데, 그나마 디즈니라는 거대한 기업이 기득권을 가지고 있는 상황이었고 본인도 영화에 대해서 전문가는 아니었다. 반면에 음악 산업은 가능하다고 판단했다. 밥 딜런과 비틀즈를 광적으로 좋아했던 잡스는 소니라는 기업을 수시로 벤치마킹하면서 자신이 좋아하고 잘 이해할 수 있는 음악 시장을 공략하는 것이 효율적이라고 판단했다. 때마침 환경도 그에게 유리한 방향으로 흘러갔다. MP3가 음악 파일을 압축하는 표준 기술로 등장하면서 인터넷을 근간으로 음악을 다운받기가 쉬워진 것이다.

1999년 션 파커Sean Parker가 냅스터Napster[1]를 설립하는 등 MP3를 이용한 음악의 다운로드는 폭발적으로 증가하게 되었다. P2P 개념의 음악 파일 공유 사이트를 통해 각자에게 있는 음악을 서로 다운받아서 들을 수 있게 되었으며, 원하는 모든 음악을 가질 수 있게 된 것이다. 냅스터는 저작권 침해로 소송에 휘말리면서 결국 문을 닫게 되었지만, 이런 일련의 과정을 지켜본 잡스는 음악 산업이 자신에게 큰 기회를 가져다줄 것이라고 생각했다. 그런데 문제가 있었다. MP3 음악 시장은 이미 기존 기업들이 많이 뛰어든 상황으로 레드오션으로 몰락해가는 시점이었다는 점과 P2P를 통한 무료 음악 다운로드가 유료 음악 시장을 크게 위축시키고 있었다는 점이다. 그러다 보니 음악 산업에 뛰어든다고 했을 때 그의 의견에 찬성하는 이사진은 많지 않았다. 누가 봐도 그 당시는 MP3플레이어 시장에 뛰어들어서 성공하기 어려운 상황이었다.

MP3플레이어 시장의 탄생

MP3플레이어 시장의 성장은 MP3라는 압축 기술뿐만 아니라 플래시 메모리의 기술 향상에서 비롯했다. 초창기 플래시 메모리는 음악 한 곡을 담기도 어려웠지만 2000년대 초반이 되면서 32M, 64M, 128M, 256M 등 생각보다 빠른 속도로 용량이 증가하게 되었다. 삼성전자의 황창규 사장이 '황의 법칙'이라며 메모리 용량이 1년에 두 배씩 증가한다는 이론을 내세운 것도 플래시 메모리의

---

1. 개인이 가지고 있는 음악 파일을 인터넷을 통해서 공유할 수 있게 만든 프로그램으로, 1999년 노스이스턴 대학교에 재학 중이던 숀 패닝이 개발했다.

기술 향상 속도가 그런 형태로 발전했기 때문이다. 이 같은 기술 발전에 힘입어 MP3플레이어 시장은 급속도로 성장하였다.

워크맨을 쓰던 시절에 간편하게 휴대하고 다니면서 음악을 들을 수 있는 MP3플레이어는 금세 인기를 얻었다. 초창기에는 플래시 메모리 용량의 한계로 많은 음악을 담을 수 없었다. 32M인 경우 많아야 8곡 정도만 담을 수 있었는데도 소비자들은 기존의 워크맨에 비해 훨씬 더 편리하다는 이유로 MP3를 구입하기 시작했다. 당시 MP3플레이어 제조사들의 최대 목표는 용량이 크고 무게는 가벼운 제품을 만드는 것이었다. 사실 8곡 정도만 담는 것은 너무 부족한 용량이었다. 이후 플래시 메모리 용량이 512M 이상이 되면서 MP3플레이어 시장은 용량 경쟁에서 디자인 경쟁으로 변화하기 시작했다. 4M 기준으로 100곡 이상 담을 수 있게 되면서 소비자들은 용량보다는 좀 더 세련되고 멋스러운 외양의 제품을 찾기 시작했다. 당시 국산 MP3플레이어 아이리버는 아주 획기적인 디자인으로 많은 사람들의 사랑을 받았다.

MP3플레이어는 플래시 메모리 기술의 지속적인 발전으로 1G, 2G, 4G, 8G 등의 용량을 갖추면서 용량에 따른 경쟁력이 사라지자 추가적인 기술 발전을 도모하게 되었다. 단순히 음악만 듣는 것이 아니라 동영상도 볼 수 있게 했으며, DMB 기능을 추가해 TV 시청도 가능하게 했다. MP3플레이어의 급성장은 워크맨으로 대표되는 소니의 카세트테이프를 몰아내고 음악 시장의 춘추전국시대를 불러왔다. 이 같은 상황에서는 새로운 패권을 가진 자가 세상의 리더가 되어 한 시대를 대변하게 된다. 소니가 워크맨으로 카세트테이프 시장의 대명사가 되었듯이 많은 기업들이 MP3플레이어의 대명사가 되고자 노력했다.

혼란의 시기였기에 애플의 아이팟이 시장에 진입하기가 쉬웠는지 모른다. 하나의 기업이 우뚝 서서 눈에 띄는 차별화로 시장을 지배하던 상황이 아니었고, 또한 당시의 MP3플레이어 시장은 기능적인 면에서 기업 간 차이점을 찾기가 어려웠다. 코원 같은 기업은 음질로 승부하는 전략을 추구했고, 삼성은 다양한 제품 라인과 좀 더 빠른 성능 향상으로 주도권을 잡으려고 했다. 초창기의 MP3플레이어 시장은 급성장하는 시기였음에도 불구하고 충성스러운 고객을 확보하기가 어려웠다.

이런 상황을 예의주시하며 때를 기다렸던 잡스는 그무렵이야말로 성공의 적기라고 판단했다. 다만 애플만의 특별한 무기가 필요하다는 점이 고민이었다. 만약 똑같은 방식으로 시장에 뛰어든다고 가정했을 때, 제품이 훌륭할 경우에 일시적으로 시장점유율을 늘릴 수는 있지만 변화무쌍한 시장에서 지속적인 지배력을 갖기는 어렵다고 보았다. 혁신 이외에는 돌파구가 없었다. 단순히 기기의 강점만으로 승부하는 것이 아니라 세상 사람들이 애플의 MP3플레이어를 선택할 수밖에 없는 당위성까지 만들어내야 했다. 그 중심이 바로 아이튠즈다. 아이튠즈의 탄생은 이러한 잡스의 전략에서 비롯하였고, 이후 그의 성공 방정식 중하나인 콘텐츠와 소프트웨어 융합의 중요한 단초가 되었다.

아이팟, 제품 철학을 심은 첫 작품

2001년 8월, 아이팟이 세상에 모습을 드러냈다. 1999년에 이미 삼성전자가 세계 최초로 1G 플래시 메모리를 개발했지만 양산이 가능해져 가격이 저렴해지기까지는 많은 시간이 필요한 상황이었다. 그 시기에 대중화된 플래시 메모리는 32M, 64M, 128M 수준으로 담을 수 있는 음악은 수십 곡에 불과했다. 플래시 메모리를 사용할 경우 훨씬 가볍고 사용 시간도 하드디스크보다 더 길었지만 결정적으로 용량 문제를 해결할 수 없다는 단점이 있었다. 고심 끝에 애플은 1.8인치 하드디스크를 사용하여 제품을 개발했다. 플래시 메모리 탑재가 진일보한 기술로 평가받고 있었지만 가격 대비 효율이 적다고 판단했던 것이다.

아이팟이 출시되었을 때 언론은 소비자가 원하는 제품이 아니라는 이유로 비난 일색의 기사를 쏟아냈다. 하지만 소비자의 선택은 달랐다. 아이팟은 어느새 입소문을 타며 급속히 퍼지기 시작했다. 초창기 아이팟의 가장 큰 장점은 직관적인 사용법에 있었다. 애플이 꾸준히 가치를 두어오던 '편의성' 원칙이 반영된 것이다. 아이팟은 다른 제품처럼 기능이 다양하지 않았다. 플래시 메모리라는 대세에 역행하는 등 '스펙'에서 다른 제품보다 부족했지만 MP3플레이어가 갖춰야 할 기능만큼은 충실했고, 사용자들이 편하게 쓸 수 있게 하는 데 주안점을 두었다. 듣고 싶은 음악을 찾기 위해서 세 번 이상 버튼을 누를 필요가 없도록 했고, 단순하지만 고급스러운 디자인으로 사람들의 소유욕을 자극했다.

결정적인 것은 경쟁 업체들은 꿈도 꾸지 못했던 아이튠즈였다. 아이팟을 컴퓨터와 연결하면 바로 아이튠즈로 옮길 수 있고, CD에 있는 음악을 쉽게 아이팟에 담아서 들을 수 있게 해주었다. 기기 자체의 성능을 높이기보다 소프트웨어에 충실하고자 했던 것이 성공의 요인이었던 셈이다. 결국 다수의 소비자들은 몇 가지 불편함에도 아이튠즈와 연동이 가능한 아이팟을 선택했다. 물론 초창기 아이팟이 콘텐츠 제공의 관점에서 봤을 때 완성품은 아니었지만 당시로서는 하드웨어와 소프트웨어가 잘 조합된 획기적인 제품이었다.

아이팟의 성공은 애플에게도 신선한 변화를 안겨주었다. 오직 컴퓨터라는 한 길만 걸어왔던 애플이 아이팟이라는 이름으로 MP3플레이어 시장에서 보란 듯이 우뚝 섰으며, 컴퓨터 소프트웨어를 기반으로 처음 추진했던 확장성이 성공한 경험을 한 것이다. 아이폰, 아이패드 시대가 멀지 않았음을 알리는 중요한 신호였다.

아이팟의 진화

아이팟은 아이폰과 달리 다양한 모델로 출시되었다. 1년에 한 모델만 내놓는 아이폰이나 아이패드와 달리 여러 모델을 채택했다는 것은 생각해봐야 하는 부분이다. 2007년 아이팟 터치가 처음 나왔을 때도 아이팟 셔플과 아이팟 나노의 신제품이 지속적으로 출시되었다. 아이팟 미니 등은 더 이상 신제품이 출시되지 않았지만, 여러 모델의 아이팟이 나왔다는 점은 향후 아이팟의 발전을 예상해보는 데 적지 않은 실마리를 제공했다. 우선 애플이 아이팟의 제품 구성을 다양하게 한 것은 소비층이 아이폰이나 아이패드에 비해 훨씬 폭넓기 때문이었다. MP3플레이어는 제품 특성상 소비층이 어린아이부터 어른까지 두루 걸쳐 있으며, 각 세대별 특성에 따라 원하는 기능이 다르다. 이후 출시될 아이팟도 여기서 크게 벗어나지 않은 형태일 가능성이 높다.

애플은 2004년에 1인치 하드디스크를 사용한 아이팟 미니를 출시했고, 그해 10월에 사진 보기 기능이 추가된 아이팟 포토를 출시했다. 2005년 1월에는 플래시 메모리 방식의 아이팟 셔플을, 2005년 9월에는 2GB와 4GB 용량을 갖춘 아이팟 나노를, 2005년 10월에는 비디오 재생 기능이 있는 5세대 아이팟 비디오를 내놓았다. 아이팟 터치가 나오기 전까지의 아이팟은 다른 MP3플레이어와 마찬가지로 어플을 설치해서 제품을 다양하게 활용할 수 없었다. 여느 경쟁 제품과 비슷하게 성능을 하나씩 추가할 때마다 새로운 모델을 내놓는 방식을 채택했다. 컬러 디스플레이가 적용되면 새로운 모델을 내놓고, 비디오 재생 기능이 있으면 거기에 맞는 신제품을 출시하는 방식이었다. 디자인이나 크기, 플래시 메모리 채택 등으로 나노, 미니, 셔플 등의 이름을 붙여 출시했다.

이는 다양한 기능을 원하는 소비자나 오직 음악만 듣기를 원하는 소비자 모두를 고객으로 흡수하고자 하는 전략이었다. 아이팟 터치는 OS를 장착함으로써 다기능을 선호하는 사람들을 위한 제품이 되었고, 아이팟 셔플은 가격을 낮추고 무게와 사이즈를 줄임으로써 음악 듣기가 목적인 사람들에게 적합한 제품이 되었다. 아이팟 셔플은 비교적 저렴한 비용으로 MP3플레이어를 구매하고자 하는 어린 학생층에 적합하고, 아이팟 나노는 작고 가벼운 데다 멀티 터치 기능

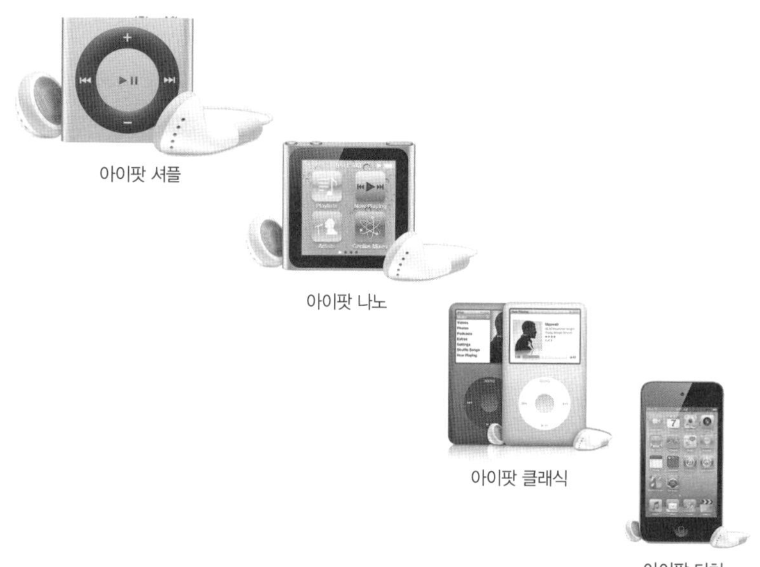

[사진2] 애플의 아이팟 제품들

까지 제공되므로 아이팟 터치만큼은 아니지만 셔플보다는 나은 기능을 원하는 소비자가 대상이다. 클래식은 아이팟의 전통을 이어가는 디자인으로 대용량의 MP3플레이어가 필요한 사람에게 적합한 모델이다. 지금은 이렇게 네 가지 형태로 역할이 나뉘어 생산되고 있지만 향후 플래시 메모리 기술이 더 발달되면 아이팟 클래식은 자연스럽게 사라질 것이다.

2000년 중반쯤 MP3플레이어 시장이 어떻게 될지 궁금하던 시절이 있었다. 시장의 포화가 눈에 뻔히 보이는 상황에서 다음 시장은 어떻게 변할지 자못 궁금했다. 당시에는 지금처럼 소프트웨어 분야에서 일하지 않았으므로 OS의 가치와 중요성을 인식하지 못하던 때이기도 했다. MP3플레이어는 음악 듣기에 충실했던 초기 모델에서 라디오, 녹음, 동영상 재생, DMB까지 가능한 모델로 발전했다. 이미 소비자가 생각할 수 있는 일반적인 기능들이 다 포함된 셈이었다. 이런 상황을 타개할 목적으로 대부분의 기업들은 하드웨어적인 경쟁과 가격 경쟁을 들고나왔다. 동영상을 더 좋은 화질로 볼 수 있게 하고 더 좋은 음질로 음악을 들을 수 있도록 훌륭한 하드웨어를 무기로 소비자를 유혹했다. 그런데 사실 이 같은 형태의 경쟁은 이미 예상되던 것이었으므로 MP3플레이어 시장의 규모를 확대시키지는 못했다. 단지 기존 제품을 교체하거나 새로 시장에 진입하는 사람들을 잡기 위해서 MP3플레이어 업체끼리 치열한 경쟁을 할 뿐이었다.

앞에서도 얘기했지만 하드웨어 측면에서의 차별화는 분명히 한계가 있었다. 이런 애플의 고민을 한번에 날려버리고 MP3플레이어 시장을 새롭게 열어준 것이 바로 아이팟 터치다. 기존 제한된 기능의 MP3플레이어는 아이팟 터치라는 혁신적인 작품으로 탈바꿈했다. 아이팟 터치가 나온 시기는 아이폰이 나온 시기와 거의 일치한다. 아이팟 터치는 단지 아이폰에서 통화 기능이 빠진 제품이라고 생각할 수도 있지만 MP3플레이어 시장을 새롭게 제3의 형태로 진화시켰다. 2007년 9월 1세대에서 시작해 2010년 9월 4세대까지 출시했다. 아이팟 터치는 아이폰의 훌륭한 기능과 어플을 사용하고 싶지만 상황이 여의치 않은 고객들의 욕구를 웬만큼 해소시켜주었다. 아이폰은 각 나라마다 한 곳의 이동통신사하고만 계약을 맺었고(지금은 여러 통신사를 통해서 공급이 되고 있다.) 통신사를 바꾸고 싶지 않은 사람들은 아이폰에 대한 아쉬움을 아이팟 터치로 달래기도 했다.

아이팟 터치로 MP3플레이어 시장은 한 걸음 나아갔다. 음악을 들으며 간단한 가사를 텍스트로 볼 수 있던 시기가 1세대라면, 동영상까지 볼 수 있는 시기가 2세대, 아이팟 터치처럼 필요한 기능을 깔아서 활용할 수 있는 지금이 3세대라고 할 수 있을 것이다. 4세대 아이팟은 클라우드의 매개체로 진화할 것이다. 우리 기업들은 MP3플레이어의 이런 변화를 정확히 이해하고 거기에 맞게끔 제품을 기획 및 출시해야 애플을 따라잡을 수 있을 것이다.

아이튠즈로 제품과 제품을 연결하다

콘텐츠에 대한 스티브 잡스의 구상은 2003년 4월 28일에 아이튠즈 뮤직 스토어를 개장하면서 비로소 완성되었다. 당시는 미국 시장뿐만 아니라 전 세계가 불법 다운로드맵 때문에 골머리를 썩고 있었다. 힘들게 창작한 음악에 대해서 정당한 대가도 치르지 않은 채 전 세계 사람들이 공유하고 있었기 때문이다. 불법 다운로드는 개인 입장에서 당장의 비용 없이 좋아하는 음악을 들을 수 있어 무척 좋은 것 같지만, 뮤지션들의 창작 의지를 꺾고 새로운 음악이 탄생하지 못하게 하는 부정적인 영향도 엄청났다.

불법 다운로드의 진원지로 알려져 있던 냅스터는 유명한 헤비메탈 그룹 메탈리카Metallica 와 랩 가수 닥터 드레Dr. Dre 같은 뮤지션들로부터 소송을 당했다. 또한 미국 음반산업협회도 전면으로 소송을 걸어 냅스터의 목을 죄었다. 하지만 진짜 문제는 냅스터가 아니라 무료로 음악을 다운받아서 즐기던 소비자였다. 무료로 음악을 듣는 데 이미 익숙해졌기에 비용을 들여서 음악을 구입하려고 하지 않았던 것이다. 이것은 전 세계가 공통적으로 안고 있던 문제였다. 냅스터가 P2P 사업에서 철수한 이후에도 사람들은 사이트들을 뒤져서 불법으로 음악을 다운로드받았다. 음반 업계는 상당히 어려운 처지에 직면한 상황이었다.

이때 애플이 아이튠즈 뮤직 스토어를 들고 나왔다. 아이튠즈에서는 아주 저렴한 가격인 99센트에 음악을 팔았는데, 사람들은 수많은 음악 콘텐츠를 보유한 아이튠즈 뮤직 스토어에서 음악을 구입했고, 아이팟으로 구입한 음악을 듣기 시작했다. 99센트는 소비자들이 부담 없이 음악을 구입할 수 있는 가격이었다. 음반 업계 종사자들도 저렴한 가격이지만 소비자가 지불한 만큼 수익을 얻을 수 있으니 아이튠즈에 음원을 공급하는 데 찬성했다. 아이튠즈 뮤직 스토어를 통해서 2003년 한 해만 2,500만 곡, 2007년까지 25억 곡 이상이 팔렸다. 음악 산업을 새롭게 재편한 것이다. 기존에는 CD를 구입한 뒤 다시 MP3로 전환해서 음악을 들어야 하는 불편함이 있었다. 하지만 이제는 아이튠즈에서 음악을 구입해서 바로 자신의 아이팟으로 들을 수 있었고, 기존에 가지고 있던 CD도 아이튠즈를 이용해서 MP3로 전환하여 들을 수 있었다.

그전까지 대부분의 기업들은 오직 자기 분야만을 생각했다. MP3플레이어를 만드는 기업은 대용량의 저렴한 MP3플레이어를 생각했고, 냅스터같이 인터넷으로 음악을 제공하는 기업은 하드웨어에 대한 고려 없이 오직 음원을 공급하는 데만 신경 썼으며, CD를 MP3로 전환하는 프로그램을 만들어 제공하는 기업은 이런 프로그램을 통한 수익 창출에 대해서만 고민했다. 그런데 잡스는 이처럼 자신의 분야에서만 최선을 다하면 된다는 생각을 뒤집었다. 고객만을 생각했을 때 각각의 분야가 흩어져 있는 것은 좋을 리 없다. 소비자는 모든 것을 논스톱으로 서비스받기를 원했다. 그런 소비자의 욕망을 잡스가 해소시켜준 것이다. 물론 잡스는 소비자를 배려해 아주 쉽게 사용할 수 있게 만드는 것도 빠뜨리지 않았다.

[사진3] 애플의 아이튠즈 뮤직 스토어

　지금의 아이튠즈는 훨씬 더 발전했다. 홈 공유 시스템을 통해 다섯 대의 컴퓨터를 자신이 등록한 아이튠즈로 공유해서 사용할 수 있다. 애플TV로 아이튠즈에 넣어둔 자료를 볼 수도 있다. 이 모든 것은 아이튠즈라는 소프트웨어가 애플의 제품을 서로 연결해주는 매개체 역할을 하기 때문에 가능하다. 각각의 제품에서는 iOS가 OS 역할을 하지만 이런 제품을 이어주는 소프트웨어는 현재까지 아이튠즈에 의존하고 있다. 물론 지금의 이런 모습이 애플의 최종 목표는 아니다. 현재 기술로 애플이 만들고자 하는 미래에 가장 적합한 방식으로 구성하고 있을 뿐이다. 아이튠즈는 결국 아이클라우드 안으로 들어가서 제품과 제품을 연결해주는 역할을 하게 될 것이다.

IT 제품의 생명은 콘텐츠다

　인간이 만들어낸 제품에 생명을 불어넣는 것은 가능할 일일까? 물리적으로는 불가능하다. 신이 아닌 이상 인간이 이런저런 부품을 조합해서 만드는 제품에 생명을 불어넣는 것은 당연히 불가능하다. 하지만 어른의 사고에서만 불가능한 일이다. 어린아이들은 종종 인형에 생명을 부여해 함께 대화를 나누며 놀곤 한다. 인형을 꼭 안고 이불까지 덮어주면서 같이 잠을 자는 아이들도 있다. 어른의 눈으로 볼 때는 그냥 인형일 뿐이지만 아이들은 인형에 의미를 부여하고 생명을 불어넣어 하나의 생명체처럼 대한다. 결국 제품에 생명을 주느냐 그렇지 않느냐는 사람이 결정하는 문제이다. IT 제품에 생명을 주는 방법은 바로 그 제품에 적당한 콘텐츠를 심어주는 것이다. 다시 말해 인간이 제품을 사랑하고 사용해야 할 가치를 심어주는 것이다.

　잡스는 픽사를 운영하기 전까지만 해도 제품을 찍어내고 소비자들에게 편리성만 주면 된다고 생각했다. 그러나 그는 픽사의 성공에서 많은 교훈을 얻었다. 아무런 가치도 없는 제품은 소비자들로부터 쉽게 외면당하고 버려진다는 사실을 알게 된 것이다. 이런 생각이 근간이 되어서 아이팟, 아이폰, 아이패드 등이 탄생하고 성공을 거둔 것이다. 아이팟은 음악이라는 콘텐츠를, 아이폰은 어플이라는 콘텐츠를, 아이패드는 책이라는 콘텐츠를 생명수로 받아서 심은 것이다. 단순한 물리적 기기가 아니라 소비자로부터 생명을 부여받은 제품들은 소비자로 하여금 제품을 더욱 아끼고 사랑하게 했으며 끊임없이 애플 제품을 선호하게 만들었다. 이런 제품 철학은 잡스 이후에도 애플의 성공 방식으로 지속될 것이다.

오픈 소스는 궁극적인 정답이 아니다

리눅스LINUX는 유닉스UNIX에서 파생된 오픈 소스 지향의 OS 프로그램이다. 리눅스는 소스 코드를 무료로 공개하면서 전 세계적으로 500만 명이 넘는 프로그램 개발자 그룹을 형성했으며, 다수를 위한 공개 프로그램 개발이라는 원칙하에 꾸준히 업그레이드를 해왔다. 그런데 이렇게 좋은 OS가 왜 일반 사람들에게는 잘 알려지지 않았을까? 무료 배포라는 장점도 있고 수백만 명의 개발자가 리눅스의 업그레이드를 위해서 노력하고 있지만, 전 세계 OS 시장의 90퍼센트는 MS의 윈도가 차지하고 있다. 왜 그럴까?

리눅스는 자체의 단점보다는 환경적인 부분이 더 큰 문제다. 리눅스는 매우 훌륭하지만 컴퓨터를 잘 모르는 사람들이 사용하기에는 윈도보다 더 어렵다. 유닉스에서 출발하다 보니 그래픽 사용자 인터페이스GUI 부분에서 윈도보다 약하고 응용 프로그램의 활용성이 낮다. 또한 공개 소스이기 때문에 상용 프로그램이 적다는 단점도 있다. 소비자들은 단순히 CD를 넣고 마우스 클릭 몇 번으로 프로그램이 설치되고 실행되기를 원하는데, 리눅스는 이런 부분에서 소비자를 만족시켜주지 못한다. 오픈 소스의 장점, 곧 소스를 마음대로 고쳐서 자신의 컴퓨터에 맞게 사용할 수 있다는 점도 사실 개발에 관련된 부분이라 일반 소비자들과는 별로 상관없는 일이다. 그러다 보니 리눅스는 애초의 기대와 달리 일반 유저들의 사용보다는 컴퓨터를 잘 다룰 줄 아는 개발자 중심으로만 확산된 것이다.

그렇다면 소스 코드를 공개하고 있는 구글은 어떨까? 구글은 모두 알다시피 안드로이드라는 스마트폰 오픈 OS를 공개했다. 구글의 검색 로봇은 세계 최고 수준이고, 짧은 기간에 오픈 소스로 출시한 안드로이드도 아주 훌륭한 OS로 평가받는다. 구글의 오픈 소스인 안드로이드는 아이폰에게 스마트폰 시장을 내준 상황에서 많은 스마트폰 기업들에게 희망을 안겨주었다. 아이폰을 따라잡을 수 있는 OS를 무료로 제공해주었기 때문이다. 각 제조사들은 안드로이드를 활용해 입맛에 맞는 스마트폰을 출시할 수 있게 되었고, 아이폰의 시장점유율을 넘어서는 성과를 이룩하기에 이르렀다. 그런데 잘 알려지지는 않았지만 구글의 안드로이드는 오픈 소스의 고질적인 단점을 가지고 있었다.

그중 가장 대표적인 것이 바로 제품의 업그레이드 부분이다. 아이폰에 사용되는 iOS의 경우 애플에서 OS와 하드웨어까지 함께 개발하기 때문에 애플의 모든 제품에 맞게 지속적으로 업그레이드된다. 최근에 나온 iOS5를 기존 아이폰3GS에 깔아서 사용해도 전혀 문제가 발생하지 않는다. 기존 기기를 가지고 있어도 최신 기기 출시로부터 소외되지 않고 최신 프로그램을 활용할 수 있다는 말이다. 하지만 안드로이드는 그렇지 않다. 안드로이드는 제조사들이 자사 제품에 맞게 OS를 수정하여 적용하기 때문에 구글이 모든 스마트폰에 적용할 수 있게 업그레이드할 수 없다. 구글이 차기 업그레이드된 OS를 내놓으면 제조사들은 그것으로 기존 제품을 위한 OS 업그레이드 수정 작업을 해야 하며, 신제품도 새로 나온 OS에 맞춰서 최적화가 되도록 만들어야 한다. 그러다 보니 제조사 입장에서 너무 많은 작업이 요구된다는 문제가 생기고, 이런 문제는 기존 제품에 대한 품질 저하로 연결되어 고객들의 불만을 야기한다.

안드로이드의 또 다른 단점으로 지적되는 것은 바로 보안상의 취약함이다.

오픈 소스와 마켓을 주요 특징으로 하는 안드로이드 스마트폰은 아이폰에 비해 바이러스나 해킹 등의 나쁜 의도를 가진 어플에 노출되기가 쉽다. 아이폰용 어플은 애플에 의해 통제되는 앱스토어의 검증 절차를 엄격히 거쳐야 하지만 안드로이드 마켓은 상대적으로 검증이 어렵기 때문이다. 안드로이드 OS는 스마트폰 제조사들이 저렴한 가격으로 스마트폰을 개발할 수 있게 해주었지만, 각각의 스마트폰만을 위한 OS가 아니므로 항상 크고 작은 버그들의 위험이 있다는 단점을 안고 있기도 하다. 공교롭게도 애플의 폐쇄 정책을 무조건 나쁘다고만 평가할 수 없는 대목이다.

애플 생태계를 구축하다

아이폰이 성공한 이후에 스티브 잡스에게는 고민이 하나 생겼다. 뛰어난 성능의 아이폰은 단숨에 사람들의 마음을 사로잡으며 초반에 대단한 성공을 거두었지만, 문제는 다른 기업들이 같은 사양의 하드웨어를 들고 나와 아이폰에 도전할 것이라는 사실이었다. 아이튠즈의 뮤직 스토어 같은 개념의 뭔가가 필요했다. 하드웨어는 따라올 수 있지만 탄탄히 다져진 뮤직 스토어는 쉽지 않은 것처럼 아이폰을 위한 콘텐츠가 필요했다.

잡스는 하드웨어와 소프트웨어, 그리고 콘텐츠가 하나로 묶인다면 그 어떤 제품도 애플을 따라잡기는 어렵다고 판단했다. 이런 관점에서 앱스토어는 최적의 대안이 될 것으로 보였다. 더구나 이미 애플은 폐쇄 정책으로 MS에 시장을 내준 적이 있었다. 지나친 폐쇄 정책은 개발자를 떠나게 만들었다. 개발자가 없는 곳에는 소비자가 쓸 만한 프로그램도 없게 마련이다. 소비자가 쓸 만한 프로그램이 없다는 것은 소비자를 떠나게 만드는 요인이다. 잡스는 아이폰 발표 이후 개발자를 위한 개발 툴을 공개했다. 개발자들은 어플 개발 툴인 소프트웨어 개발 키트Software Development Kit, SDK를 애플 사이트에서 다운받아서 아이폰에 심고 싶은 창의적인 아이디어를 개발해 돈을 벌 수 있게 되었다.

앱스토어, 개발자를 모으다

2011년 1월 22일, 드디어 앱스토어는 다운로드만 100억 회를 달성했다. 앱스토어가 나온 지 2년 반 만에 이룩한 대기록이었다. 이때부터 앱스토어와 비슷한 것들이 생겨났다. 안드로이드 마켓이라는 이름으로 안드로이드 애플리케이션을 다운받을 수 있는 어플 스토어도 만들어졌지만, 개발자들은 안드로이드 마켓에서의 개발을 상당히 조심하고 있다. 불법 복제가 아이폰보다 쉽기 때문이다. 구글의 지나친 개방 정책은 오히려 독이 될 수 있음을 드러내는 대목이다. 애플은 어플을 등록할 때 자체 심사 시스템을 거치며 하나의 콘텐츠를 여러 카테고리에 등록할 수 없다는 룰을 가지고 있다.

애플의 자체 검열 시스템에 대해서 비난하는 목소리도 많지만 소비자들은 이 시스템 덕분에 안드로이드 마켓보다 앱스토어를 더 안심하고 사용한다. 어플 개발자들이 모두 선량한 의도를 갖는 것은 아니기 때문이다. 사용자들의 정보를 빼내거나 바이러스를 심기 위해서 어플을 개발하는 경우도 있을 수 있다. 애플처럼 검열 시스템이 없다면 소비자는 스스로 이런 어플로부터 자신을 보호해야 한다. 바이러스를 검사하는 어플도 추가로 설치해야 하며, 무료로 배포되는 많은 어플에 대해서는 항상 조심해야 한다. 바이러스나 정보를 빼가는 각종 해킹 프로그램에서 컴퓨터를 보호하듯이 스마트폰도 스스로 지켜야 하는 것이다. 하지만 아이폰의 앱스토어는 다른 개방 마켓보다 좀 더 안심하고 사용할 수가 있다.

일반적인 소비자 입장에서는 애플처럼 자체 검열 시스템을 갖춘 앱스토어가 더 편리하다. 프로그램에 대해서 잘 모르는 사용자들은 해킹이나 바이러스에 대한 걱정 없이 마음 편하게 어플을 설치해 사용하기를 원하기 때문이다. 자신의 컴퓨터도 잘 관리하지 못하는 상황에 스마트폰까지 관리하라고 하면 답답할 뿐만 아니라 짜증까지 난다.

개발자들도 앱스토어를 선호하는 이유 역시 불법 복제가 다른 마켓보다 어렵기 때문이다. 힘들게 만들었는데 온통 불법으로 복사해서 사용한다면 개발자는 창의적인 아이디어를 프로그램화하고 싶지 않을 것이다. 앱스토어는 이런 부분이 막혀 있다. 간혹 탈옥한 사람들이 불법 복제 후 어플을 깔아서 사용하기는 하지만 대신 그들은 각종 바이러스나 해킹 프로그램에 노출되어 있기에 스스로 보호해야 하는 귀찮음을 감수해야 한다.

불법 복제가 없으니 개발자들은 열심히 좋은 프로그램을 개발해서 앱스토어에 등록을 한다. 또한 아이폰 사용자가 많으니 가격을 낮게 책정해도 판매량이 많으면 생각보다 높은 수익을 얻을 수 있다. 아이폰에 등록된 어플들의 가격을 보면 0.99달러가 대세이며 5달러 이상인 경우는 드물다. 우리나라에서 많이 팔리는 어플 중 하나가 영어사전인데, 이들도 16달러 미만이 대다수를 차지한다. 종이로 출간된 영한사전이 3~4만 원도 넘는다는 점에서 16달러라는 가격은 거의 3분의 1 수준이며 발음 기능, 내가 찾은 단어 기억하기 기능 등 추가적으로 더 많은 기능을 제공한다. 굳이 오프라인으로 책을 구입할 필요 없이 훨씬 저렴한 가격으로 필요한 어플을 구입해 활용할 수 있는 것이다.

가격이 저렴하니 소비자는 굳이 불법으로 다운받지 않고 돈을 지불해서 필요한 어플을 구하게 되는 것이다.

개발자와 소비자를 모두 배려하다

앱스토어는 애플 생태계를 구축하는 데 뮤직 스토어만큼이나 크게 기여한 일등 공신이다. 앱스토어가 없었다면 소비자들이 아이폰에 이 정도로 열광하고 줄까지 서가며 구입하려고 하지 않았을 것이다. OS는 윈도가 보여주었듯이 오래될수록 그 가치가 더해지는데, 앱스토어도 마찬가지다. 오랫동안 사용된 OS는 소비자들이 원하는 많은 프로그램을 보유하고 있기 때문에 사용자들이 쉽게 그 생태계를 떠날 수 없다.

이런 생태계를 유지하기 위해서 애플은 수많은 노력을 했다. 초창기 아이폰에서부터 아이폰4S까지 똑같은 화면 사이즈를 유지하고 있으며, 모델이 바뀌고 OS가 업그레이드되어도 기존 어플들을 계속 사용할 수 있도록 끊임없이 배려한다. 지금의 디자인이 계속 유지될 수는 없겠지만 애플은 기존 사용자와 개발자들의 피해를 최소화하는 범위에서 디자인의 변화를 꾀할 것이며, 새로 바뀌는 디자인도 몇 년은 유지되어야 하므로 많은 조건을 따져볼 것이다. 애플 입장에서 디자인이 바뀌는 시점은 한 세대가 끝나고 다음 세대의 시작을 알리는 때이다. 이런 섬세한 정책이 개발자로 하여금 계속 앱스토어에 머물게 하고 기존 아이폰 고객들도 그 생태계에서 벗어나지 못한다.

소비자 정책만큼 중요한 개발자 정책

MS도 개발자들이 C#[2]을 이용해서 많은 프로그램을 개발하도록 독려한다. 개발자에 대한 배려가 부족했던 애플은 MS의 장기 독점에서 많은 교훈을 얻은 터라 이와 같은 정책을 충실히 반영한다. 얼마나 많은 개발자들이 애플의 세상에서 프로그램을 개발하느냐 하는 것은 애플의 생태계에 얼마만큼 많은 활력소를 불어넣느냐와 같은 문제다.

스마트 모바일 세상이 활성화되지 않았을 때는 개발자들이 무엇인가를 독창적으로 개발해 판매한다는 것이 쉽지 않았다. 더구나 PC 시장이 핵심이던 시절

---

2. C++에 기반을 두고 비주얼 베이직(Visual Basic)의 편의성을 결합하여 만든 객체 지향 프로그래밍 언어

에 프로그램을 개발해서 판매하는 것은 기업 단위에서나 가능한 일이지 개인이 할 수 있는 일이 아니었다. 그러나 애플이 앱스토어를 만들면서 세상은 달라지기 시작했다. 기업뿐만 아니라 개인들도 자신만의 아이디어로 어플을 만들어 수익을 얻을 수 있게 되었고, 돈을 벌어들이는 사람들이 늘어나기 시작했다.

그리고 다양한 마켓이 구축되면서 아이폰용 어플을 안드로이드 시장에 판매하기 위해 자바Java로 다시 개발하는 현상이 발생했다. 다양한 언어로 개발해야 다양한 마켓에서 수익을 창출해낼 수 있다. 기업도 과거에는 오직 PC 프로그램에 집중했지만 이제는 PC뿐만 아니라 스마트폰에서 사용할 수 있는 프로그램을 개발해 나가는 추세다.

그만큼 개발자들이 해야 할 일이 늘어났고, 역할이 커진 만큼 그들의 가치가 높아졌다. 더구나 애플의 개발자 우대 정책이 정착되면서 구글을 비롯한 다른 기업들도 개발자에 대한 배려를 확대하기 시작했다. 이는 소비자들의 입장에서도 더 좋은 프로그램들을 많이 접할 수 있는 기회가 생긴다는 의미다.

개발자에 대한 문화를 바꾸다

애플은 개발자들을 자신의 생태계로 끌어모으기 위해 기존의 관행을 깨는 것을 두려워하지 않았다. 그전까지는 개발자가 많은 공을 들여 프로그램을 개발해도 수익금은 하드웨어 업체나 플랫폼을 소유한 업체에서 대부분 가져가는 시스템이었다. 아무리 노력해도 남는 것이 없는 장사였던 셈이다. 하지만 애플은 오래된 악행을 깼다. 개발자에게 70퍼센트의 수익을 주고 애플이 30퍼센트를 챙기는 정책을 꺼내들었다. 개발자의 중요성을 인식하고 개발자 우대 정책을 실행한 것이다.

애플이 이와 같은 정책을 쓰게 된 것은 예전에 MS에게 당했던 실패의 경험이 있었기 때문이다. 애플이 위대한 기업이기는 하지만 세상의 모든 것을 만들어낼 수는 없다. 다시 말해 소비자가 원하는 전부를 공급해줄 수는 없는 것이다. 결국 스티브 잡스처럼 재능 있고 소비자의 마음을 읽어낼 수 있는 수만 명의 개발자들이 이 시장에 참여해야 한다. 잡스는 개발 툴을 제공하고 수익 배분의 정책을 혁신적으로 바꾸면서 다른 분야에서 열심히 활동하던 많은 인재들을 애플의 앱스토어 안으로 끌어모았다. 결과는 놀라웠다. 개인과 기업이 구름떼같이 참여하여 소비자들이 기꺼이 비용을 지불할 만한 좋은 프로그램을 쏟아냈다. 돈을 벌고자 하는 욕심은 참신한 아이디어로 발전하고, 이는 다시 소비자 만족으로 이어졌다. 이로써 잡스가 생각했던 아이폰의 콘텐츠를 완성할 수 있었고, 애플 생태계를 더욱 단단하게 다져갈 수 있게 되었다.

개발자 우대 정책은 우리나라 기업들이 애플로부터 반드시 배워야 하는 부분이다. 대기업과 중소기업의 상생은 이런 식으로 고민되어야 한다. 만약 국내 대기업이 애플과 같은 상황이 되었을 때 과연 개발자들에게 수익의 70퍼센트를 제공할 수 있을까를 생각해보면 매우 회의적이다. 당장의 높은 이익만 추구하는 조직 문화에서는 결코 이러한 선택을 할 수 없다. 〈이솝 우화〉의 황금알을 낳는 오리를 떠올려보라. 애플이 수익의 70퍼센트를 개발자에게 돌려주는 것은 지속적으로 황금알을 낳도록 오리를 독려하는 것과 같다. 반대로 수익의 70퍼센트를 플랫폼 업체가 가지고 갔다면 황금알을 낳는 오리의 배를 가른 꼴이 되는 것이다. 왜냐하면 알을 낳는 사람들은 언제든지 더 나은 조건의 플랫폼을 찾아 떠날 준비가 되어 있기 때문이다.

애플의 숙명적 선택, 아이폰

　　　　　　　　스티브 잡스는 다양한 기능이 통합된 기기를 개발하는 데 의욕을 보였다. 2000년대 초 소비자들은 MP3플레이어와 휴대전화, 그리고 PDA를 가방에 넣고 다녀야 했다. 음악을 듣다가 전화가 오면 이어폰을 빼고 전화를 받고, 필요한 자료는 PDA를 통해 보았기 때문에 어느 하나를 집에 놓고 다닐 수 없었다. 편리함을 바라는 소비자들로서는 적잖이 불편한 상황이었다. 이 모든 기능을 갖춘 하나의 기기를 만든다면 휴대전화에서 융합하는 것이 가장 좋은 방안이었다. 이유는 간단하다. 다른 기기에 통화 기능을 넣는 것보다 휴대전화에 다른 기능을 담는 것이 훨씬 쉽기 때문이다. 통화 기능을 포함하기 위해서는 통신사와의 문제를 해결해야 하고, 게다가 통신 네트워크 사용 문제도 해결해야 한다. 그러나 당시에 애플은 이러한 기술적 노하우가 충분하지 못했다.

　　결국 잡스의 선택은 우수한 휴대전화 업체와 손을 잡고 자신이 원하는 콘셉트의 휴대전화를 만드는 것이었다. 그래서 2005년 9월 탄생한 것이 모토로라의 로커폰이다. 아이튠즈를 이용해 음악을 다운받을 수 있는 기능을 탑재한 휴대전화였는데, 잡스 입장에서는 처음으로 합작해서 만든 이 뮤직폰은 실패한 제품이었다. 음악 저장 용량은 겨우 100곡이었고, 디자인도 그의 마음에 들지 않았다. 잡스는 로커폰의 실패를 통해서 휴대전화를 직접 만들어야겠다는 결심을 하게 되었다. 다른 회사와 합작해 작업하다 보니 자신의 생각이 정확히 전달되지 않았으며, 자신이 생각하는 수준으로 작품이 만들어지지 않았는데도 세상에 출시를 해야 했다. 모든 것이 마음에 들지 않았다.

하지만 휴대전화 시장은 절대로 놓아서는 안 되는 중요한 시장이었다. 세상의 중심은 휴대전화로 이동할 것이 분명했기 때문이다. 또한 잡스 자신의 꿈을 실현할 만큼 휴대전화 기술도 상당히 진전되어 있었다. 처음 아이폰에 대한 구상을 했을 때보다 모바일 칩은 훨씬 발전했고, 매킨토시 OS도 지원할 수 있는 수준까지 도달해 있었으며, 터치스크린 방식의 태블릿PC에 대한 연구도 1년 이상 진행돼온 상태였다. 여전히 실현하기 어려운 부분들이 많이 남아 있었지만 애플의 아이폰을 만드는 것이 결코 불가능한 일은 아니었다.

또한 애플이 아이폰을 만들지 않는다면 앞으로의 경쟁에서 뒤처질 것이 분명해 보였다. 휴대전화 제조사의 발전 속도가 그리 빠른 편은 아니었지만 음악을 듣고 동영상도 볼 수 있는 휴대전화 제품이 꾸준히 업그레이드되면서 시장을 이끌어가고 있었다. 기존 휴대전화 업체의 지속적인 기술 발전과 성장은 애플의 쇠락을 의미했다. 애플이 아무리 뛰어난 OS를 보유하고 뮤직 스토어와 아이팟이 있어도 소비자들은 하나의 기기를 통해서 모든 것을 해결하기를 원할 것이기 때문이었다.

다른 기업과 함께 자신들의 제품 콘셉트를 완성시킬 수 없음을 깨달은 잡스는 아이폰 개발이라는 프로젝트를 비밀리에 진행했다. 지금은 물론 크게 성장해 전 세계적으로 존경받는 1위 기업이 되었지만 아이폰 프로젝트를 수행하던 당시만 해도 애플의 생사는 그리 밝지 않았다. 아이폰이 실패한다면 애플의 성장 모멘트는 영영 사라질 수밖에 없는 상황이었다.

아이패드를 통해 아이폰이 탄생하다

스티브 잡스는 《월스트리트저널》에서 주최한 D8 컨퍼런스[3]에서 아이폰과 아이패드에 관한 비하인드 스토리를 공개했다. 항간에는 아이폰을 기반으로 태블릿PC인 아이패드가 탄생한 것으로 알려져 있기도 했는데, 사실은 아이패드를 만들다가 아이폰이 개발된 것임을 분명히 했다. 시기적으로 아이폰이 먼저 발표되면서 아이패드보다 아이폰이 먼저 기획되고 개발되었다는 오해를 받았지만, 잡스는 아이패드를 먼저 개발하고자 했다.

태블릿PC에 대한 생각은 오래전부터 많은 사람이 해왔던 부분이고, 실제로 산업 현장에서는 감압식의 터치스크린 제품을 사용하고 있었다. 산업 현장에서 사용하는 태블릿PC는 우리가 지금 접하는 수준의 스마트패드는 아니더라도 컴퓨터 기능을 가진 제품이었다. 잡스 역시 마찬가지로 태블릿PC를 먼저 생각하고 기획했다. 다만 기존 태블릿PC의 실패에서 볼 수 있었듯이 생존 조건이 여전히 불투명하다고 판단했다. 때마침 전개된 휴대전화 시장의 급성장은 오히려 잡스가 아이폰 쪽으로 모든 역량을 투입하게 된 계기가 되었다.

그렇다고 해서 아이폰이 아이패드를 만들다가 우연히 개발된 것이라고 생각하면 그 또한 오해이다. 먼저 아이패드 개발에 착수한 것은 맞지만 아이폰도 아이패드만큼 철저한 기획과 준비를 통해서 세상에 나온 제품이다. 공식적인 자리에서 잡스가 그렇게 표현한 것은 아이패드를 통해 자신만의 스마트폰을 만들 수 있다는 자신감을 얻었기 때문이다.

---

3. 올싱즈디지털(All Things Digita)의 여덟 번째 컨퍼런스

애플은 오래전부터 태블릿PC용 터치스크린 기술을 개발해왔고, 아이폰은 이 기술을 작게 축소시킨 결과물이다. AT&T와 지루한 협상을 이어가며 기기 개발 과정에서 수없이 많은 문제를 일으켰지만 잡스는 집념으로 모든 역경을 이겨내고 세계 최고의 제품을 내놓았다. 아이폰의 성공은 지금까지의 휴대전화 시장의 생리도 바꿔놓았다. 이전까지는 모든 권력이 통신사에 집중되어 있었는데 아이폰이 출시되면서 절대 권력이 점점 휴대전화 제조사에게 넘어가게 되었다. 이런 현상은 개발자와 소비자들에게 더 많은 이득을 제공할 수 있게 했다. 아이폰이 없었고 아이폰에 열광하는 사람들이 없었다면 통신사의 지배 구조는 결코 변화하지 않았을 것이다.

아이폰3GS의 대성공

2009년 WWDC에서 신형 맥북과 아이폰3GS가 소개되었다. 사람들은 이 발표를 학수고대해왔다. 소비자들은 아이폰 출시 이후 스티브 잡스라는 인물의 창의적이고 혁신적인 제품에 더욱 빠져들고 있었다. 아이폰3GS는 기존보다 2~3배 빨라진 속도를 자랑했고, 300만 화소의 오토포커스 내장 카메라가 있었으며, 동영상 녹화 기능은 물론 블루투스도 지원했다. 여기까지는 우리가 쓰는 일반 휴대전화와 별반 차이가 없어 보인다. 모바일미를 이용하면 휴대전화의 위치를 추적할 수 있으며, 아이튠즈를 이용해서 아이폰의 백업이 가능할 뿐 아니라 분실했을 때는 개인 정보를 원격으로 모두 지울 수도 있었다. 에어스트립 AirStrip은 어디에서든 맥박, 혈압, 혈당 등을 모니터링하고 체크할 수 있으며 이 정보를 병원에 보낼 수도 있었다. 내비게이션을 지원하고 자동차 도어록 기능도 있고, 전자기타나 앰프를 아이폰으로 제어할 수 있으며, 아주 쉽게 사진이나 동영상 등을 메일로 보낼 수도 있었다. 음성으로 전화를 걸거나 음악을 재생할 수도 있었다.

2007년 맥월드에서는 잡스가 아이폰을 위해서 특별히 제작한 구글맵으로 스타벅스 커피점을 검색해 커피를 주문하는 모습도 보여주었다. 사람들은 맥월드에서 잡스가 나오면 흥분을 감추지 못했다. 그가 보여준 제품은 우리가 생각하는 범위를 뛰어넘었다. 그는 우리가 불편하다고 생각조차 하지 못했던 부분까지 개선함으로써 사용자에게 가장 편하고 쉬운 제품을 선사해주었다. 게다가 애플이 생각하지 못한 수많은 기능의 조합에 대해서는 수익을 바라는 전 세계 어플 개발자들이 뛰어들어 소비자들에게 제공해주었다. 아이폰의 성공 요인에는 여러 가지가 있지만, 제일 핵심적인 요인은 지금까지 휴대전화에 대해 사람들이 기대하던 모습 그 이상을 보여주었다는 점이다.

아이폰이 나오기 전까지 일반적인 피처폰feature phone[4]은 노키아와 삼성, LG, 모토로라가 전 세계 시장을 점령한 상태였고, PDA 쪽은 리서치인모션의 블랙베리와 노키아가 시장에서 큰 비중을 차지하고 있었다. 소비자는 어쩔 수 없이 이들 제품 중에서 선택해야 했다. 이 회사들도 나름 혁신적인 제품을 개발해서 출시했지만 기존보다 좀 더 나은 성능을 제공하는 수준이었지 기존의 틀을 벗어난 제품은 아니었다. 메이저 업체들은 다양한 라인업을 바탕으로 여러 종의 휴대전화를 쏟아냈다. 성능은 비슷했지만 폭넓은 가격대와 다양한 디자인으로 소비자들의 휴대전화 교체 욕구를 이끌어냈다.

하지만 휴대전화의 성능에 무게를 두는 소비자의 경우에는 그 유혹을 쉽게 이겨낼 수 있었다. 기존에 사용하던 휴대전화와 새로운 휴대전화의 성능 차이를 느끼지 못했기 때문이다. 가끔 더 좋은 화질의 제품에 끌리기는 했지만 비싼 돈을 들여 바꿔야 할 필요성은 느끼지 못했다. 하지만 아이폰은 많이 달랐다. 기존 휴대전화가 전화기였다면 아이폰은 전화기에 컴퓨터를 넣은 듯한 엄청난 변화

---

4. 스마트폰보다 성능이 낮고 CPU 연산 처리 능력이 떨어지며 기본 어플이 설치되어 나오는 휴대전화

[사진4] 아이폰3GS

였다. 아이폰이 처음 나온 2007년부터 3GS로 업그레이드된 시점까지 이 제품을 능가하는 휴대전화는 찾아보기 어려웠다. 소비자들은 남들보다 한참이나 앞서가는 아이폰에 점점 중독되었다.

아이폰이 이렇게 강할 수 있었던 것은 매킨토시 OS에서 출발된 안정된 OS를 보유하고 있었기 때문이다. 잡스는 애플에서 쫓겨날 때도 OS만은 놓지 않았다. NeXT가 애플에 합병될 수 있었던 것도 바로 뛰어난 OS 때문이었다. 사용자 인터페이스가 훌륭한 매킨토시 OS는 모바일 분야에서도 뛰어난 성능을 발휘할 수 있었다. 분명 컴퓨터와 모바일은 분야가 다르다. 하지만 하드웨어를 안정적으로 가동시키고 다양한 애플리케이션을 작동시킨다는 점에서는 모두 같은 범위에 포함된다. 더구나 애플은 초창기 때부터 사용자 인터페이스에 집중한 OS였다. 결국 아이폰이 강할 수 있었던 이유는 뛰어난 OS가 받쳐주었기 때문이다. OS에 대한 자신감이 있었기에 잡스는 감히 스마트폰 시장을 넘볼 수 있었다.

아이폰 출시 이후로 자체 OS를 보유하지 못한 스마트폰 메이저 업체들은 속이 타 들어갔다. 구글의 안드로이드가 아이폰에 대항할 수 있는 최선의 선택이었지만 구글은 스마트폰을 팔아서 이익을 남기는 업체가 아니었다. 안드로이드 스마트폰이 대량으로 생산될 때 거기에서 나오는 광고 수익으로 먹고사는 기업이다 보니 OS와 앱스토어에 대한 지원이 애플만 못했다. 또한 협업으로 안드로이드 스마트폰을 만들었지만 애플처럼 하드웨어와 소프트웨어를 모두 확보한 기업이 아니기 때문에 성능 향상이나 작은 문제점 개선 부분에서도 애플보다 뒤처질 수밖에 없었고, 그러한 상황은 지금도 마찬가지다.

MS의 모바일 운영체제인 윈도폰7에 대해서도 많은 기업이 기대했지만 여러 부분에서 아쉬움을 남기고 말았다. 노키아도 심비안 OS가 있지만 OS에 집중하지 않았기에 성능 향상은 더딘 실정이었다. 갈수록 애플의 아이폰과 안드로이드폰에 시장점유율을 빼앗겼으며 결국에는 MS의 윈도폰7과 합작하여 제품을 개발하는 단계에 이르렀다.

이처럼 OS의 중요성을 간과하고 개발에 미온적 태도를 보인 것에 대해서 모든 기업들이 고통을 겪는 시기가 오고 만 것이다. 삼성 역시 마찬가지로 급하게 세계에서 가장 뛰어난 개발자들을 모아 바다 OS를 개발하였다. 늦었지만 OS의 중요성을 깨닫고 자체 OS를 확보하려고 한 점은 매우 고무적이다. 이를 계기로 당장 시장점유율을 높이는 성과를 얻을 수는 없겠지만, 향후 바다 OS가 안정화되고 가전제품이 OS와 연계되는 시기가 오면 긍정적 영향을 줄 수 있을 것으로 예상된다.

일체형 배터리로 갈 수밖에 없는 아이폰

애플은 아이폰뿐만 아니라 아이패드와 맥북까지 모두 배터리 일체형을 고집해왔다. 휴대전화에서 교체형 배터리를 사용해오던 소비자 입장에서는 적잖이 불편한 부분이다. 가령 배터리를 자주 교체하지는 않더라도 실수로 충전을 못했을 때 교체할 배터리가 있으면 바꿔서 즉시 사용하면 되는데 일체형이면 그럴 수가 없기 때문이다. 아이폰의 경우는 충전이 되지 않았을 때 보조 배터리를 끼

우거나 당장 그 자리에서 충전을 해야 한다. 만약 충전하기 어려운 장소에 있거나 보조 배터리마저 충전이 안 된 상태라면 참으로 난감해진다. 그래서 많은 소비자가 아이폰을 배터리 교체형으로 바꿔달라고 요청했지만 애플은 이 문제에 대해서 꿈쩍도 하지 않는다. 아마도 애플은 절대 이 정책을 바꾸지 않을 것이다. 소비자가 그렇게 요구하는데도 왜 애플은 이 정책을 바꾸지 않으려 할까?

일반적으로 이동형 기기들은 고의가 아니더라도 사용 중에 배터리가 분리될 수 있음을 항상 염두에 두어야 한다. 아마도 대부분의 사람은 한 번쯤 휴대전화를 떨어뜨려서 배터리까지 분리된 경험이 있을 것이다. 배터리가 분리형일 경우 이처럼 갑작스레 전원이 꺼지는 상황에 대한 대비책을 마련해두어야 한다. 전원이 부족하면 휘발성 메모리에 저장된 자료들을 비휘발성 메모리인 플래시 메모리나 하드디스크에 저장해야 한다. 뿐만 아니라 배터리가 분리될 경우 작업 중인 데이터가 모두 손실될 위험이 있다. 어플 개발자들도 이와 같이 배터리나 메모리가 분리되는 경우의 수를 놓고서 개발에 착수해야 한다. 그러면 불필요한 작업이 더 늘어나고 자연스럽게 프로그램이 무거워지는데, 이렇게 무거운 프로그램을 많이 돌리게 되면 스마트폰이나 노트북이 느려지는 현상이 일어난다.

반대로 배터리와 메모리가 일체형일 때는 기본적으로 이와 같은 데이터 손상 가능성이 매우 적으며, 개발자들도 이런 경우의 수를 대비한 작업을 할 필요가 없게 된다. 일체형 메모리를 사용하다 보니 메모리 관리를 더 효율적으로 할 수 있게 되는 것이다. 또한 디자인 측면에서도 애플이 원하는 형태의 디자인을 만들어낼 수가 있다. 아이폰3G의 세련된 디자인은 메모리와 배터리가 일체형이기 때문에 가능했다.

물론 잃는 것도 있다. 배터리 교체를 강력히 요구하는 소비자는 애플의 아이폰을 구입하지 않을 것이다. 하지만 잡스는 모든 것을 다 얻을 수 없을 때 하나를 확실히 포기하는 대신 그만큼 편리함을 선사하는 정책을 고수해왔다. 리사 컴퓨터처럼 모든 것을 다 얻으려고 했을 때 결국 아무것도 얻을 수 없음을 배웠기 때문일 것이다. 사람들은 배터리를 교체할 수 없다는 불편을 감수하고라도 빠른 반응성과 신속한 어플의 작동, 그리고 세련된 디자인에 끌려 애플의 아이폰을 구입하고 있었다. 이를 토대로 우리는 애플의 일체형 배터리 정책은 변하지 않을 것이라는 점을 알 수 있다. 애플 제품을 구입하는 소비자는 항상 이 문제를 염두에 두어야 한다.

아이패드,
포스트 PC 시장을 열다

　　컴퓨터를 만드는 기업들이 태블릿PC에 대해 관심을 가지는 것은 너무나 당연한 얘기다. 컴퓨터에서 확장할 수 있는 범위가 노트북, 태블릿PC, PDA라는 것은 컴퓨터 전문가가 아니어도 알 수 있는 내용이다. 이런 상황을 좀 더 이해하기 위해서는 태블릿PC의 개념부터 다시 한 번 검토할 필요가 있다.

　　태블릿PC는 터치스크린을 주 입력 장치로 장착한 휴대용 PC이며, 2001년에 MS가 발표한 제품으로 알려지게 되었다. 노트북과 달리 태블릿PC는 가상 스크린을 사용할 경우 키보드를 장착하지 않아도 되며 인터넷 연결을 위해 무선 랜을 사용한다. 2002년에 이르러 MS의 윈도XP 태블릿PC 버전을 운영체제로 하는 태블릿PC 등이 각 컴퓨터 브랜드에서 개발되었다. 당시의 태블릿PC는 대중화를 위한 시장 공략이라기보다 전문가들을 위해 개발되었다. 또한 이때의 태블릿PC는 무게 약 1.4킬로그램에 20~60GB의 하드디스크를 사용했으며, 128MB~1GB의 메모리를 채택했다.

이 시기에 출시된 태블릿PC들에 대해 전문가들은 대체로 대중화가 매우 힘들다는 시각을 견지했고, 실제로도 그랬다. 무엇보다 노트북의 두 배나 되는 가격 때문이었다. 윈도 OS를 채택한 태블릿PC 가격이 4,000~5,000달러 정도 되었기에 일반인들은 굳이 비싼 가격의 태블릿PC를 구매해야 할 필요성을 느끼지 못했다. 결국 일반 노트북 판매량의 10분의 1 정도 수준에서 병원 등 일부 전문 분야에서만 제한적으로 태블릿PC가 사용되었다. 태블릿PC가 대중화되기 위해서는 가격 등이 소비자가 지불할 수 있는 범위까지 떨어져야 했는데 초창기 태블릿PC는 그러하지 못했다.

애플도 아이패드에 대한 구상을 아이폰 개발 전부터 시작했지만 실제로 아이패드가 출시된 것은 2010년 1월의 일이다. 상당히 오랜 기간 동안 태블릿PC를 준비해왔으나 대중화될 수 있는 환경이 최근에서야 구축된 것이다. 하지만 태블릿PC가 들어갈 자리가 만만치 않았다. 저렴한 가격의 태블릿PC가 출시된다고 하더라도 소비자들은 용도를 헷갈려했다. 제조사에서 이런저런 목적으로 사용하면 된다고 아무리 홍보를 해도 이미 몇 대의 컴퓨터를 보유한 소비자 입장에서는 좀 더 명확한 용도 구분이 필요한 상황이었던 것이다. 이런 요인을 감안할 때 태블릿PC 시장은 매우 불투명했다. 비록 기존 컴퓨터보다 더 편리하긴 했지만 추가로 비용을 들여 구매해야 하는 동기까지 확실히 시각화된 상황은 아니었다. 잡스가 아이패드보다 아이폰을 먼저 출시한 데는 이 부분이 상당히 영향을 미쳤을 것이다. 만약 아이폰이 먼저 출시되지 않았다면 아이패드가 아무리 지금과 같은 가격 정책을 폈다고 해도 이토록 많이 팔리지는 못했을 것이다. 아이폰의 사용과 보급 확대는 좀 더 큰 화면의 편리한 태블릿PC에 대한 욕구를 키워주었다.

태블릿PC가 가능한 시대가 오다

아무리 좋은 제품을 개발했을지라도 시대가 요구하지 않으면 어쩔 수 없이 창고 속으로 들어가야 한다. 그래서 제품의 출시 시기는 매우 중요하다. 코닝의 강화유리인 고릴라 글래스Gorilla Glass가 가장 좋은 사례라 할 것이다. 지금의 스마트폰 화면에 쓰이는 강화유리 '고릴라'는 미국의 코닝 사가 1960년대에 개발한 제품이다. 고릴라는 아주 강해서 망치로 두드려도 쉽게 깨지지 않는 유리였지만 당시에는 어느 기업도 이 제품을 구입하려 하지 않았다. 코닝 사는 비행기나 기차의 앞창 용도로 판매하려고 했지만 해당 기업들은 값비싼 고릴라 글래스만큼 강한 유리를 원하지 않았다. 결국 뛰어난 성능에도 불구하고 이 제품은 창고 속으로 들어가야 했다.

하지만 고릴라 글래스는 2000년 후반에 스마트폰의 강화유리로 사용되면서 다시 각광을 받게 되었다. 고가의 스마트폰 사용자들은 스마트폰의 스크래치나 파손에 대해서 민감하게 반응했고 제품 개발 업체에서도 반복적으로 터치해야 하는 스마트폰의 특성상 강화유리가 필요했는데, 고릴라 글래스는 이런 요구 사항에 딱 맞는 제품이었다.

지금의 코닝 사는 고릴라 글래스로 고속 성장하는 기업이 되었지만, 1960년대에는 정말 좋은 제품을 만들고도 창고에 넣어두어야 하는 아픔을 겪었다. 이렇듯 제품이 성공하기 위해서는 좋은 품질이나 소비자가 지출 가능한 가격 등의 요건뿐만 아니라 사회적으로 그런 제품을 받아들일 수 있는 환경이 구축되는 것이 매우 중요하다. 사회적으로 그런 제품을 필요로 하고 제품이 출시되었을 때 구매로 이어지는 과정에서 어떤 주저함도 없어야 한다. 이러한 관점에서 태블릿PC는 최근에 이르러 비로소 소비할 수 있는 환경이 구축되었다고 볼 수 있다.

만약 애플이 4~5년 전에 아이패드를 출시했다면 시장의 반응은 이렇게까지 열광적이지 않았을 것이다. 물론 그때는 제반 기술도 아이패드를 출시할 만큼 따라주지 못했다. 플래시 메모리의 경우 지금은 저렴한 가격으로 64G까지 제공받을 수 있지만 당시에는 16G 제품만 해도 굉장히 많은 비용을 지불해야 했다. 그렇다고 하드디스크를 사용할 수도 없었을 것이다. 무게와 속도 면에서 하드디스크는 플래시 메모리보다 뒤처지는 제품이기 때문이다. 소비자는 다른 제품에 비해 0.5초만 늦어도 굉장히 느린 제품이라고 결론 내리기 때문에 아주 작은 차이도 쉽게 간과해서는 안 된다.

애플은 아이폰이 출시되고 시장에서 한참 안정세를 취할 때쯤인 2010년 1월에 아이패드를 공개했다. 사실 아이패드 1세대는 제품 사양 면에서 출시가 다소 빠른 감이 있었다. 카메라도 탑재하지 못했고, 아이폰보다 큰 화면이라 그래픽 처리가 매우 중요한데도 아이폰과 같은 A4칩을 사용했다. 완벽하지는 않지만 시장이 충분히 형성되었다고 판단한 잡스는 아이패드 1세대의 공개와 함께 태블릿PC의 새로운 시장을 열었다. 2010년 한 해 동안 아이패드는 약 1,500만 대가 판매되는 성과를 냈다. 태블릿PC가 아직 자리를 잡지 못한 상황에서 이 정도의 판매량은 대단한 기록이다. 아이패드 1세대의 성공은 소비자들이 태블릿PC를 인정한다는 의미였다.

게다가 아이패드2는 훨씬 더 많은 판매가 이루어졌으며, 당분간 태블릿PC 시장은 새로운 블루오션처럼 성장하는 분야가 될 것이다. 구글도 태블릿PC용 OS인 허니콤을 공개하면서 태블릿PC 시장의 성장을 재촉하고 있다. 지금은 태블릿PC 대신 스마트패드라는 말을 쓰고 있는데 이 분야는 2011년을 기점으로 크게 성장할 것으로 보인다. 플래시 메모리가 MP3플레이어와 디지털카메라를 통해서 몇 년 동안 급속한 성장을 이루었듯이 스마트패드 시장도 그렇게 성장해 갈 것이다.

아이패드는 포스트 PC다

과거에는 스마트패드에 대해서 부정적 시각을 가진 전문가들도 적지 않았다. 일부 전문가들은 아이폰으로 성공한 애플이지만 아이패드의 성공은 장담할 수 없다고 예측하기도 했다. 그들의 이러한 부정적 평가는 충분히 이해 가능한 내용이었다. 개인의 컴퓨터 보유 현황을 보면 기본적으로 데스크톱 PC를 1대씩 가지고 있었으며, 외부 활동이 잦은 사람은 노트북이나 넷북으로 데스크톱 PC의 부족한 부분을 메우고 있었다. 심지어 컴퓨터를 3대 정도 보유한 사람도 있었다. 이런 상황에서 소비자가 넷북 가격대의 스마트패드를 구입하기란 쉽지 않을 것이라는 주장이 나왔다. 또한 아이패드 1세대가 출시되기 전까지는 스마트패드라는 기기의 용도에 대해 명확히 정의를 내려준 사람도 없었다. 이 부분에 대해 잡스는 아이패드2 발표 때 "아이패드는 포스트 PC다!"라고 다시 한 번 명확히 했다.

아이패드 같은 스마트패드의 성장과 발전을 이해하기 위해서는 반드시 포스트 PC라는 개념을 짚고 넘어가야 한다. 포스트 PC란 기존의 PC와 같은 기능에 이동성과 휴대성을 강화한 정보 기기로 PC의 단점을 보완하면서 활용되는 신개념 제품이다. 잡스의 말은 아이패드가 포스트 PC로 자리매김했기 때문에 기존의 PC 시장을 건드리지 않으면서 성장할 수 있으리라는 점을 분명히 한 것이다.

물론 아이패드의 등장이 기존의 PC 시장에 전혀 영향을 미치지 않은 것은 아니다. 기본적으로 보유하고 있는 데스크톱 시장에 변화를 초래하지 않았을지 몰라도 넷북 시장에는 사활이 걸릴 정도로 큰 충격을 주었다. 소니의 바이오 PC 사업 부문 마이크 어베리Mike Abary 부사장은 "넷북은 참신함을 잃어가고 있다. 넷북 열풍의 바통을 이어받을 차기작에 주목해야 한다."라고 언급했다. 또한 최근에는 넷북으로 에이서를 세계 2위의 PC 업체로 끌어올린 지안프랑코 란치 Gianfranco Lanci CEO가 사임했다. 내부적인 이유는 여러 가지가 있겠지만 분명한 것은 스마트패드의 성장에 비해 지지부진한 넷북의 성장세가 지안프랑코 란치 CEO를 자리에서 물러나게 만든 것이다. 잡스도 넷북은 그저 가격이 싼 노트북일 뿐 다른 PC보다 좋은 점은 하나도 없다고 말하며 혹평하기도 했다. 중요한 것은 잡스의 독설이 아니라 소비자와 시장이 잡스가 예측한 방향대로 흘러가고 있다는 사실이다. 스마트패드는 분명 넷북을 재물로 삼아 세상에서 자신을 드러내고 있다.

PC보다 더 편리한 PC

스티브 잡스가 생각한 아이패드의 활용도는 애플의 광고를 통해 잘 알 수 있다. 아이패드의 초창기 광고를 보면 한 사람이 다리를 꼰 채로 아이패드를 놓고서 사진과 책, 잡지를 선택해서 본다. 아이패드로 하는 작업이 계속 바뀔 뿐만 아니라 아이패드를 들고 있는 사람의 자세도 꾸준히 바뀐다. 아무 장소에서나 아무 자세로 컴퓨팅을 할 수 있고, 가족들의 사진이나 책을 보며 음악을 들을 수 있게 해주는 장비가 아이패드라는 것을 알리는 광고였다.

기존의 어떤 PC도 이렇게 편한 자세로 작업할 수는 없었다. 가볍고 휴대가 비교적 간편한 노트북도 사실 무릎 위에 놓고서 사용하는 것은 거의 불가능하다. 노트북이 휴대성은 있을지 몰라도 편리성은 떨어진다. 그런데 아이패드 같은 스마트패드는 이런 PC의 단점을 보완해주는 역할자로서 우리 생활에 들어온 것이다.

물론 스마트패드로 할 수 없는 일도 많다. 프로그램을 짜는 작업은 할 수 없으며, 아직까지 쇼핑을 하고 결재하기가 용이하지 않다. 특히 우리나라처럼 인터넷 익스플로러가 전체 시장을 점령한 상황에서는 스마트패드뿐만 아니라 애플의 사파리나 구글의 크롬으로 쇼핑을 하는 것도 쉽지 않다. 하지만 이런 불편함은 분명히 개선될 것이다. 아이패드 같은 스마트패드가 편리성을 내세워서 소비

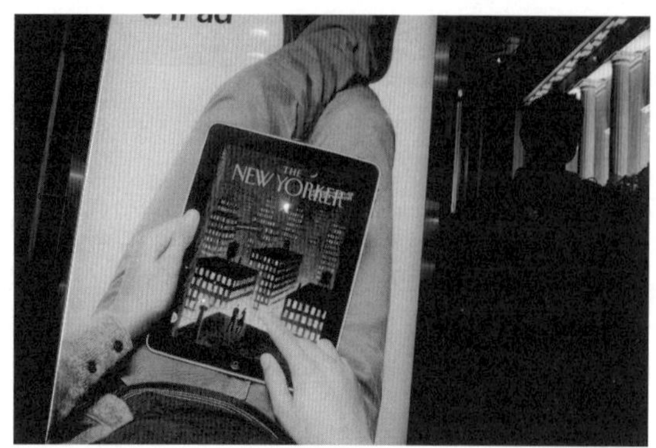

[사진5] 아이패드 초기 광고 모습

자의 옆자리에 앉게 된다면 소비자들은 PC 전원을 켜는 대신 스마트 커버를 열어서 스마트패드로 원하는 작업을 하게 될 것이기 때문이다. 물론 아이패드로 쇼핑을 하는 사람도 증가할 것이며, 그렇게 되면 자연스럽게 아이패드에서 쇼핑하고 결재할 수 있도록 각 기업들이 웹사이트를 업그레이드할 것이다. 앱스토어에 올라와 있는 게임도 즐길 수 있으니 일반 소비자들이 기존의 PC를 켜는 일은 상당히 줄어들게 되는 것이다.

그렇다고 기존의 PC가 필요 없는 것은 절대 아니다. 간단하고 일상적으로 필요한 일들은 스마트패드로 처리가 가능하지만 복잡한 프로그램을 돌려야 하는 작업 등은 여전히 기존의 데스크톱에서 진행을 해야 하기 때문이다. 잡스의 생각대로 아이패드는 기존 PC를 보유한 소비자들이 포스트 PC로 구입하게 될 것이다. 아이패드2가 출시되면서 이런 변화에 더욱 가속도가 붙게 되었고, 교육용으로서 역할을 제대로 할 경우 아이패드는 가정에 한 대씩 보유하는 PC가 아닌 개인별로 보유하는 PC로 자리를 잡게 될 것이다.

아이패드에 대한 애플의 전략

2011년 3월 2일, 아이패드2가 공개됐다. 애플은 당시 공개에서 세 가지로 사람들을 놀라게 했다. 첫째, 6주밖에 살지 못한다는 소문까지 나돌며 언론에서 건강에 대한 심각성이 다루어지기도 했던 스티브 잡스가 어김없이 등장해 프레젠테이션을 진행하며 건재를 과시했다. 둘째, 아이패드2의 기능에 대한 수많은 추측이 제기되었지만 고객을 깜짝 놀라게 할 만한 새로움을 발견할 수 없는 제품이 출시되었다. 셋째, 아이패드2의 가격이 아이패드1과 같은 수준으로 결정되었다. 아이패드2의 전략은 새로운 기능을 많이 추가해 가격을 높이는 것이 아니라 소비자들이 필요로 하는 몇몇 기능을 보완해 추가하되 가격을 낮춰서 아이패드가 확실히 포스트 PC로서 자리를 잡게 하는 것이었다.

이 사건을 두고 언론의 평가는 참으로 다양하게 나타났다. 한편으로는 더 이상 기대할 것이 없어졌다는 평이었다. 아이패드2가 사람들이 기대한 수준으로만 개발되어 나온 데서 비롯한 이야기였다. 다른 한편으로는 충격적인 가격 경쟁력으로 스마트패드를 개발하는 다른 기업들의 뒤통수를 쳤다는 평이었다. 아이패드2가 정식으로 공개되기 전에는 각종 성능만으로 비교 평가를 했다. 특히 모토로라 줌이 CES[5] 2011에서 최고의 제품으로 선정되면서 아이패드2와의 비교는 언론의 흥미로운 화젯거리였다. 세상의 모든 사람들이 오직 이런 부분만을 보고 있을 때 잡스는 생각지도 못한 가격 정책을 앞세워 아이패드2를 출시한 것이었다.

그로 인해 성능 부분에서만 애플을 이기려고 했던 많은 기업들이 가격 정책까지 소화해내야 하는 이중의 짐을 떠안게 되었다. 애플은 이런 가격에서도 이익을 내기 위해서 충분한 사전 준비를 해왔지만 가격 경쟁에 대한 준비가 미미

하거나 전혀 없었던 기업에는 엄청난 타격으로 작용했다. 물론 이 모든 것은 잡스의 계획된 전략에서 나온 결과였다. 잡스가 가격 정책의 실패로 어려움을 겪은 사례는 여러 번 있었다. NeXT를 설립했을 때도 가격 정책은 잡스의 실패 요인 가운데 하나였다. 성능만 좋으면 소비자가 좀 더 많은 돈을 들이더라도 제품을 구입할 것이라고 기대했지만 현실은 그렇지 않았다. 잡스는 아무리 성능이 좋아도 소비자가 감당하기 어려운 가격대면 어쩔 수 없이 포기한다는 사실을 오래전의 실패로 깨닫고 있었다.

가격을 아이패드 1세대와 동일하게 했다고 해서 아이패드2의 성능이 형편없지는 않았다. 아이패드1보다 훨씬 좋은 성능으로 시장에 출시된 것이다. 아이패드2를 개발할 때 잡스는 일정한 가격대를 정해놓고 무슨 기능을 추가해야 할지 판단했을 것이다. 여러 기능을 더했다고 해서 가격을 조금씩 높이는 것은 결코 찬성하지 않았을 것이다. 차라리 기능을 빼면 뺐지 가격을 높이는 정책을 쓰지 않는다는 것은 그의 과거 실패로 짐작할 수 있다. 이런 정책은 다른 기업과는 확연히 다른 잡스 자신만의 스타일이다. 일반적인 기업들은 새로운 기능들을 몇 가지 추가한 후 가격을 조금씩 올리는 정책을 쓴다. 원재료 가격과 직원들의 임금이 상승하므로 제품 가격을 올려야 하는데 같은 제품으로는 그럴 수 없으니 다른 기능 몇 가지를 추가해 신제품인 양 가격을 올리는 전략을 주로 활용하는 것이다. 기존의 모든 기업이 걷는 일반적인 길을 걷지 않고 자신의 제품 철학에 따라 제품을 만들고 가격 정책을 쓰며 자신만의 애플 제품을 세상에 내놓은 잡스는 역시 평범하지 않은 인물이었다.

필요한 기능만 넣어라

아이패드2의 제품 기능들을 살펴보면 앞으로의 애플 제품에 대해 시사하는 바가 많다. 우선 많은 전문가들이 예상했던 것처럼 카메라 기능이 추가되었다.

카메라 기능이 추가되면서 페이스타임Face Time[6]을 모든 애플 제품에서 사용할 수 있게 되었다. 하지만 30만 화소밖에 되지 않아 일부 사람들의 조롱거리가 되기도 했다. 아이폰4에도 500만 화소의 카메라가 탑재되었는데 30만 화소는 너무 낮은 것이 아니냐는 비판의 목소리가 많았다. 그렇다면 애플이 이렇게 성능이 낮은 카메라를 부착한 이유는 무엇일까?

잡스는 아이패드를 포스트 PC라고 정의 내리고 그에 맞는 제품을 만들었다고 볼 수 있다. 아이패드에 부착한 카메라는 정확히 말하면 사진 촬영용이 아니다. 제작 비용을 높여 가격 상승까지 감수하면서 아이폰처럼 카메라 기능이 아주 좋을 필요가 없었다. 사진을 찍고 싶으면 아이패드 말고 아이폰으로 해도 상관없다는 얘기다.

대신에 페이스타임을 이용하기 위해서는 카메라가 꼭 필요했다. 하지만 화소가 낮아도 사용이 가능하기 때문에 애플은 저렴한 카메라 부품을 선택한 것이다. 물론 30만 화소보다는 130만 화소로 영상통화를 할 때 더 잘 보이겠지만 잡스는 기기의 가격이 높아지는 것을 원치 않았다. 요컨대 페이스타임 등의 영상통화를 위해서는 카메라가 반드시 필요했고 그런 고민 끝에 선택한 것이 낮은 화소의 카메라였다. 그러므로 향후 출시될 아이폰5나 그 이후 모델에서는 카메라 기능이 계속 향상될 것으로 예상된다. 사진 촬영 등의 역할은 아이폰으로 해야 한다는 애플의 방침은 지속될 것이다.

또한 아이패드2에 A5칩을 적용하면서 듀얼코어가 되었으며, 램도 256M에서 512M로 증가시켰다. 속도의 증가는 애플의 모든 제품에 적용되는 기술이다. 소비자들은 더딘 실행 속도로 시간이 낭비될 때 가장 짜증스러워한다. 속도 향상은 계속 이루어질 것이다. 그래픽도 A5칩 때문에 9배 빨라졌으며, 가속도 센서

---

6. 애플이 개발한 영상통화 소프트웨어와 관련된 통신 규약

와 자이로스코프 센서가 포함되었다. 이런 기능을 포함시키면서 아이패드는 게임뿐만 아니라 다양한 기능으로 활용이 가능해졌다. 일차적으로 다양한 게임을 즐길 수 있게 된 것이다. 물론 게임 개발은 애플에서 하지 않는다. 애플의 역할은 다른 개발자들이 다양한 창의력을 발휘해 소비자들이 깜짝 놀랄 만한 프로그램들을 개발할 수 있도록 환경을 구축하는 것이다. 그런 면에서 이런 센서들의 추가는 아주 당연한 전략이다.

무게와 두께도 기존의 아이패드보다 줄어들었다. 얇고 가벼운 제품 개발이라는 목표도 끊임없이 반영될 것이다. 아이패드가 비록 600그램 초반이라고 하지만 역시 한 손으로 잡기에는 무겁다. 그래서 아이패드의 무게를 줄이는 작업은 다음 제품에서도 계속 이어질 것이다.

최고의 제품 라인을 구축하라

아이패드2 발표 이후 세간의 이목을 끈 것이 하나 더 있다. 바로 스마트 커버다. 애플은 아이패드2를 만들면서 동시에 스마트 커버라는 액세서리를 구상했다. 스마트 커버는 기존 아이패드의 단점들을 많이 보완해주었다. 아이패드를 보기 위해서는 손으로 잡아야 하는데 스마트 커버가 세움대의 역할을 대신해주고 화면을 보호해줄 뿐만 아니라 스마트 커버로 덮기만 하면 슬립 모드로 전환시킬 수 있다. 스마트 커버를 들면 바로 슬립 모드가 해제되는데, 이렇게 자동으로 슬립 모드와 웨이크업 모드로 전환되면서 아이패드의 커버를 열고 파워 버튼을 누르는 등에 소비되는 시간을 단축시킬 수 있게 했다. 많은 기업들이 부팅 시간을 단축시키기 위해서 많은 노력을 하는데 스마트 커버도 그런 노력 중 하나다. 스티브 잡스는 아이패드2 발표 행사장에서 "스마트 커버는 나중에 어쩌다가 만든 것이 아니라 아이패드2와 동시에 개발됐다."라고 말하며 스마트 커버의 중요성을 강조했다.

HDMI 커넥터도 같이 공개했다. 애플TV가 있으면 굳이 HDMI 커넥터가 필요하지 않지만 애플TV의 전 세계 확산까지는 시간이 많이 소요될 것이라고 예상하여 아이패드2 안에 포함하지 않고 HDMI 커넥터를 액세서리로 개발했다. 이로써 아이패드의 콘텐츠를 집에 있는 TV로 볼 수 있게 된 것이다.

스마트 커버와 HDMI 커넥터의 공개는 애플의 제품 스타일에 대해서 많은 힌트를 준다. 가령 스마트 커버는 애플 제품의 성능 향상과 기존의 단점 보완을 위해 직접적으로 해당 제품을 개선할 뿐만 아니라 액세서리를 통해서 제품 향상을 도모하겠다는 의도를 드러낸다. 아이패드의 단점은 세워서 보거나 메일 등을 쓸 때 자판을 쉽게 칠 수 없는 것이었는데, 아이패드 자체로는 이 문제점이 개선되지 않았다. 다른 액세서리 업체가 만족할 만한 액세서리를 출시하지 못했고, 결국 애플에서 이 부분을 직접 개선한 것이다. 앞으로도 애플의 다른 제품에서 이런 문제점이 발견되면 직접 액세서리까지 개발하면서 소비자의 불편을 최소화하겠다는 의도인 것이다.

HDMI 커넥터도 같은 의미로 보면 된다. 이런 기능까지 아이패드에 담으면 두꺼워지고 복잡해지므로 아이패드 자체는 단순함을 유지하면서도 소비자가 필요로 하는 성능은 액세서리를 통해서 보급하겠다는 의지를 보여준 것이다. 하나의 제품을 내놓고 끝내는 것이 아니라 필요한 제품 라인을 같이 개발하면서 소비자에게 최고의 제품을 선사하겠다는 전략인데, 지금껏 필요한 액세서리를 판매한 기업은 있지만 기획 단계에서 액세서리까지 만들어서 보급한 기업은 없었다. 제품 성능을 보완하는 액세서리를 같이 기획해서 판매하겠다는 구상 자체가 놀라운 혁신이었다.

스마트패드, 새로운 시장을 만들다

우리가 생각할 수 있는 대표적인 콘텐츠는 음악과 영화, 그리고 책이다. 애플 입장에서 음악은 아이튠즈의 뮤직 스토어를 통해 점령했고, 영화는 가정용에 한해서 애플TV를 통해 접근하고 있다. 이제 남은 것은 책뿐이다. 물론 아이폰으로도 책을 볼 수 있다. 아이폰을 사랑하는 사람들은 아이폰으로 책을 봐도 문제가 없다고 하지만, 객관적으로는 불편한 점이 한두 가지가 아니다. 아이폰의 3.5인치 화면은 책을 읽는 데 적합한 크기가 아니다. 기존 PC를 통해서도 전자책을 볼 수는 있지만 사람들은 책을 읽을 때 의자에 앉아서 PC를 켠 후 모니터를 응시하고 싶어하지 않는다. 실제 책을 보는 것처럼 누워서 보거나 소파에 앉아서 볼 수도 있고, 휴가지에서 편한 의자에 기대 볼 수도 있어야 한다. 즉 책을 읽기 위해서는 휴대성이 뒷받침되어야 하는데, 일반 PC는 휴대성이 없기 때문에 책을 보기에 적합한 디바이스가 아니다. 아이폰은 화면 사이즈가 작고 일반 PC는 휴대성이 없으므로 결국 새로운 디바이스가 필요한 것이다.

아이패드는 아직 점령되지 않은 전자책 시장을 명백히 노리고 출시된 상품이다. 스티브 잡스는 콘텐츠를 중요시한 인물로서 새로운 시장에 진출할 때 분명한 콘텐츠가 자리 잡은 곳에만 뛰어드는 것으로 유명했다. 전자책 시장은 많이 알려진 시장이기는 하지만 콘텐츠가 아직 많이 활성화되지 않은 시장이기도 하다. 그나마 미국에서는 아마존의 킨들 등으로 전자책 시장이 많이 활성화된 상태지만, 우리나라의 경우 전자책은 아직 걸음마 수준이다. 전자책이라는 콘텐츠를 보았을 때 아이패드에게는 충분한 기회가 있다.

아마존의 킨들이 전자책 시장에 먼저 노크하고 새로운 콘텐츠를 잡으려고 노력해온 것은 사실이다. 킨들의 등장은 사람들에게 새로운 형태의 독서 방법을 알려주는 계기가 되었고, 향후에는 이런 형태의 독서 문화가 자리 잡으리라는 것을 암시해주었다. 그러나 킨들의 단점은 오직 책에 관련된 일들만 할 수 있다는 것이다. 전자 잉크가 눈에 피로를 덜 주고 배터리 사용도 다른 스마트패드에 비할 바가 아니지만, 오직 독서만을 위해 제품을 구입할 소비자는 많지 않다. 책을 정말 좋아하는 사람이라면 킨들 같은 제품을 구입할 수 있겠지만, 대중화라는 관점으로 접근했을 때 킨들은 분명히 한계가 있다.

스마트패드는 책이나 잡지, 신문, 인터넷을 편하게 볼 수 있는 것이 일차적인 목적이다. 킨들보다 훨씬 많은 일을 할 수 있다. 킨들은 흑백 전자 잉크가 눈에 피로를 덜 줄 수는 있지만 다양한 컬러로 다양한 이미지를 표현하지는 못한다. 이러한 킨들의 한계는 스마트패드에 새로운 기회를 제공할 것이다.

구글의 전자 도서관

자금력이 풍부한 구글은 향후에 전자책 시대가 도래할 것을 대비해 상당히 긴 시간 동안 공을 들여왔다. 구글 북스 라이브러리 프로젝트로 전 세계 도서관의 책 내용을 모두 스캔해 디지털 도서관을 만들겠다는 무섭고도 야심 찬 계획을 시작한 것이다. 실제로 미국 내에서는 이 프로젝트가 상당 정도 진행됐으나 저작권과 독점 가능성에 대한 우려로 법적인 제재가 있는 상황이다. 하지만 구글의 안목은 높이 평가할 만하다. 구글은 멀지 않은 미래에 전 세계가 전자책을 즐겨 읽을 것으로 예측하고, 전자 도서관을 구축하는 것이 미래의 생존 문제로 연결된다고 판단했다. 물론 구글은 어떤 매개체로 전자책을 읽을 것인가에 대한 고려는 없다. 하드웨어에는 그리 관심이 많은 기업이 아니기 때문이다. 또한 전자책이라는 콘텐츠를 점령하면 어떤 하드웨어를 쓰든 상관없이 자신이 구축해둔 전자 도서관에서 책을 읽을 것이라는 계산이 섰기 때문이다.

이처럼 구글이나 애플은 모두 전자책이라는 새로운 시장이 크게 성장할 것이라고 전망하고 미리 준비하고 있다. 다른 점이라면 구글은 하드웨어에 관심이 없기에 콘텐츠를 미리 점령하는 형태로 준비하고 있고, 애플은 아이패드라는 스마트 기기를 출시해 전자책이라는 콘텐츠를 볼 수 있는 하드웨어를 준비하고 있다는 점이다. 그리고 무엇보다 중요한 것은 이 시장이 크게 확대되고 있다는 사실이다.

스마트패드로는 책뿐만 아니라 미술관도 볼 수 있다. 구글은 전자 도서관 외에도 아트 프로젝트를 진행했다. 구글과 협력한 17개의 미술관을 360도로 회전하며 관람할 수 있다. 마치 직접 미술관을 걸어가면서 관람하듯이 스트리트 뷰 기술을 적용해 실감나게 온라인 미술관을 만들었다. 더욱 놀라운 것은 원하는 그림을 현미경으로 보듯 정밀하게 관찰할 수 있다는 점이다. 그림을 보고 난 후 감상을 적어서 소셜 미디어를 통해 지인과 공유할 수도 있다. 단순히 미술관만 볼 수 있도록 한 것이 아니라 소셜 미디어까지 고려한 애플리케이션이다.

스마트패드는 구글이 준비한 이런 콘텐츠까지 볼 수 있는 매개체 노릇도 훌륭하게 소화해낸다. 아이패드의 초창기 성공은 기기 자체의 하드웨어와 소프트웨어의 우수성으로 사람들을 매혹함으로써 가능했지만, 이제는 이런 콘텐츠의 활용으로 사용 범위가 훨씬 넓어지고 있다.

스마트패드와 교육 시장

스마트패드가 폭발적인 증가세를 보이기 위해서는 교육 시장이 스마트패드와 발맞춰서 콘텐츠를 제공해야 한다. 이때부터 스마트패드는 가정에 1대씩 보유하는 기기가 아니라 개인별로 1대씩 보유해야 하는 필수품이 될 것이다. 물론 이렇게 되기 위해서는 교육 콘텐츠의 증가와 스마트패드의 가격 하락이 무엇보다도 중요하다. 저가 정책을 들고 나온 킨들 파이어Kindle Fire 역시 이런 측면에서 바라봐야 한다.

콘텐츠가 훌륭하게 갖춰졌을 때 거기에 맞는 하드웨어가 개발되는 경우가 있고, 콘텐츠 시장이 아직 열리지 않았지만 하드웨어가 널리 보급되면서 거기에 맞춰 콘텐츠가 개발되는 경우가 있다. 교육용 스마트패드는 후자에 가깝다. 아직까지는 교육 관점에서 스마트패드를 활용하는 데 한계가 있지만 새로운 스마트패드가 등장하고 더 많은 소비자가 선택하게 되면 스마트패드용 교육 프로그램이 엄청나게 발전할 것이다.

스마트패드가 교육용으로 자리 잡을 수 있는 중요한 이유는 편리함 때문이다. 8~10인치 사이즈가 대세로 자리 잡으면서 1권의 책을 볼 수 있는 크기만큼 되었고 개발된 어플만 설치하면 어떤 교육 자료도 스마트패드로 볼 수 있다. 백과사전뿐만 아니라 각종 어학 사전을 담을 수도 있고, 수업 교재는 물론 참고서도 담을 수 있게 되었다. 협력 학습을 할 때 한자리에 모이지 않아도 페이스타임 등의 영상통화를 통해서 서로가 진행한 부분을 공유하고 토론할 수도 있다.

우리나라에서도 예외는 아니다. 아직 스마트패드가 대중화 단계에 이르지는 못했지만 조만간 기기가 널리 보급되고 수많은 개발자들이 콘텐츠 시장에 뛰어들 것으로 예상된다.

05

애플TV에 담긴 노림수

그간의 행보로 보건대 애플이 TV 시장에 뛰어든 것은 다소 의외의 선택이었다. 아이팟과 아이패드 개발은 PC 제조 업체로서 충분히 생각할 수 있는 영역이지만 TV는 그렇지 않았기 때문이다. 게다가 시장 규모가 작지는 않지만 성장 잠재력이 얼마나 되는지 확신할 수 없는 상황이었다. 하지만 TV의 속성을 이해하면 애플이 계속되는 실패에도 TV 시장에 기웃거리는 이유를 알 수 있다.

TV는 거의 모든 집에 있고, 가족들이 모여서 가장 많은 시간을 보내는 매체이다. 게다가 다른 가전제품은 역할은 있지만 콘텐츠가 없다. 냉장고나 세탁기도 아주 중요한 가전제품이기는 하지만 자신들이 해야 하는 역할만 있을 뿐 소비자들에게 새로운 콘텐츠로 즐거움을 주지는 못한다. 반면에 TV는 무한한 콘텐츠를 통해 가정에서 가장 중요한 위치를 점한다. 스티브 잡스는 이런 TV의 가능성을 높게 평가했으며 향후에는 TV와 컴퓨터의 경계마저 사라질 것으로 예측했다. 또한 인텔의 '미래학자'로 불리는 브라이언 존슨Brian Johnson 이사도 우리나라에서 개최된 MBN 세계경제와 미래 포럼에서 비슷한 발언을 했다.

"TV와 스마트폰, 컴퓨터의 경계가 없어지는 세상이 올 것이다. TV는 미래에도 지금과 같이 일상생활 중심에 있을 것이다. 다만 미래의 TV는 더 이상 지금의 TV와는 같지 않다. 미래의 TV는 곧 스마트폰이고 영화 관람을 위한 도구이며 게임기이고 애플리케이션이다."

현재든 미래든 TV가 일상생활의 중심이 되며 미래의 TV는 지금의 TV가 아닌 그 이상의 역할을 할 것이라는 점을 강조한 말이다. 그렇다면 애플이 무슨 의도인지, 그리고 TV에 무엇을 요구하는지를 생각해볼 필요가 있다. 최초의 애플 TV를 공개했을 때 잡스의 발언처럼 단순히 컴퓨터를 무선 네트워크로 연결해 영화나 구매한 방송 프로그램을 보는 매체로만 단정하고 개발한 제품인지, 아니면 그 이상의 변화를 감지하고 만든 제품인지는 고려해봐야 한다. 구매한 영화와 방송 드라마만을 보는 기능은 IPTV나 케이블방송으로도 충분히 소화할 수 있는 부분으로 그 역할과 파워가 너무 낮다. 어쩌면 지금의 IPTV나 케이블방송은 포화 상태에 가깝다. 이런 포화 상태인 시장에 진입하기 위해 잡스와 애플이 신제품을 만들었다고 보기에는 논리가 부족하다.

TV는 바보상자가 아니다

TV를 바보상자라 부르면서 TV의 역할을 부정하려는 사람도 많이 있다. 다른 어떤 제품보다도 중독성이 강하기 때문이다. 커피 마니아들이 아침에 일어나자마자 커피를 준비하는 것처럼 TV에 익숙한 사람들은 TV를 켜는 것으로 하루를 시작한다. TV를 켜지 않고 다른 뭔가를 한다는 것 자체가 매우 낯설게 느껴진다. 커피의 경우 카페인이 사람의 뇌를 자극하는데 TV는 습관이 사람의 뇌를 자극한다.

매일 TV를 보는 사람이 TV를 보지 않으면 그만큼 괴로운 일도 없다. 지나치게 TV를 가까이하는 습관 때문에 TV를 바보상자로 단정하고 멀리해야 하는 물건으로 치부하지만 오늘도 많은 사람들은 거실에서 TV를 보면서 차를 마시고 대화를 나누며 시간을 보낸다. 그뿐 아니라 책이나 신문, 잡지 등을 읽지 않을 경우 정보를 얻을 수 있는 매체는 역시 TV밖에 없다. 대부분의 사람들이 TV를 통해 새로운 정보나 소식을 얻는다. 바보상자라는 불명예를 떠안기도 했지만 현실적으로 우리는 여전히 TV 앞에서 많은 시간을 보내고 있으며, 앞으로도 그럴 것이다. 이 같은 사실은 애플 입장에서 절대 간과할 수 없는 부분이다.

애플TV vs. 구글TV

스마트TV 시장은 애플 대 구글을 중심으로 구성된 연합군의 구도로 양분할 수 있으며, 이 두 진영은 서로 다른 전략으로 세상에 도전하고 있다. 애플은 셋톱박스 형태로, 구글 연합군은 완제품 형태로 스마트TV 시장에 도전장을 던졌다. 많은 전문가들은 서로 다른 방식으로 스마트TV 시장에 도전한 이들 기업을 비교하며 누가 최종 승자일지 평가해 보지만 아직까지 어느 편이 완전히 앞섰다고 판단하기는 어렵다. 각각에 장단점이 있기 때문이다.

그럼 애플의 전략부터 살펴보자. 스마트TV 시장에 대한 애플의 도전은 2007년에 이루어졌다. 초기 애플TV는 40GB의 하드디스크를 내장해서 음악과 동영상, 사진 등을 저장할 수 있었다. 또한 컴퓨터와의 무선 동기화가 가능해져 콘텐츠를 스트리밍할 수 있었다. 하지만 이런 초창기 애플TV는 참담한 실패로 끝이 났다. 절대로 실패할 것 같지 않던 잡스는 또 한 번 실패의 쓴맛을 봐야 했다.

초창기 애플TV의 실패 원인은 다각도로 살펴볼 수 있다. 우선 애플TV 1세대는 컴퓨터의 장점도, TV의 장점도 살리지 못했다. 스마트TV지만 기존 IPTV와의 차이점을 인식하기 힘들었다. 고가의 애플TV를 굳이 구입해야 하는 의미가 없었다. 아무리 아이폰으로 성공한 애플이 만든 제품이라 하더라도 소비자들의 판단은 명확했다. 필요하지 않고 구입해야 할 타당성이 없으면 천하의 잡스가 만들었다 해도 쉽게 지갑을 열지 않는다.

2010년 애플TV는 이를 보완한 것이다. 우선 가격을 99달러로 정해 처음의 가격(299달러)보다 훨씬 낮췄다. 두 번째로는 사용하는 리모컨을 애플의 기존 콘셉트에 맞춰 단순화했다. 마지막으로 모든 애플 제품과 동기화가 되게끔 하였으며, 에어플레이 기능으로 아이폰이나 아이패드에 있는 콘텐츠를 애플TV를 통해 볼 수 있도록 배려했다. 하지만 애플TV 2세대에 대한 혹평도 적지 않았다. 사람들은 검색 기능이 없어 사용이 불편하고 웹브라우징과 웹서핑 기능이 없으며 콘텐츠의 가격이 지나치게 높다고 평가했다.

이러한 애플TV에 대한 불평은 예고된 것인데 잡스는 왜 이런 형태의 TV를 고집했던 것일까? 결론적으로 애플TV는 잡스에게 애플 제품의 허브 개념이었을 뿐 완벽한 스마트TV의 구현은 아니었다고 보는 것이 정확하다. 2007년에 애플TV를 발표하면서 "무선 네트워크를 통해서 컴퓨터에 저장되어 있는 콘텐츠를 편하게 TV로 볼 수 있게 하는 것이다."라고 언급한 부분은 주목할 만하다. 이 말은 당시 추구하는 애플TV가 기존의 IPTV처럼 다양한 채널로 이것저것을 보여주는 개념이 아님을 시사한다.

또한 다른 스마트TV와 달리 애플TV에는 웹 검색 기능이 없는데, 굳이 TV로 웹 검색을 하는 사람은 거의 없을 것이라는 판단의 결과물이다. 궁금한 정보가 있다면 바로 찾아볼 필요가 있겠지만 지금의 웹브라우저 형태로 검색하는 것은 TV에 부적합하다. 따라서 TV 크기와 단순함에 맞춘 TV용 웹브라우저가 필요하다. 애플이 셋톱박스 형태의 스마트TV를 먼저 선보인 것은 이런 주변 환경이 아직 갖춰지지 않았기 때문이다. 게다가 TV는 자주 교체하는 가전제품이 아니다. 평균 7년 이상 사용한다고 봤을 때 당장은 완제품의 스마트TV보다는 셋톱박스 형태가 더 대중화에 적합하다고 판단한 것이다.

또 하나 간과해서는 안 되는 것이 바로 동기화의 강화와 아이클라우드에 대한 실험적인 도전이다. 애플TV에 저장 매체가 없는 것은 가격을 낮출 뿐 아니라 아이클라우드를 시험적으로 테스트하고자 했던 의도가 담겨 있다. TV는 성격상 관리나 보안 프로그램을 설치하는 행위들이 발생되면 안 된다. 그렇기 때문에 클라우드 형태로의 접근이 아주 중요하다. 아직까지는 미완성 수준인 애플TV가 성공적이지는 못했지만 애플 입장에서는 매우 유의미한 제품인 것이다.

기존의 방송 체계에 익숙한 소비자들에게는 이 모든 것이 불편할 수 있지만 차기 모델부터는 차츰 개선될 것으로 전망된다. 특히 셋톱박스 형태가 아닌 TV 안에 셋톱박스가 들어간 형태의 애플TV가 출시된다면 그야말로 세상을 놀라게 할 것이다. 그렇게 된다면 지금의 답답한 웹브라우저 대신 심플하고 검색이 쉬운 TV용 웹브라우저를 도입할 것이며, IPTV의 장점까지 흡수할 것으로 예상된다. 물론 다른 애플 제품과의 동기화도 여전히 장점으로 살릴 것이며, 아이튠즈의 홈 공유를 통해서 컴퓨터의 자료들도 볼 수 있게 될 것이다. 무엇보다도 모든 가전제품의 허브 역할을 하게 될 가능성이 높다. 클라우드를 통해서 자신이 구입한 가전제품에 대한 모든 정보를 언제든지 볼 수 있고 통제도 가능해질 것이다.

한편 구글은 스마트TV에서 이와 같은 목적을 달성하고자 끊임없이 노력하고 있다. 구글의 목적은 휴대전화와 같이 구글TV에도 구글의 OS를 설치하여 많은 사람들이 구글의 검색 기능을 사용하게 함으로써 구글이 보내는 광고를 보게끔 하는 것이다. 그래서 구글의 스마트TV는 많은 연합군과 함께 시장 쟁탈전에 뛰어들었다.

하지만 스마트TV에서는 기존 휴대전화와 다른 전략을 쓸 가능성이 높다. 안드로이드 OS는 안드로이드 마켓뿐만 아니라 각 통신사와 제조사별로 애플리케이션 마켓이 따로 성장을 했다. 이처럼 다양한 애플리케이션 마켓은 구글에게 눈엣가시와 같은 존재다. 광고 수익을 내기 위해서는 마켓이 구글의 통제를 받아야 하는데 실질적으로 그렇지 못하기 때문이다. 더욱이 TV는 모바일보다 광고 시장이 더 큰 매체다. 따라서 휴대전화처럼 모든 제조사가 마음대로 TV용 앱스토어를 만들어서 사용하게 하지 않을 확률이 높다. 만약 앱스토어를 사용하더라도 구글의 광고 전략을 활용할 수 있는 방향으로 진화할 가능성이 높다. 그래야 스마트TV를 통해 구글이 광고 수익을 얻을 수 있기 때문이다.

이처럼 애플과 다른 구글의 전략 중에서 애플과 겹치는 부분이 있다면 클라우드 형태로의 접근이다. 구글이 애플보다 클라우드 정책이 더 앞서고 있기 때문에 스마트TV에서도 구글의 데이터 센터를 이용하는 정책으로 꾸준히 변모하게 될 것이다.

애플이 두 번의 실수에서 깨달은 원칙

아이패드가 2010년에 출시된 배경에는 애플TV의 실패가 한몫을 했다. 셋톱박스 형태로 출시된 초창기 애플TV에는 하드디스크도 있었는데, 이 조건에서 299달러는 그리 비싼 가격이 아니었다. 더구나 PC에 있는 콘텐츠를 무선 네트워크를 통해 볼 수 있다는 장점에도 불구하고 소비자들은 외면했다. 그 이유는 기능에 비해 가격이 비쌌기 때문이다. IPTV를 통해서 다양한 채널을 볼 수 있고, 컴퓨터에 있는 자료를 보고 싶다면 노트북에 케이블을 연결하고 TV에 다시 연결하면 그만이었다. 귀찮기는 하지만 돈을 들이지 않고도 컴퓨터에 있는 자료를 TV로 볼 수 있는데 굳이 애플TV를 구매할 필요가 없었던 것이다.

아이튠즈를 이용한 전략은 장점이기도 했지만 단점이 되기도 했다. 아이튠즈을 잘 활용하는 사람들에게는 큰 장점이지만, 아이튠즈 콘텐츠에 매력을 느끼지 못하는 사람에게는 애플TV를 TV에 연결하는 것이 별 의미가 없었다. 결국 당시에는 애플TV의 콘셉트와 소비 방식의 개념이 약했기 때문에 실패한 것이다. 이는 아이패드의 출시와 사뭇 다르다. 아이패드는 포스트 PC로서 다양한 역할을 할 수 있다는 것으로 어필했다. 초창기 애플TV는 299달러를 들여서 구입해야 하는 목적성이 너무 약했다.

99달러짜리 셋톱박스로 시장을 열다

99달러 가격 정책은 소비자들로 하여금 심플하고 저렴한 가격의 애플TV를 부담 없이 구매할 수 있겠다는 생각을 갖게 했다. 더구나 단순히 제품만을 내놓은 것이 아니라 볼 만한 콘텐츠를 사전에 충분히 구비해둔 것이 장점이었다. 여러 콘텐츠 공급 업체와 계약함으로써 애플TV를 통해서 애플 서버에 있는 각종 콘텐츠를 구입해서 볼 수 있게 했다. 불필요한 저장 장치는 제거하고 스트리밍 방식으로 콘텐츠를 볼 수 있게 했으며, 에어플레이 기능을 이용할 경우 아이폰과 아이패드에 있는 자료도 TV를 통해 볼 수 있도록 배려했다. 물론 아이튠즈를 이용해 보는 것도 여전히 가능했다. 즉 애플TV는 모든 것을 연결하는 허브의 역할을 하는 매체로 콘셉트를 정리했다.

그리고 중요한 부분 중 하나는 아이폰으로 애플TV를 컨트롤할 수 있도록 한 것이다. 이 장점은 매우 크게 보인다. 그렇지 않을 경우 앞으로 진정한 스마트TV로 진화하는 과정에서 아주 복잡하고 사용이 불편한 리모컨을 써야 하기 때문이다. 스마트TV로 갈수록 버튼 형태가 아닌 터치 형태의 리모컨이 필요하다. 해야 할 일이 많기 때문인데 리모컨을 버튼 형태로 만들면 아주 많은 버튼이 필요하고 사용이 매우 복잡해질 수 있다. 그렇다고 터치 형태의 리모컨을 고가로 만들기는 곤란하다. 이를 해결할 수 있는 방법은 바로 소비자가 가지고 있는 아이폰이나 아이패드, 아이팟 터치에 리모컨 역할을 맡기는 것이다. 그럴 경우에는 애플TV가 상당 수준으로 진화해도 소비자들은 리모컨에 대한 불편 없이 TV를 즐길 수 있다.

물론 이런 형태의 애플TV를 우리나라에서 만나기는 쉽지 않아 보인다. 콘텐츠 확보 문제 때문인데, 대부분의 콘텐츠 공급이 미국 시장에 머물러 있어서이다. 최소한의 콘텐츠가 확보되지 않은 상황에서는 우리 시장에 애플TV를 판매하지 않을 것이다.

가전 시장에 대한 선전 포고

엄밀히 말해 지금의 애플TV는 스마트TV라고 할 수 없다. 스마트TV로 진화하기 위한 중간 과정일 뿐이다. 애플TV는 아직까지 스마트하지 않다. 하지만 애플TV는 지속적으로 스마트TV로 발전할 것이며, 지금까지 제기된 여러 단점들도 계속 보완되면서 소비자들에게 편리성을 제공할 것이다.

그렇다면 스마트TV로 가는 것이 애플에게 무슨 의미가 있는지 다시 한 번 생각해볼 필요가 있다. 왜 애플과 구글이 서둘러 완벽하게 준비되지 않은 스마트TV 시장에 진입하려고 애쓰는지도 살펴봐야 한다. 그 까닭은 TV라는 제품이 가정에서 차지하는 역할이 크기도 하지만, 화면이 큰 데다 고정된 기기라 항상 인터넷으로 연결이 가능하다는 장점을 가지고 있기 때문이다. 또한 애플과 구글이 취하는 클라우드 시장에서 개인용 클라우드의 중추적 역할을 컴퓨터가 아닌 TV가 해야 하기 때문이다. 그러므로 애플과 구글은 TV 시장을 사수하는 것이 얼마나 중요한지 알고 있기에 완벽하지도 않은 스마트TV를 들고서 싸움을 시작한 것이다.

현재 일반 소비자들은 스마트TV에 대해 인터넷이 가능하고 애플TV의 경우에는 영화나 방송 프로그램을 구매해서 볼 수 있는 매개체로만 생각하지만, 스마트TV의 발전은 훨씬 더 많은 편리함을 가져올 것이다. 사용자 인터페이스도 현재 나와 있는 형태에서 좀 더 세련되게 변화될 것이다. 애플TV는 아직 앱스토어를 사용하지 못하지만 이 부분도 개선될 것이다. 위젯widget 형태로 갖춰진 애플리케이션을 사용하게 될 것이며, 스마트TV에도 다양한 센서들이 부착되면서 여러 용도로 사용이 가능할 것이다. 물론 카메라 기능이라든지 동작 인식 센서나 음성 인식 기능 등은 조만간 스마트TV를 더 편리하게 사용할 수 있는 매체로 변모시킬 것이고, 중요한 것은 클라우드로 발전되면서 자신과 관련된 다양한 자료를 더욱 편리하게 TV로 볼 수 있게 될 것이다. 애플은 아이튠즈를 이용해서 컴퓨터의 자료를 TV로 볼 수 있게 했는데, 향후에는 아이튠즈뿐만 아니라 아이클라우드를 통해서도 자신과 관련된 자료를 언제 어디서든 TV로 볼 수 있을 것이다. 또한 필요한 경우 TV를 통해서 아이패드나 아이폰, 아이팟 터치로 자료를 전송할 수도 있게 될 것이다.

TV의 클라우드 연계는 가전 시장에 큰 변화를 몰고 올 것이다. 가정마다 무선 네크워크가 되기 때문에 집 안의 가전제품과 클라우드의 연계가 가능해진다. 클라우드를 통해서 집 안의 가전을 관리할 수 있을 뿐만 아니라 TV를 통해서도 이런 가전제품의 컨트롤이 가능해진다. 물론 가전제품마다 스마트TV의 OS에서 작동되는 어플을 개발해야 할 것이다. 이렇게 되면 세탁이 완료된 세탁기에서 음악이나 알람음이 나오는 대신 TV에서 세탁 완료 상황이 디스플레이되며, 세탁을 얼마나 자주 하고 물은 얼마나 소비하는지에 대한 데이터들이 클라우드를 통해서 관리될 것이다. 물론 이렇게 관리된 데이터는 향후 클라우드 업체에서 쇼핑 목록에 대한 분석 자료로 활용함으로써 각 개인에게 적합한 상품을 광고하는 데 사용될 것이다. 다소 먼 미래의 이야기일 수도 있지만, 스마트TV의 이 같은 위상 변화는 충분히 예상 가능한 내용이다. 가전 업체들은 스마트TV의 OS에 맞춰서 관련 프로그램을 개발해야 하며, 이런 애플리케이션이 지원되지 않는 가전제품들은 소비자들이 불편해하며 멀리하게 될 것이다.

현재는 방송 프로그램이나 영화를 보여주는 역할을 주로 하지만 스마트TV의 발전 방향은 매우 다양하다. 사람들은 스마트TV로 생활의 편리함뿐만 아니라 다양한 엔터테인먼트를 즐기게 될 것이다. 이런 관점에서 애플도 셋톱박스뿐만 아니라 대형 화면의 애플 스마트TV를 출시할 수밖에 없다. 다만 아직 주변 환경이 충분히 갖춰져 있지 않기 때문에 스마트TV의 출시를 주저할 뿐이지 환경만 갖춰지면 스마트TV 시장에서 더욱 치열한 싸움이 벌어질 것으로 보인다.

프린터, 앱스토어로 들어오다

OS를 가진 기업의 이점은 가전제품들이 스마트TV와 연계하기 위해서는 해당 OS와 연계해야 하기 때문에 자연스럽게 가전이 OS에 종속될 수밖에 없다는 데 있다. 애플과 구글의 OS 시장이 점차 확대될수록 가전 업계들은 점점 더 이런 기업에 종속되는 상황이 발생한다. MS가 윈도로 전 세계 시장을 점령하기 위해서 사용했던 방법 중 하나는 각종 하드웨어의 드라이브를 윈도 설치 프로그램 안에 넣어버린 것이다. 이로써 소비자들은 하드웨어 설치 프로그램을 따로 작동시키지 않아도 바로 그 하드웨어를 사용할 수 있게 되었다. 처음에는 MS가 각 하드웨어 업체에 요청해 드라이브를 받아서 윈도에 심었지만 윈도의 영향력이 커질수록 이런 관계는 역전되었다. 하드웨어 업체가 MS에게 자기 제품의 드라이브를 윈도에 넣어달라고 요청하기에 이른 것이다. OS가 하드웨어를 점령하는 전형적인 사례였다.

스마트TV 분야에서도 같은 현상이 발생할 것이다. 각 가정에서 사용하는 온갖 가전제품에 대한 앱을 스마트TV에서 다운받을 수 있도록 개발해 앱스토어에 올려두어야 하는 상황이 발생하는 것이다. 삼성같이 가전제품까지 모두 만드는 기업은 이런 작업이 훨씬 수월할 수 있다. 어쩌면 삼성 가전제품에 대해서는 애플리케이션을 따로 다운받을 필요 없이 기본적으로 설치가 완료된 제품으로 출시될 가능성이 있다.

프린터 시장을 보면 이런 현상이 조만간 찾아오리라는 것을 짐작할 수 있다. 아이폰 앱스토어에는 HP 프린터를 작동시킬 수 있는 어플이 올라와 있다. 이 어

플만 설치하면 아이폰에서도 얼마든지 무선 네트워크를 통해서 프린터를 작동
시킬 수 있다. 대신 무선 네트워크가 된 프린터여야 하지만, 이것은 다른 가전제
품에도 똑같이 적용 가능하고 소비자들로 하여금 가전제품을 바꾸게 하는 좋
은 마케팅 유인책이 된다. 무선 네트워크를 가전제품에 담고 다시 스마트TV와
연계함으로써 소비자들에게 또 다른 편리함을 선사해주는 것이다. 각 가전제품
의 애플리케이션이 해야 할 일은 제품마다 다르겠지만 좋은 애플리케이션을 통
해서 소비자들에게 더욱 편리함을 선사해줄 수 있다면, 소비자들이 해당 가전제
품을 구입하는 또 다른 기회도 창출하게 된다. 진정한 스마트TV의 발전과 보급
은 가전제품 시장에서 큰 변화로 다가오게 되고, 오래전부터 예언되어온 미래 모
습의 한 부분이 완성되는 것이다.

06

2007년 아이폰을 간과하다

스티브 잡스가 아이폰을 처음 소개한 것은 2007년 1월 9일 미국 샌프란시스코에서 열린 맥월드 2007에서였다. 그리고 2007년 6월 29일부터 미국 AT&T 대리점과 애플 대리점에서 아이폰 판매를 시작했다. 이어서 아이폰용 개발 툴인 SDK는 2008년 3월에, 아이폰3GS와 앱스토어는 2008년 7월에 순차적으로 공개했다. 애플은 잡스의 계획에 따라 아이폰을 단계별로 공개하고, 필요한 개발 툴과 각종 프로그램을 다운받을 수 있는 어플 시장인 앱스토어도 계획대로 열었다.

2007년 아이폰을 주의 깊게 살폈더라면 피처폰의 종말과 스마트폰 세상의 시작을 알 수 있었을 것이다. 마찬가지로 당시 대세였던 감압식 터치폰 대신 아이폰 같은 정전기 방식의 터치패널과 섬세한 사용자 인터페이스가 대세를 이루리라는 것도 직감할 수 있었을 것이다. 하지만 대부분의 휴대전화 개발 업체에서는 이러한 애플의 동향에 대해 무관심했다. 애플의 정책에 대해서도 전혀 관심을 갖지 않았다. 개발 툴을 공개했을 때도, 앱스토어를 열었을 때도 휴대전화 개발 업체들은 별로 관심을 보이지 않았다. 이는 언론 매체들도 다르지 않았는데, 그들은 노키아와 삼성, LG의 피처폰 판매량 증가와 점유율 소식에만 열을 올렸다.

이런 현상은 단기 업적주의와 현실만 평가하는 제도에 문제가 있다는 것을 의미한다. 분명 각 기업 내부에서도 애플의 도전에 위협을 느끼고 대응에 나서야 한다는 목소리가 있었을 것이다. 다만 이런 목소리가 밖으로 나오지 못하고 속으로만 외치고 마는 메아리로 끝났을 가능성이 높다. 당장 현실은 피처폰이 전 세계 시장을 휩쓸고 있었고, 다가오는 미래의 모습은 눈에 보이지 않았을 것이다. 더구나 휴대전화 제조사는 하드웨어 개발과 마케팅에 집중했기 때문에 OS의 힘을 깨닫지 못했고, OS의 중요성을 아는 사람도 소프트웨어 개발자 정도여서 정책이나 전략에 영향을 줄 수는 없었다. 이런 의미에서 잡스가 생전에 언급한 다음의 말은 우리가 새겨들어야 할 대목이다.

> "매킨토시가 성공할 수 있었던 가장 큰 이유는 세계 최고의 컴퓨터 전문가로 거듭난 음악가, 화가, 시인, 동물학자, 역사가들이 함께 참여했기 때문이다."

애플이 아이폰으로 승승장구할 때 거기에 대응할 수 있는 OS가 없어서 마음고생을 하던 지난 시절을 반복하지 않으려면 최소한 잡스의 구상만큼은 따라잡아야 한다. 잡스는 단순히 성능 좋은 소프트웨어만 구사한 것이 아니라 사용자들의 감성까지 끌어올릴 수 있는 소프트웨어와 콘텐츠를 생각했다. 그중 어느 한 가지라도 부족했다면 지금처럼 애플이 세상을 바꾸는 일은 결코 일어나지 않았을 것이다.

HTC, 노키아를 넘어서다

2011년 4월 6일, 대만의 작은 기업이었던 HTC가 시가총액으로 거대 기업인 노키아를 넘어섰다. 불과 2~3년 전에는 생각도 할 수 없었던 일이 일어났지만 언론과 시장의 반응은 담담했다. 이미 예고된 상황이었기 때문이다. 아무리 세계 시장을 거느렸던 노키아일지라도 시장 변화에 재빨리 대응하지 못하면 무너지게 마련이며, 아무리 이름 없고 작은 기업인 HTC라도 시장 변화에 신속히 대응하고 변화에 참여한다면 노키아를 이기는 일쯤은 이상한 일이 아니었다. HTC의 이 같은 성장은 실패에 대한 두려움이 없고 세계 최고가 되고자 하는 욕심이 있었기에 가능했다.

사실 최초의 구글폰인 G1은 구글이 한국 기업에 먼저 제의한 사업으로 알려져 있다. 한국 기업이 이 제의를 거절했던 이유는 OS의 중요성에 대한 인식 부족과 구글의 도움 없이도 좋은 제품을 만들 수 있다는 자신감 때문이었다. 하드웨어는 항상 OS와 최적화 작업을 해야 제대로 된 성능을 발휘한다는 인식이 부족했고, 굳이 구글과 손 잡지 않아도 좋은 스마트폰을 만들 수 있다는 자신감이 화근이 된 것이다.

결국 구글은 한국 기업을 뒤로 하고 HTC와 손을 잡았고, ODM으로 다른 기업의 제품이나 만들던 HTC는 단숨에 최적의 스마트폰을 만들 수 있는 기술을 확보하게 되었다. 또한 구글의 OS 관련 최고의 엔지니어들과 함께 파트너십을 유지함으로써 HTC는 구글의 안드로이드 OS에 최적화된 제품을 만들 수 있다는 자신감까지 얻었다. G1의 성공 이후 디자이어, 디자이어HD 등 신제품을 계속 출시하면서 HTC는 스마트폰 분야의 강자로 우뚝 서게 되었다. 2010년 스마트폰 시장점유율에서 HTC는 8.5퍼센트로 5위를 차지할 정도로 성장했다.

앞으로 안드로이드 OS가 계속 시장을 확대하면 할수록 HTC의 성장은 더 빠른 속도를 낼 것이다. 세상이 변화하는 것에 대해서 얼마나 빨리 이해하고 받아들이느냐가 생존의 핵심 법칙임을 다시 한 번 알려준 사례다. 모든 사람들의 관심이 피처폰에만 쏠려 있을 때 아이폰이 먼저 스마트폰이라는 시장을 열었고, 그런 시장으로 변화할 것에 대해 이해하고 준비를 한 HTC는 이 변화의 물결을 타고 급성장할 수 있었다.

MS의 힘든 싸움

MS는 아직까지도 데스크톱 컴퓨터 분야에서 최고의 OS를 보유하고 있으며, 전 세계 90퍼센트의 시장점유율을 자랑한다. 하지만 비약적으로 커나가는 시장인 모바일 분야에서는 애플과 안드로이드에게 계속 밀리고 있다. 애플과 안드로이드보다 먼저 모바일 OS를 시작했지만 모바일 분야에서는 소비자들의 머릿속에 깊은 인상을 남기지 못했다. 그 이유는 무엇일까?

MS의 모바일 OS 개발은 2000년에 포켓PC2000으로 시작했다. 하지만 우리 머릿속에 남아 있는 윈도모바일 OS는 삼성의 옴니아폰에 실었던 윈도모바일6.1부터다. 이후 사람들은 윈도모바일7을 크게 기대했으나 생각보다 개발이 늦어지면서 윈도모바일6.5가 중간에 출시되었다. 기대했던 윈도모바일7은 윈도폰7이라는 명칭으로 2010년 10월에 전 세계에 시판되었다.

우리나라의 초창기 스마트폰은 모두 윈도모바일 OS를 설치한 제품들이었다. 이때의 스마트폰은 도스 시절 컴퓨터를 사용하는 듯한 느낌을 주었다. 필요한 어플을 찾아 지금의 PC에서 프로그램을 설치하듯이 깔아야 했으며, 이렇게 작업을 하다가 잘못하면 프로그램끼리 충돌을 일으켜 포맷시키고 처음부터 다시 깔기도 했다. 초창기 제품은 컴퓨터를 잘 모르거나 컴퓨터를 알아도 이런 노력을 기울일 자신이 없는 소비자라면 감히 스마트폰을 구입할 엄두도 내지 못했으므로 대중화될 수 없었다. 윈도모바일6.1로 넘어오면서 스마트폰 사용이 좀 더 편해지긴 했지만 2007년에 나온 애플의 아이폰에 비하면 불편함을 이루 말할 수 없었다. 윈도모바일6.1이 2008년 4월에 공개되었는데, 약 1년이나 늦게 출시되었는데도 아이폰에 비해서 상당히 불편한 OS였다.

게다가 윈도폰7의 개발이 지연되면서 2009년 5월에 공개된 윈도모바일6.5는 터치스크린에 맞게 사용자 인터페이스가 상당히 개선되었다. 하지만 소비자들은 이미 애플과 안드로이드를 통해서 크게 눈높이가 올라간 상태였다. 그래도 많은 사람들은 기다렸다. 세계 최고의 OS 기업인 MS가 준비하고 있는 윈도폰7은 무언가 다른 혁신적인 제품으로 애플의 아이폰을 뛰어넘을 수 있을 것이라고 기대했다.

윈도폰7은 이전의 정책과 달리 하드웨어에 대한 최소 사양을 제시했다. ARMv7 [7] 기반의 프로세서, 정전기식 멀티 터치스크린, 500만 화소 이상의 카메라, 가속도 측정기, 지자기(나침반) 센서 등이 있는 하드웨어에서만 작동이 가능하다는 조건이었다. MS의 이런 전략은 갈수록 눈높이가 올라가는 고객들을 상대하기 위해서 소프트웨어뿐 아니라 하드웨어까지 소비자들의 눈높이에 맞춰야 한다는 고심 끝에 나온 결과물이었다. 더 이상 제조사 마음대로 개발하게 두어서는 스마트폰 시장에서 살아남을 수 없음을 인식한 것이다. 이는 기존의 MS 정책과 배치되고 애플과 구글의 정책을 따라한 것이다. 하지만 결과적으로 윈도폰7의 성능은 사람들의 기대에 미치지 못했다. 늦게 출시된 만큼 소비자들은 혁신적인 무언가를 기대했지만 기존에 나와 있던 애플과 안드로이드 수준을 뛰어넘지 못했기 때문이다.

결국 소비자들은 모바일 분야에서만큼은 MS를 떠나고 있다. 반면 구글은 2005년 안드로이드를 인수했다. 구글이 안드로이드 사를 인수한 것은 매우 적

---

7. 반도체 코어 설계 업체에 기술을 라이센싱하는 ARM이 2005년에 개발한 'Cortex' 아키텍처를 말한다. Cortex는 기존 ARM의 프로세스와 제어 측면에서는 큰 차이가 없지만 데이터 처리 속도 측면에서 많이 향상되었으며 NEON이라는 미디어 엔진 가속기가 내장되어 있다.

절한 선택이었다. 구글은 안드로이드를 인수함으로써 모바일 분야에 대한 주요한 플랫폼을 확보하게 되었다. 이로써 애플이 아이폰으로 모바일 시장을 점령하려고 할 때 대응할 수 있는 무기를 확보한 셈이고, 결국 전 세계 제조사가 무료 오픈 소스인 안드로이드를 이용해 스마트폰을 제조하여 판매하게 할 수 있는 지배력을 얻은 것이다. 구글의 안드로이드 사 인수 금액은 정확히 알려지지 않았지만 5,000만 달러 이하일 것으로 추정되는데, 구글이 이 회사를 인수함으로써 벌어들인 돈은 10억 달러가 넘을 것이다. 기업의 미래 예측이 얼마나 중요한지 새삼 깨닫게 해주는 대목이다.

MS가 모바일을 놓친 이유

MS가 모바일 분야에서 이렇게 다른 OS 업체보다 뒤처진 이유는 여러 가지로 생각해볼 수 있다. MS는 처음부터 모바일에 대해서는 개인보다는 기업에 더 치중했다. 전문가들도 MS의 모바일 OS를 사무용으로 사용한다면 매우 좋다는 평가를 내리고 있다. 이렇게 사무용에 강한 이유는 MS오피스라는 막강한 오피스 프로그램이 잘 구비되어 있기 때문이다. 하지만 지금의 개인들은 스마트폰을 사무용으로만 사용하지 않는다. 오히려 일상생활을 더욱 편하게 할 수 있는 분야나 게임, 책을 읽는 데 더 많이 사용한다. 또한 MS는 기본적으로 DOS 시절 텍스트 기반의 OS에 대한 성향이 남아 있다. 초창기 MS의 윈도모바일 OS를 써본 사용자라면 이런 의미를 잘 알 것이다. 윈도폰7으로 가면서 상당한 수준으로 발전했지만 기존 제품에서는 이런 성향을 충분히 느낄 수 있었다. 게다가 아직까지 윈도폰7에 대한 프로그램이 많지 않다. 사용할 수 있는 애플리케이션이 절대적으로 부족한 것이다.

소비자들은 지금 자신이 사용하는 것보다 더 좋지 않다면 구매 대상을 바꾸지 않는다. 그래서 MS는 갈수록 더 어려운 싸움을 해야 할 것이다. 더 혁신적인 다른 것을 내놓아야 하는데 OS만 가지고는 그렇게 하기 어려울 것이며, 구글처럼 OS 판매 수익이 아닌 광고 수익으로 회사를 운영하는 것도 아니기 때문에 다른 기업보다 더 많은 어려움에 직면해 있는 것이다.

이렇게 MS가 애플보다 혁신이 늦어진 것은 우리 기업들과는 반대로 지나치게 소프트웨어에만 집중했기 때문이다. 한때는 하드웨어가 강조되었던 시대였고, 이후에는 소프트웨어가 하드웨어를 지배한 시대였다, 그리고 지금은 하드웨어와 소프트웨어가 조화해 발전하는 시대에 이르렀다. 오직 '소프트 파워'의 시대는 아니다. 이 같은 시대 변화의 조류를 늦게 깨달았으며, 또한 소비자의 욕구에 대한 분석이 상당히 늦은 점이 MS가 현재 모바일 시장에서 고전하게 된 원인이다.

Part 4

아이클라우드, 잡스가 꿈꿨던 마지막 선택

iCloud

애플 안에 사는
세상을 만들어라

스티브 잡스의 오래된 전략 중 하나는 소비자가 일단 애플의 세계에 들어오면 빠져나가지 못하게 하는 것이다. 소비자들로 하여금 오직 애플 제품만 쓰게 하고 애플 안에서 머물게 하는 전략이다. 과거 애플 컴퓨터 시절에 이런 전략의 실패로 큰 시련을 겪기도 했으며, 많은 컴퓨터 전문가들로부터 비판을 받기도 했다. 애플 제품은 호환성이 나빠서 사용하기가 불편하다거나 사용할 수 있는 프로그램이 별로 없다는 등의 비판을 들었으며, 실제로도 애플 제품은 이런 단점을 지니고 있었다. 지금도 이 부분에 대한 비판은 변함이 없다. 애플은 여전히 다른 제품과의 호환성을 인정하지 않고 있다. 애플 안으로 들어오거나 애플 밖의 세상에서 지내라는 전략이다. 굉장히 오만한 전략이지만 만약 이 전략이 성공해서 소비자들로 하여금 애플의 성 안에 머물며 즐길 수 있게 만든다면, 소비자들은 절대로 애플을 떠날 수 없게 된다.

이를테면 아이폰 사용자가 필요에 의해 새로운 스마트패드를 구입하려고 할 때 아이패드 외의 다른 제품을 쓰기는 힘들다. 왜냐하면 아이패드는 아이폰과 서로 호환이 잘되기 때문에 편하게 쓸 수 있지만 다른 제품을 구입하면 스마트폰과 스마트패드가 따로 놀아 사용이 불편하다. 반대로 안드로이드 OS의 제품은 그렇지 않다. 삼성의 갤럭시S를 가지고 있을 때 굳이 갤럭시탭을 구입할 필요는 없다. 구글의 허니콤honeycomb[1]이 설치되어 있는 모토로라의 줌을 사용해도 전혀 불편함이 없다. 제조사는 달라도 기기 안에 설치된 OS는 모두 구글의 제품이기 때문이다.

애플은 이런 방식으로 소비자들에게 선택권에 대한 문제를 던지기 때문에 소비자 입장에서 처음에는 상당한 고민이 필요하다. 안드로이드 계통의 스마트패드를 구입하면 아이폰과 호환이 되지 않기 때문에 스마트패드의 성능을 100퍼센트 활용하지 못하게 된다. 그렇다고 아이폰을 안드로이드폰으로 바꾸기도 쉽지 않다. 여기서 소비자는 상당히 고민하면서 제품을 선택하게 된다. 애플은 이 부분을 잘 알고 있다. 정확하게 애플의 노림수다. 따라서 소비자가 이 같은 상황에 놓였을 때 아이패드를 선택하게끔 유인하고자 애플은 많은 노력을 기울인다. 물론 이런 이유로 소비자가 애플을 떠날 수도 있다. 과거에 애플이 실패했던 것처럼 호환성이 나쁘다는 생각이 들면 아이폰을 떠나서 안드로이드 OS로 넘어갈 수도 있다.

소비자가 안드로이드 OS로 넘어가지 않고 아이폰에 이어 다시 아이패드를 구입한다면 애플은 더더욱 굳건한 위치를 점유하게 된다. 아이폰과 아이패드까지 구축되었을 경우 다른 IT 제품을 구입해야 할 때 애플 제품을 쓰지 않는다면 그 불편함이 더 커지기 때문이다. 아이폰과 아이패드 연합군은 다른 IT 기기들까지 모두 애플의 제품을 쓰게 만드는 계기로 작용한다. 국내 시장에서 애플의 매킨토시 OS 점유율을 보면 쉽게 이해할 수 있는데, 2011년 3월에 처음으로 매

---

1. 안드로이드 허니콤은 태블릿 전용 운영체제다.

킨토시 OS 점유율이 1퍼센트를 넘어섰으며 맥북은 1/4분기 동안 기존에 없던 판매량 증가율을 보이기도 했다. 특히 맥북에어는 2010년 4분기에 아시아 시장에서 11인치와 13인치 제품을 110만 대나 판매하기도 했다.

이런 수치들이 아주 작아 보이지만 기존 MS 윈도의 점유율을 생각한다면 엄청난 변화다. 특히 우리나라에서는 윈도를 사용하지 않으면 인터넷뱅킹은 물론 대부분의 홈페이지도 제대로 보기 어려운 구조인데도 매킨토시 OS의 점유율이 증가하는 것은 매우 의미 있는 현상이다. 또한 이것은 애플이 그동안 펼쳤던 전략이 성공적으로 안착해가고 있음을 보여주는 현상이기도 하다. 하지만 이러한 현상은 소비자 권익 입장에서 적지 않은 문제가 되기도 한다. 다행히 애플이 만들지 않는 제품이라면 여러 기업 제품들을 비교해서 구입할 수 있겠지만, 애플이 출시하는 제품군에 대해서는 다른 기업의 제품들을 아예 고려해보지도 못하고 애플 제품만을 써야 하는 것이다. 구매의 선택권을 가진 소비자들에게 이런 선택권을 빼앗는 셈이다.

이런 측면에서 아이패드2의 가격 정책은 매우 의미심장한 부분이다. 폭발적으로 확대되는 스마트패드 시장에서 소비자들이 아이패드를 선택하게끔 유인하는 정책으로 아이폰과 아이패드의 연합군을 안정적으로 구축하면서 향후 출시되는 애플 제품들에 대해서 더 호의적으로 받아들일 수 있도록 환경을 조성해가고 있는 것이다. 애플이 계속 자사 제품 안에 소비자들을 가두는 정책을 성공적으로 이끌어간다면 결국 아이클라우드 시장까지 연결되고, 애플이 클라우드 시장을 독점할 경우 소비자는 원하지 않아도 애플 제품만을 사용할 수밖에 없다. 물론 이 가정은 애플이 지속적으로 성공한다는 전제하에 가능한 이야기이지만, 이 상황이 온다면 소비자 입장에서 선택권은 사라지게 될 것이다.

원 디바이스 원 플랫폼 정책

스티브 잡스의 고집스러운 면모를 볼 수 있는 부분이 바로 원 디바이스 원 플랫폼 정책이다. MS는 윈도라는 OS를 모든 제조사에 판매하면서 세계에서 가장 큰 기업으로 성장했고, 구글도 안드로이드 OS를 무료로 공개해 단숨에 스마트폰 OS 시장에서 점유율 22.7퍼센트(2010년 전체)를 차지하면서 노키아의 심비안에 이어서 2위를 기록했다. 노키아가 심비안을 포기하고 MS의 윈도폰7을 선택한 이상 심비안의 점유율은 의미가 없어졌지만, 결국 안드로이드가 조만간 스마트폰 OS 시장에서 전체 1위를 하는 것은 시간문제다. 안드로이드의 OS 점유율이 이렇게 높은 것은 무료로 모든 스마트폰 제조사에게 제공했기 때문이다. 만약 그 자체도 훌륭한 매킨토시 OS를 MS와 같은 방식으로 판다 해도 큰 수익을 낼 수 있다. 애플의 매킨토시 OS의 직관적인 사용자 인터페이스는 윈도에 익숙한 사용자들에게는 처음에 낯선 OS로 다가오지만 일단 쓰기 시작하면 그 편리함에 쏙 빠져들게 된다. 아이폰의 OS를 판매한다고 하면 MS의 윈도폰7의 두 배 가격을 주더라도 구입하려는 기업들이 널려 있다. 그럼에도 애플은 끊임없이 원 디바이스 원 플랫폼 정책을 고집한다.

잡스는 대단히 고집스러운 사람이었다. 또한 세계의 여러 기업을 분석하고 비교하는 회사들이 제시하는 지표들을 별로 중요하지 않게 생각했다. 이런 지표를 중요시했다면 이런저런 정책들을 많이 바꿨을 것이다. 눈에 보이는 지표가 변화 없이 제자리를 지키는 상황에서 조용히 있을 기업은 세상 어디에서도 찾기 어려울 것이다.

잡스가 원 디바이스 원 플랫폼 정책을 고수했던 이유에는 여러 가지가 있겠지만 우선적으로 꼽을 수 있는 것은 욕심이다. 애플에서 만든 훌륭한 OS를 쓰고 싶으면 애플에서 만든 제품을 쓰라는 말로서, 이 부분에는 애플랜드에 소비자를 가두고자 하는 그의 욕심이 담겨 있다.

 아이클라우드, 그다음의 충격

[표3] 스마트폰 OS 점유율 현황　　　　　　　　　　　　　　　　(단위: %)

연도 스마트폰 OS	2008년	2009년	2010년				전체
			1분기	2분기	3분기	4분기	
노키아 심비안	52.4	46.9	44.3	41.2	36.6	32.6	37.6
구글 안드로이드	0.5	3.9	9.6	17.3	25.5	30.8	22.7
림Research In Motion	16.6	19.9	19.4	18.2	14.8	13.7	16
애플 iOS	8.2	14.4	15.4	14.2	16.7	16	15.7
MS	11.8	8.7	6.8	5	2.7	3.4	4.2
리눅스	7.6	4.7	3.7	2.4	2.1	1.2	2.2
바다	0	0	0	0.9	1.1	2	1.2
Web OS	0	0.7	0.6	0.7	0.3	0.2	0.4
팜Paim OS	1.8	0.3	0	0	0	0	0
Other OS	1.1	0.3	0.1	0	0	0	0
Maemo	0	0	0	0.1	0	0	0
총 합계	100	100	100	100	100	100	100

*자료: 신한금융투자

　　그리고 이런 정책을 끊임없이 추구했던 또 하나의 이유는 다른 제조사와의 경쟁 구도를 완전히 무너뜨리기 위해서였다. OS가 없다면 IT 기기는 생명력 없는 고철 덩어리일 뿐이다. 아무리 멋있는 새 제품일지라도 OS가 떨어진다면 아무런 쓸모가 없다. 우리가 사용하는 내비게이션이나 PMP에도 OS가 들어가 있다. 아주 단순한 작업을 하는 도구는 임베디드 시스템을 통해서 제어가 가능하지만, 우리가 편리하게 사용하는 IT 기기는 OS가 혈액을 공급하고 신경을 전달함으로써 살아 있는 제품으로 거듭날 수 있다. 이만큼 중요한 OS를 애플처럼 다른 제조사에 공급하지 않는 것은 중동에서 전 세계에 석유를 공급하지 않고 자신들이 가공한 석유 제품만 쓰게 하는 것과 같은 논리다. 석유가 나지 않는 우리나라는 별수 없이 이 제품들을 구입해야만 한다. 결국 애플은 원 디바이스 원 플랫폼 정책을 유지할수록 더 큰 이득을 볼 수 있을 뿐만 아니라 굉장히 긴 시간 독점이 가능해지며 다른 제조사들과의 격차를 더 크게 벌릴 수 있게 된다.

또 다른 이유로 OS를 공급하게 되면 다른 제조사를 끊임없이 지원해야 한다는 문제점도 있다. 최근 구글의 안드로이드에 대한 불만이 각 제조사에서 불거져 나왔는데, 바로 이 내용과 맞물린 부분이다. 각 제조사마다 나름의 경쟁력을 갖춘 제품들을 개발해서 시장에 출시하는데, 반드시 하드웨어와 소프트웨어의 궁합을 맞추는 작업을 진행해야 한다. OS를 제공한다면 애플은 이 작업을 지속적으로 전체 제조사를 대상으로 해줘야 한다. 이는 굉장히 부담되는 작업이며, 제대로 되지 않을 경우 제조사뿐만 아니라 소비자에게도 원성을 들어야 한다.

마지막으로 잡스가 원하는 방향대로 제조사가 움직여주지 않는다는 이유도 있었다. 자신의 OS를 가지고 자신이 생각한 대로 제품들을 만들어주면 좋지만, 그는 모토로라와 합작해 만든 뮤직폰으로 쓰라린 경험을 했다. 결국 잡스는 자신이 원하는 방향대로 세상을 움직이기 위해 자신의 OS에 최적화된 자신만의 디바이스가 필요했던 것이다. 애플이 다른 제조사에게 OS를 제공한다면 당장의 시장점유율은 급격히 올릴 수 있겠지만 잡스가 생각했던 미래를 만들어가는 일과는 더욱 멀어지게 되는 것이다.

하지만 최근 들어 아이폰에 대해서 단일 이통사와 계약을 맺는 정책을 변경한 것은 매우 의미 있는 변화다. 자신의 OS와 자신의 디바이스를 공개하지 않으면서도 협력 관계에 대해서는 얼마든지 열어두고 있음을 보여준 것이며, 애플도 자사의 제품 대중화를 위해서는 적극적으로 대응하겠다는 의지를 간접적으로 표현한 것이기도 하다. KT에서만 판매하던 아이폰을 SK에서도 팔게 되었고, 향후 모든 제품은 이렇게 다양한 루트를 통해서 소비자들에게 판매될 것이다. 물론 애플이 조절 가능한 범위에서 가능한 일일 것이다.

제품을 바꾸는 것이 아니라
세상을 바꿔라

지금과 다른 세상을 꿈꾸는 애플에게 현재의 디스플레이는 커다란 오점이 되고 있다. 애플이 아무리 좋은 아이폰을 내놓아도, 지금보다 더 뛰어난 아이패드를 출시해도 모두 다 2D의 평면 디스플레이라는 점이다. 인간을 닮은 제품을 추구하는 애플에게 지금과 같은 평면 디스플레이는 개선해야 하는 큰 과제다. 그렇다고 지금처럼 특수 안경을 쓰고 봐야 하는 3D 형태로 제작하지는 않을 것이다. 단순함을 추구하는 애플의 기업 철학에 비추어 안경을 쓰는 행위는 매우 번거롭기 때문에 그럴 바에는 아예 평면 디스플레이를 유지할 것이다.

두 가지의 가능성이 있는데, 안경을 쓰지 않는 3D 방식과 홀로그래피 방식을 생각할 수 있다. 홀로그래피 방식의 디스플레이도 연구소 단계에서는 상당한 기술 진전이 있다. 초음파를 이용해서 물리적으로 반응할 수 있는 수준까지 초

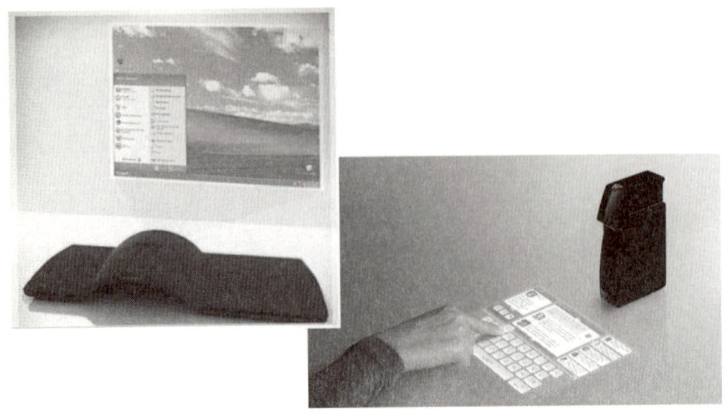

[사진6] 델의 홀로그래피 PC와 라이트 블루 옵틱스의 라이트 터치 상상도

구가 진행되었으며, 라이트 블루 옵틱스Light Blue Optics[2]에서 출시한 라이트 터치Light Touch[3]와 델이 발표했던 PC 콘셉트 디자인 프루트Froot는 홀로그래피 PC의 전 단계까지 기술이 발전했음을 보여준다. 홀로그래피를 이용해 휴대전화 메시지를 전달하는 기술이 동영상으로 촬영되어 유튜브You Tube에 공개되기도 했다.

연구소의 연구개발 결과를 실제 양산하기까지는 시간과 비용을 비롯한 여러 가지 문제점들이 산적해 있지만, 애플의 단점인 디스플레이는 분명히 변화가 필요한 부분이다. 다만 안경을 쓰지 않는 3D를 먼저 출시하고 홀로그래피로 넘어갈 것인지, 2D에서 바로 홀로그래피로 넘어갈지는 좀 더 고민을 해야 할 것이다. 비용적인 부분도 고려해야 하고, 그래픽의 변화에 따른 관련 프로그램들을 발전시킬 준비 기간도 필요하기 때문이다. 많은 프로그램 개발자들은 바뀐 디스플레이에 맞춰서 프로그램들을 다시 개발해야 하는데, 이러한 변화는 새로운 시장

---

2. 레이저 프로젝트 빛과 함께 터치 센싱 시스템이 갖춰진 프로젝션을 개발해 판매하는 기업으로, 라이트 터치(Light Touch), 라이트 스피드(Light Speed), 라이트 워크(Light Work) 등의 제품을 가지고 있다.

3. 홀로그래피 레이저 프로젝션 기술이 심긴 제품으로 버추얼 터치스크린을 통해서 어느 공간에서든 터치스크린을 만들어낼 수 있는 제품이다.

을 여는 동시에 기존 애플 제품의 시장 문은 닫는 형국이 될 것이다. 그런 관점으로 봤을 때는 안경을 쓰지 않는 3D를 건너뛰고 바로 홀로그래피 시장으로 넘어갈 확률이 높다.

어느 정도 예상되는 모습은 기본적으로 아이폰과 아이패드는 2D 디스플레이를 유지하고 애플TV에서 홀로그래피 디스플레이를 통해 아이폰과 아이패드의 각종 프로그램을 3차원으로 볼 수 있게 하는 것이다. 기술이 발달해서 아이폰이나 아이패드에서도 바로 홀로그래피를 볼 수 있게 하면 좋겠지만 가까운 시기에 그렇게 하기는 어려울 것으로 보인다. 결국 다른 매체가 홀로그래피의 역할을 해주어야 하는데, 애플TV가 홀로그래피까지 흡수해서 단순히 TV를 연결하는 매개체에서 디스플레이까지 담당하는 역할로 확대되는 것이 가장 합리적인 방법이다.

아이폰이나 아이패드의 에어플레이 기능을 이용해서 3D 입체영상으로 게임을 하고 영화를 보거나 전화통화도 할 수 있게 될 것이다. 이런 형태의 변화라면 상당히 가까운 시기에 애플이 제품을 출시할 수 있을 것으로 전망된다. 역시 문제는 충분한 콘텐츠 확보인데 애플이 뮤직 스토어를 열고 애플TV를 출시하면서 많은 방송 콘텐츠를 확보했듯이, 사전에 개발자들에게 관련 소스를 공개해 충분한 프로그램들이 앱스토어에 자리를 잡게 할 것이다. 그렇게 되면 엑스박스XBOX나 플레이스테이션, 닌텐도 같은 게임 업체들은 상당히 큰 타격을 입게 될 것이다. 3D 입체영상으로 즐기는 게임은 상상만 해도 상당히 흥분되는 일이다. 게임뿐 아니라 지도나 각종 영상물도 홀로그래피로 보게 된다면 전 세계가 다시 한 번 애플에 열광하게 될 것이다. 홀로그래피 시장으로 넘어가는 것은 단순히 차세대 디스플레이를 내놓는 것이 아니라 세상을 바꾸는 일이 될 것이다. 그것은 스티브 잡스가 그렇게 외쳤던, 세상을 바꾸는 일 중 하나일 것이다.

기존에 있던 모든 제품들이 홀로그래피 입체영상에 맞춰서 변화해야 하며,

프로그램도 개발되어야 하고, 캠코더나 사진기 등도 바뀌어야 한다. 컴퓨터에서 플로피디스크가 사라지고 CD가 사라지는 것처럼, 기존의 평면 세상은 사라지고 입체라는 새로운 시장이 열리기 때문이다. 세상을 바꾸고자 했던 잡스의 철학과 일치하기 때문에 애플은 홀로그래피 디스플레이 시장을 점령하려고 노력할 것이 분명하다.

애플로봇

애플의 제품 개발 동향을 살펴보면 하드웨어, 소프트웨어, 그리고 콘텐츠의 연결이라는 원칙을 철저히 지키고 있음을 알 수 있다. 이 중 어느 하나라도 부족하면 완벽한 애플 제품이 되지 못하는 것이다. 또한 애플 제품끼리는 서로 연계되고 호환이 되게끔 하고 있다. 애플 제품 간의 연계성은 애플랜드를 만드는 데 아주 중요한 요소이므로 차후 어떤 제품이 출시되더라도 이 원칙을 지켜갈 것이다. 에어플레이와 아이튠즈의 홈 공유 기능은 이런 원칙을 잘 보여준다.

이런 관점으로 봤을 때 애플로봇(강아지가 될 확률이 높음)은 출시 가능성이 매우 높은 제품이다. 로봇이라는 하드웨어가 있고, 이 하드웨어를 움직이기 위해서는 애플의 OS가 필요하며, 마지막으로 생명을 불어넣을 수 있는 애완동물이라는 콘텐츠가 있기 때문이다. 따라서 콘텐츠의 개념을 크게 볼 필요가 있다. 우리가 아는 음악, 영화, 책, 스토리가 콘텐츠의 전부는 아니다. 제품에 생명을 불어넣을 수 있는 것은 무엇이든지 콘텐츠가 될 수 있다.

애플로봇이 출시된다면 애플의 모든 제품과 연결할 수 있으며, 애완동물이 했던 많은 일을 이 로봇이 담당할 확률이 높아진다. 예를 들어 똑똑한 강아지가 마당에 떨어진 신문을 물고 집 안으로 들어왔다면, 이제는 새로운 소식이나 정보를 애플로봇이 애플TV를 통해서 보여줄 수 있게 된다. 살아 있는 애완동물이 했던 일을 디지털 방식의 정보에 한해서는 애플로봇이 대신하게 되는 것이다.

물론 집을 지키는 일도 가능하다. 집 안에 있는 와이파이를 통해서 언제든지 집 안 상황을 보여줄 수 있으며, 확인되지 않은 낯선 사람이 침입할 경우 경고 문자를 보낼 수도 있다. 애플은 얼굴 인식에 대한 기술도 확실한 상황이다. 게다가 여느 애완동물처럼 먹이를 주거나 배설물을 치우는 일도 할 필요가 없으며, 로봇청소기가 그러하듯이 배터리가 떨어지면 스스로 충전을 할 것이다. 음성 인식에 대한 기술이 좀 더 발전하면 리모컨의 도움 없이 말로 의사를 전달할 수 있으며, 애플과 연계된 모든 가전을 애플로봇으로 작동시킬 수도 있을 것이다. 여행을 다닐 때도 아주 요긴하게 활용될 텐데, 필요할 때 애플로봇의 배터리를 다른 제품에 연결해서 충전을 하거나 맥북에어를 작동시킬 수도 있고 차량을 지키게 할 수도 있다.

진짜로 살아 있는 강아지처럼 애교를 부리거나 혀로 주인의 손을 핥아주지는 못하지만 자신만이 가진 재능으로 간단한 애교나 귀여움을 부릴 수 있을 것이다. 많은 개발자들은 애플로봇이 더 많은 역할을 할 수 있도록 다양한 어플을 개발할 것이며, 애플로봇은 기대했던 것보다 더 많은 재능을 우리에게 보여줄 것이다. 물론 디자인은 애플의 콘셉트대로 심플하면서 귀여운 로봇으로 탄생할 것이다. 이런 애완동물은 절대로 크면 안 된다. 배터리 문제도 있지만 가격 때문에라도 큰 모델로 나오지는 않을 것이다. 사람의 두 손에 올려놓을 수 있는 크기가 될 것이다.

로봇 기술은 우리가 생각하는 것보다 훨씬 발전해 있다. 2010년 SEMICON KOREA(반도체 장비 전시회장)에서는 반도체 웨이퍼 이송용 로봇 개발 업체가 샘플로 실제 강아지 크기의 로봇을 만들어서 전시하기도 했다. 사람들은 이 업체에서 개발한 웨이퍼 이송용 로봇보다는 이 강아지를 보기 위해서 몰려들었다. 부드러운 관절 움직임과 사람 손에 대한 간단한 반응 등을 봤을 때 이런 애완용 강아지 로봇을 만들 날은 그리 멀지 않아 보인다.

이는 세상을 놀라게 하고 변화의 선두 주자가 되고자 했던 잡스의 욕망과 일치하는 부분이다. 물론 애플로봇이 제품으로 출시되기 위해서는 아직 여러 조건이 필요하다. 아이패드2의 경우 64GB 와이파이 버전의 가격이 699달러, 3G 버전은 829달러였다. 아이패드의 대중화가 가능했던 적정한 가격 수준이다. 애플로봇이 대중화되기 위해서는 이 가격대까지 내려와야 한다. 애플로봇에 들어갈 소프트웨어는 지금 당장도 큰 문제 없이 개발할 수 있을 것으로 보이지만, 하드웨어도 대중화 수준까지 도달했는지는 의문이다. 그런 문제점이 여전히 남아 있지만 애플이 도전할 가능성이 아주 높은 아이템이 바로 로봇이며 어마어마하게 큰 시장을 창출할 것이다. 다양한 액세서리 시장까지 생각한다면 애플로봇의 파급효과는 아이패드보다 훨씬 클 것으로 예상된다. 애플의 의지와 주변의 기술이 얼마만큼 빨리 성숙해지는가가 애플로봇의 출시 일정을 결정할 것이다.

애플의 혁신 주제는
인공지능이다

인공지능AI이라는 단어를 들으면 아톰이나 1999년에 개봉한 영화 〈바이센테니얼 맨〉에 나왔던 로봇들이 떠오르지 않는가? 로봇을 개발하거나 인공지능을 연구하는 곳에서는 그 정도 단계까지 만들어내는 것이 목표일지 모른다. 당장은 아니지만 언젠가는 인공지능의 기술이 그 목표에 도달할 것이다. 문제는 당장이 아니라는 데 있다.

인공지능은 철학적으로 인간이나 지성을 갖춘 존재, 혹은 시스템에 의해 만들어진 지능을 의미한다. 인공지능에 대한 철학적 접근은 여러 가지가 있는데, 일반적으로 우리가 인지하고 꿈꾸는 인공지능 개념은 강인공지능strong AI이다. 어떤 문제를 실제로 사고하고 해결할 수 있는 컴퓨터 기반의 인공적인 지능으로, 인간이 사고하는 것과 같이 컴퓨터 프로그램이 행동을 명령하고 사고 추론을 발전시킬 수 있는 인공적인 지능을 의미한다. 많은 인공지능 개발자들이 달성하고자 하는 목표가 이 단계일 것이다. 반면 약인공지능weak AI은 어떤 문제를 사고하거나 해결할 수는 없지만 미리 정의해둔 규칙의 모음을 이용해 지능을 흉내

내는 컴퓨터 프로그램을 의미한다. 현재까지 강인공지능의 발전은 무척이나 미약하지만 약인공지능 분야는 상당한 수준에 도달해 있다.

애플이 접근하는 인공지능은 바로 약인공지능 분야이다. 강인공지능에 대해서는 계속 연구가 필요하지만, 약인공지능은 지금의 기술로도 적용 가능하며 이 기술의 적용은 기존 기기들의 편리성을 상당히 끌어올릴 수 있다. 인공지능에 대한 일반인들의 인식 때문에 인공지능 분야 종사자들은 스스로가 인공지능 분야에서 일한다기보다는 인지과학, 정보학, 통계추론학, 정보공학 분야에서 일한다고 말하기도 한다. 실제로 이런 분야에서 많은 성과가 이루어져왔고, 앞으로도 더 큰 성과를 낼 것이다. 애플에서도 이와 같은 방식으로 인공지능을 도입할 것이며 그 노력의 결과로 더 편리한 애플 제품을 소비자에게 선사할 수 있게 될 것이다. 우리가 애플의 알고리즘을 정확히 알지 못하기에 상황을 제대로 파악할 수는 없지만 어쩌면 아이튠즈에 있는 지니어스 재생 목록처럼 상당 부분 적용되어 있을지도 모른다.

인공지능 개발, 어디까지 왔나

인공지능에 대한 얘기를 할 때 빠뜨릴 수 없는 것은 구글의 검색엔진이다. 수많은 로봇검색엔진이 전 세계 웹사이트를 돌면서 필요한 정보를 끌어오는 방식으로, 이렇게 취합된 검색 자료를 자동 색인 프로그램인 인덱스를 통해서 정리하고 사용자에게 보여주는 것이다. 물론 실제로 물리적인 로봇이 작업을 하는 것은 아니다. 로봇검색엔진이라는 잘 짜인 정보 수집 전용 프로그램이 웹상에서 링크 사이를 오가면서 수많은 정보들을 끌어오는 것이다. 또한 로봇검색엔진이 물고 온 데이터들을 자동으로 사용자가 원하는 내용 중심으로 노출되게 하는 것 또한 인공지능의 알고리즘이 들어가 있다. 이 부분을 통해 사용자들에게 편리함을 선사하고 다른 제품보다 우월성을 가지게 되는 것이다. 검색 사이트 분야 후발 주자였던 구글이 전 세계 검색 시장의 70퍼센트를 차지할 수 있었던 것은 모두 이런 로봇검색엔진과 인덱스 알고리즘이 뛰어났기 때문이다. 우리나라에서는 네이버가 검색 시장에서 독보적인 위치를 차지하고 있지만, 국내 정보 이외에 다른 나라의 자료나 오래된 자료를 찾고자 한다면 구글만큼 훌륭한 검색 정보를 찾아주는 포털사이트가 없다.

플리커Flickr나 피카사Picasa 같은 사진 공유 사이트도 역시 인공지능이 포함되어 있다. 개인들이 올리는 수많은 사진들을 정리하는 기술 역시 인공지능의 알고리즘이 포함되어 있다. 이런 기술들은 사람들이 일일이 손으로 해야 하는 작업을 자동으로 처리할 수 있게 해주었다.

1세대 검색엔진에서 세계 최고였던 야후는 선호하는 사이트를 사람이 정리해두는 방식으로 작업했다. 사람이 정리해주니 사용자가 필요로 하는 답을 제공해줄 수 있었던 것이다. 그런데 인터넷 페이지가 억 단위 이상으로 넘어가 사람이 손으로 정리할 수 있는 수준을 벗어나게 되면서 인공지능 기술이 장착된 구글이 그 자리를 대신하게 되었다. 이제 검색 업체도 인공지능의 알고리즘이 없으면 세계 최고의 기업이 될 수 없는 상황에 이른 것이다.

구글이 무료로 제공하는 번역 프로그램도 인공지능의 좋은 사례로 볼 수 있다. 통계를 기반으로 기계적으로 번역해주는 이 서비스는 인터넷 사용자들이 가장 많이 활용하는 번역 프로그램이다. 물론 통계적으로 번역하다 보니 오류가 많이 발견되기는 하지만 알고리즘과 통계 처리 기술이 좀 더 발달하면 이런 오류는 갈수록 줄어들 것이다.

인공지능은 과학 기술의 발전에서 비롯한다

많은 사람들이 애플은 지금까지 스티브 잡스라는 놀라운 리더의 힘으로 세상 사람들의 마음을 사로잡았지만 조만간 그 소재가 바닥날 것이라고 판단한다.

하지만 이 의견은 억측에 가깝다. 아직까지 세상을 놀라게 할 소재는 무궁무진하다. 또한 잡스가 깊게 남겨놓은 철학을 통해 애플은 우리가 생각하지도 못했던 놀라움을 끊임없이 내놓을 수 있을 것이다. 그것이 가능한 이유는 애플의 시스템에 잡스의 철학이 굳게 새겨져 있고 과학 기술도 그만큼 빨리 발전하고 있기 때문이다.

CPU와 메모리의 발전은 잡스의 생각을 실현시키는 데 아주 중요한 역할을 하고 있다. 인텔의 CPU 중 울프데일Wolfdale 모델은 45nm 공정 기술을 적용한 제품으로 트랜지스터의 수가 4억 1,000만 개였다. 요크필드Yorkfiled 모델은 45nm 공정 기술을 적용했지만 트랜지스터 수가 8억 2,000만 개나 되는데, 2001년에 출시된 펜티엄Ⅲ 제온Xeon 모델은 0.25μm 공정 기술에 트랜지스터 950만 개가 들어 있었다. 10년 전에 비해 트랜지스터의 수가 86배나 증가한 것이다. 즉 정보를 처리하고 담을 수 있는 능력이 그만큼 증가했다는 의미다. 지금은 2011년 말 출시 목표로 22nm 제품인 아이비 브릿지Ivy Bridge의 개발이 진행되고 있다. 삼성전자의 메모리도 상당히 빠른 속도로 개발되고 있다. 30nm급의 DDR3를 세계 최초로 양산했으며 30nm급 DDR4 D램도 개발했다. DDR4 D램에 대해서는 2012년 이후 20nm 공정으로 양산하겠다는 계획도 발표했다.

이런 제품들의 개발은 대용량의 데이터를 상당히 빠른 속도로 처리할 수 있는 능력을 확보할 수 있다는 의미인데, 대용량 데이터 처리는 다양한 가능성에 대한 계산을 빨리 진행해 짧은 시간에 답을 얻을 수 있다는 장점이 있다. 인터넷과 워드 작업이 컴퓨터 사용의 대부분인 사람들은 이렇게 빠른 CPU와 고용량의 메모리가 무슨 필요가 있느냐며 회의적일 수도 있다. 물론 컴퓨터 용도가 그 정도에 머문다면 고성능 컴퓨터가 필요 없다. 하지만 컴퓨터 외에 다른 IT 기기들은 갈수록 고성능 CPU와 메모리를 필요로 한다. 처리해야 하는 데이터가 늘어나고 IT 기기가 해야 할 일들이 많아지기 때문이다. 10년 전과 지금을 비교했을 때 게임 산업이 얼마나 발달했으며, 일상적으로 사용하는 내비게이션도 얼마나 성능이 좋아졌는가? 결국 우리가 더욱 편한 세상을 만들기 위해서는 고성능 CPU와 메모리가 필요한 것이다. 특히 인공지능 관점으로 보았을 때 이런 부품의 성능 향상은 필수적인 조건이다.

가장 인간을 닮은 제품

스티브 잡스는 발표회를 통해서 매번 기술과 인문학의 융합을 강조했다. 인간을 위한 제품을 만들기 위해서는 가장 인간다운 제품을 만들어야 하는 것이다. 예를 들어 우리가 태국에서 받는 마사지와 400만 원을 들여 구입한 마사지 기계 중 어느 것이 더 좋은지 묻는 설문조사를 한다면, 대부분 응답자가 손으로 해주는 태국 마사지에 투표할 것이다. 강남의 유명 마사지 업체는 하루 이용료가 30만 원이 넘기도 한다. 인간보다 인간을 더 잘 아는 것은 없고 인간의 손보다 더 편한 것은 없기 때문이다.

아이폰의 터치감은 전 세계 스마트폰 중에서 가장 우수하다는 평가를 받는다. 이런 평가 결과는 모두 가장 인간스럽게 만들려는 잡스의 노력이 깃들어 있기 때문이다. 그렇다면 가장 인간스러운 제품을 만들기 위해서는 무엇이 필요한지 생각해볼 수 있다. 그 답에 제일 가까운 것이 인공지능이다. 물론 앞에서 설명한 것처럼 아톰 같은 로봇이 있다면 더할 나위 없이 좋겠지만 현실적으로 만들기 어렵다. 지금 기술 수준으로 가능한 인공지능은 약인공지능으로 더 많은 데이터를 다양한 방법으로 처리함으로써 최선의 제안을 해주는 것이다. 이런 약인공지능에서 최종의 목표에 이르려면 어느 정도 인간의 손이 필요하겠지만 그 전까지의 과정은 상당히 줄어들게 된다.

최고의 알고리즘 회사가 뜬다

1999년부터 2000년 초반까지 인기를 끌었던 인터넷 정보검색사 자격증을 따려면 인터넷을 뒤져서 일정 시간 내에 주어진 문제의 답을 찾아내는 시험을 봐야 했다. 이런 형태의 시험과 자격증이 있었던 이유는 초창기의 포털사이트 검색로봇의 성능이 떨어졌기 때문인데, 오늘날 이런 자격증은 휴짓조각에 불과해졌다. 누구든 너무 쉽게 원하는 정보를 구글이나 네이버에서 찾아낼 수 있기 때문이다. 이렇게 변할 수 있었던 것은 훌륭한 알고리즘이 꾸준히 개발되었기 때문이다.

뛰어난 인공지능은 얼마나 훌륭한 알고리즘을 가지고 있느냐에 달려 있다. 이 분야에서 최고를 얘기하라면 역시 구글을 꼽을 수 있으며, 페이스북도 훌륭한 기업 중 하나다. 구글은 2011년 2월 25일에 스팸 검색 결과를 줄이기 위해서 검색 알고리즘을 변경했다. 그 결과로 각 기업의 노출 순위가 재배치되었으며 총 검색 결과의 11.8퍼센트가 변경되었는데, 웹사이트 순위가 밀리게 된 기업들은 매출 감소 등의 어려움을 겪기도 했다.

구글은 재미있는 알고리즘도 공개했는데 떠날 직원을 알아내는 알고리즘이다. 인사고과와 승진, 임금 내역 등을 기반으로 떠날 가능성이 높은 직원을 판별하는 수학 공식을 개발했다. 특히 재미있는 것은 메일 사용 빈도를 체크해 갑자기 외부 메일을 사용하는 횟수가 늘었다면 이직을 준비하고 있을 가능성이 높은 것으로 분류했다. 이와 같이 모든 알고리즘이 정확한 답을 제시해주지는 못하지만 우리가 관심을 갖고 신경을 써야 하는 범위까지는 제시해줄 수 있다.

이런 종류의 인공지능 알고리즘은 애플이 관심을 갖기 충분한 분야인데, 사용 범위가 무한하다는 강점이 있다. 아이폰용으로 개발한 알고리즘을 아이팟, 아이패드, 애플TV까지 관련 분야에 적용할 수도 있다. 이렇게 한 번의 개발로 다양한 분야에 사용할 수 있는 것이 바로 알고리즘인데, 아직까지 애플이 사용한 알고리즘에는 부족한 점이 많다. 또한 이런 알고리즘을 처리하기 위해서는 고사양의 CPU와 배터리가 필요하다. 따라서 훌륭한 알고리즘이 향후 미래 기업의 관건이 될 것으로 보인다.

기업 인수를 통한 기술 확보

애플은 훌륭한 알고리즘을 개발하는 기업이 있다면 주저하지 않고 해당 기업을 인수할 것이다. 과거에 스티브 잡스가 픽사를 인수했을 때도 픽사의 컴퓨터 부문뿐만 아니라 그 직원들까지 모두 영입해 기업의 기술 노하우를 고스란히 확보했다. 인수가 어려우면 협력하는 체계로 운영될 텐데, 아이폰4S에 내장된 지식 엔진은 울프럼알파Wolfram Alpha[4]에서 제공하는 기술을 접목시킨 것이다. 울프럼알파가 아이폰4S와 연계되면서 슈퍼컴퓨터 부하가 기존 대비 20배나 증가하기도 했다.

이처럼 지속성을 가지기 위해서는 제품 로열티만 매입해서는 안 된다. 제품을 끊임없이 개선하고 발전시킬 수 있는 인재까지 모두 영입해야 애플과 함께 시너지를 낼 수 있다. 알고리즘은 특히 사람에 대한 의존도가 높다. 물론 가치 있는 알고리즘도 중요하지만 애플이 신제품을 계속 개발한다는 조건이 붙는다면 신제품에 맞는 훌륭한 알고리즘을 창출해낼 수 있는 인재가 그 어느 때보다도 필요하다. 음성 인식 처리 알고리즘, 생체 인식에 대한 처리 알고리즘, 영상 처리 알고리즘 등 차기 애플에서 나올 제품에 필요한 알고리즘 분야는 상당히 많다.

물론 애플 자체적으로도 이런 분야에서 뛰어난 능력을 가진 사람들을 채용할 것이다. 다만 애플이 가진 인력보다 더 뛰어난 곳이 있다면 잡스가 그랬던 것

---

4. 수학 연산 프로그램인 매스매티카(Mathematica) 개발자인 영국 물리학자 스티브 울프럼이 만든 지식검색엔진. 약 1만 개의 CPU를 통해 구동하는 슈퍼컴퓨터를 기반으로 하며, 이때 구현된 인공지능을 활용해 웹상의 지식을 재구성해 사용자의 질문에 바로 답변을 준다.

처럼 주저하지 않고 기업을 통째로 매입할 가능성이 높다. 앞으로 비슷한 하드웨어를 갖춘 상황에서 소비자들에게 좀 더 나은 제품의 이미지를 심어주기 위해서는 이런 알고리즘의 발달이 매우 중요하기 때문이다.

애플로 소비자를 묶다

아이패드2는 기존의 아이패드와 달리 카메라가 앞뒤로 설치되어 있다. 카메라가 설치되면서 아이패드로 할 수 있는 일은 상당히 많아졌다. 무엇보다도 페이스타임이 가능해졌다. 이로써 애플은 전 제품에서 페이스타임을 쓸 수 있게 되었다. 애플 제품끼리는 와이파이만 된다면 어디에서든지 무료로 페이스타임으로 영상통화를 할 수 있도록 한 것인데, 여기에 애플의 노림수가 있다. 바로 소비자들을 애플을 중심으로 묶는 것이다.

특히 아이폰4S를 출시하면서 함께 발표한 iOS5.0에 포함된 아이메시지 iMassage는 이러한 방침이 강화되었음을 보여준다. 아이메시지는 iOS5.0 이상으로 업그레이드한 아이폰끼리 카카오톡 같은 특별한 어플 없이 무료로 문자를 주고받을 수 있는 기능이다. 이는 SK텔레콤에서 적용했던 T끼리 온 가족 할인 요금제와 비슷한 맥락인데, 가족으로 등록하면 가족끼리는 무료 또는 매우 저렴한 가격으로 통화를 할 수 있다. 이렇게 한 번 묶으면 혼자서 다른 통신사로 이동하기가 쉽지 않다. 특히 기혼자들은 주로 가족들과 통화하기 때문에 혼자서 다른 통신사로 이동하는 데 주저할 수밖에 없다.

인터넷과 휴대전화, 유선전화기, IPTV를 묶어서 할인을 해주는 제도도 비슷한 논리에서 비롯한 것이다. 이렇게 묶인 상태에서 하나라도 빠져나가면 할인을 적용받지 못하거나 할인율이 많이 감소한다. 묶여 있을 때와 묶여 있지 않을 때의 편리함에 대한 차이를 분명히 두면서 항상 소비자들을 자신의 통신사에 묶어두려고 노력한다.

애플은 통신사가 아니기 때문에 이런 방법을 쓸 수는 없지만 대신 애플 제품을 쓰지 않으면 불편하게 느껴지도록 한 것이다. 애플 제품끼리는 페이스타임으로 영상통화를 할 수 있고, 무료 문자를 무한대로 쓸 수 있으며, 개인용 핫스팟을 통해서 아이폰만 있으면 어떤 제품이든 언제든지 인터넷을 쓸 수 있게 만들었다. 이런 노력으로 애플은 하나의 제품 성공을 타 제품까지 확대하는 효과를 보게 되는 것이다.

이렇게 하기 위해서 애플은 모든 핵심 기능을 같이 공유하는 전략을 쓴다. 맥북에 있는 OS와 아이폰과 아이패드의 OS는 다르지만 핵심 기능은 같이 공유한다. 페이스타임이 대표적이다. 페이스타임의 장점은 3G보다 깨끗한 영상 품질이다. 3G보다 더 큰 화면에서 더 좋은 품질의 영상통화를 할 수 있다.

영상통화가 안 된다는 아이폰3GS의 단점에 대한 보완책으로 애플은 3G 영상통화가 아닌 페이스타임을 적용했다. 3G 영상통화가 일반적임에도 페이스타임을 적용한 데는 여러 이유가 있을 것이다. 그 이유를 파악하는 것도 애플의 다음 대응책을 알아보는 데 많은 도움이 된다. 첫 번째는 3G 영상통화의 품질이다. 와이파이보다 데이터 전송량이 적다 보니 당연히 통화 품질이 떨어지고 영상이 끊기는 현상이 자주 발생한다. 애플은 폭넓게 쓸 수는 있지만 품질이 낮은 제품을 만들어 소비자의 불평을 듣기보다 쓰임새가 제한적일지라도 고품질 제품으로 소비자의 만족감을 높이는 정책을 취해왔다. 이런 점을 봤을 때 애플은 결코 3G 영상통화 방식을 도입하지 않을 것이다. 두 번째는 3G 영상통화 방식을 적용하면 모든 애플 제품에 도입할 수가 없다. 3G망을 사용하는 아이폰과 아이패드끼리만 영상통화가 가능할 것이다. 애플이 취했던 방식 중 하나가 전 애플 제품의 동기화다. 이런 관점에서 3G 영상통화는 좋은 해결책이 아니다. 와이파이 지역에서만 통화를 해야 하는 불편함은 있지만, 애플의 철학에 부합하는 페이스타임의 적용이 영상통화의 단점을 보완하는 수단이었을 것이다. 인공지능 알고리즘도 마찬가지일 것이다.

애플의 핵심 기술인 인공지능

인공지능의 어떠한 알고리즘을 개발해서 적용할지는 정확히 알 수 없지만 페이스타임의 사례를 보았을 때 애플의 전 제품에 인공지능 알고리즘이 도입되는 것은 분명하다. 애플은 인공지능 알고리즘 개발에 좀 더 노력할 것이며, 이런 알고리즘의 편리함에 빠져든 소비자들은 더욱 애플 제품 이외의 제품을 구입하는 데 주저할 수밖에 없게 된다. 생각하기 귀찮고 손이 많이 가는 것을 불편해하는 사람들은 이렇게 제공되는 인공지능의 편리한 기능을 자주 이용하게 될 것이다. 특히 시리의 기능이 업그레이드되면서 사람들에게 더 큰 편의성을 제공하게 될 것이다.

아이폰의 지니어스 기능은 사용자가 원하는 곡과 유사한 곡을 찾아서 보여주며 구입도 가능하게 해준다. 물론 이런 작업을 아이폰에서 하지는 않는다. 애플 아이튠즈 서버에 정보를 보낸 후 데이터베이스에서 비슷한 곡을 뽑아서 보여주는 방식이다. 이런 기능을 통해서 사용자는 모르지만 자신이 좋아하는 스타일의 음악을 추가로 들을 수 있는 편리함을 제공받는 것이다. 이런 형태의 인공지능 알고리즘이 지속적으로 개발될 것이다.

지금은 음악으로 한정되어 있지만 인공지능 알고리즘 기술은 쇼핑 분야에서 더 많이 적용될 수 있다. 애플은 아직까지 쇼핑과 광고 분야에서 남다른 모습을 보이고 있지는 않지만 관련 기술의 개발을 통해 쇼핑과 광고 분야까지 노릴 수 있다. 금융과 보험에도 적용 가능하지만 애플이 이 분야까지 뛰어들 것 같지는 않다. 모바일 광고 시장은 쿼트로 와이어리스를 인수하면서 본격적으로 준비하고 있지만, 금융 시장은 아직 애플이 관심을 가질 분야가 아닌 것으로 판단된다. 하지만 분명한 것은 인공지능 알고리즘의 확대와 거기에 따른 소비자의 편리함은 더욱 증가할 것이라는 점이다.

SOC 문제

IT 기기는 속도에 매우 민감하다. 그러므로 애플의 바뀌지 않을 전략 중 하나는 바로 스마트폰과 아이패드의 속도를 증가시키는 일이다. 아이패드2를 개발하면서 스마트 커버도 같이 개발한 이유는 부팅되는 시간과 꺼지는 시간 등을 단축시키고 싶었기 때문이다. 물론 스마트 커버의 장점은 부팅 시간의 단축 외에도 많겠지만 그런 효과도 충분히 생각을 했다는 의미다. 시간 단축을 위해서는 속도를 지속적으로 향상시켜주는 SOCSystem On a Chip의 발전이 필수적이다. SOC, 곧 단일 칩 시스템이란 하나의 칩에 여러 기능의 칩을 넣는 것이다. 예전에는 CPU와 그래픽 처리 칩 등을 각각 분리해서 사용했는데, 이런 여러 칩을 하나의 칩에 넣는 것이다. 그러면 더 작게 만들 수 있고 하나의 칩으로 묶여 있어 효율성도 더 높일 수 있다.

아이패드2에 들어간 애플의 A5칩은 듀얼코어 프로세서로 A4칩보다 CPU 속도가 2배, 그래픽 처리 속도는 9배나 빨라진 제품이다. 기존의 A4보다 훨씬 더 성능이 좋아진 칩이며, 앞으로도 애플은 더 좋은 성능의 칩을 개발할 것이다. 성능이 좋다는 것은 처리 속도가 빠르다는 뜻인데, 처리 속도가 빨라야 더 복잡한 알고리즘을 계산하고 처리할 수 있다.

애플의 실력이 아무리 좋다고 해도 기술 발전 속도에는 한계가 있다. 그래서 애플은 두 가지 정책으로 인공지능 알고리즘의 처리를 진행할 것이다. 하나는 애플의 기계 내에서 처리하는 방법이고, 다른 하나는 클라우드를 이용하여 애플의 서버에서 처리하는 방법이다. 애플 제품 내에서 뭔가를 찾거나 정보를 얻어야 할 때는 제품 내의 인공지능 알고리즘을 적용할 것이며, 더 많은 데이터를 뒤져서 자료를 찾아야 할 때는 애플의 서버에서 작업을 수행하게 할 것이다.

iOS4.3에서 개인용 핫스팟 기능을 강화해서 넣은 것에 모두 이런 애플의 의도가 숨겨져 있다. 대용량의 데이터를 처리하는 데는 작은 기계의 CPU로는 한계가 있기 때문이다. 지니어스가 애플의 서버에서 처리해서 데이터를 받듯이 애플 서버의 도움을 받아야 한다.

애플은 클라우드에 대해서 꾸준히 투자하면서 클라우드의 사용 범위를 늘리고 있다. 물론 구글이나 아마존보다 행보가 늦기는 했지만 지속적으로 클라우드 세상의 활용 범위를 넓히고 있다는 것은 중요한 변화 포인트이다. 앞으로 애플의 큰 방향 중 하나는 인공지능 알고리즘의 확대와 이 알고리즘을 아이클라우드로 연계하여 활용하는 것이 될 것이다.

지금까지의 클라우드는
클라우드가 아니다

일부 컴퓨터 전문가들은 클라우드 서비스를 불안해한다. 오래전에 유닉스UNIX 서버에 있는 프로그램에 접속해본 경험이 있는 사용자들은 클라우드 방식에 대해 부정적일 수 있다. 당시에는 이런 방식이 너무 불편했다. 사용자 인터페이스도 텍스트 기반이었으며, DOS처럼 명령어를 모두 기억해서 입력을 해야 사용할 수 있었기 때문이다.

현재 이슈가 되고 있는 클라우드 역시 이 같은 개념을 바탕으로 진행된 것이 사실이다. 하지만 시간이 지나면서 지금은 주변 기술이 많이 발전했을 뿐 아니라 컴퓨터 사양도 상당히 좋아졌다. 당시는 PC 성능이 낮았기 때문에 서버를 이용해 각종 프로그램을 사용할 수밖에 없었지만, 지금은 PC에 있는 프로그램을 작동시키기 어려워서 클라우드로 가려고 하는 것이 아니다. 현재 구상되는 클라우드가 예전 방식과 유사해 보일 수는 있어도 목적과 방식, 용도 등이 모두 다르기 때문에 과거의 경험과 지식만으로 클라우드로 가는 세상을 부정적으로 봐서는 안 된다.

또한 클라우드로 가는 데 반대하는 사람들은 자신과 회사의 모든 것을 맡길 만큼 클라우드가 보안상 안정적인 체제를 갖췄는지 의심을 한다. 물론 클라우드의 보안이 100퍼센트 안전하다고 말할 수는 없다. 아무리 확실한 보안 체계를 만들어도 시간이 지나면 해커가 뚫을 방법 역시 생겨난다. 그럼에도 개인 보안보다는 안전하며, 문제가 생겨도 바로 파일을 복구할 수 있는 백업 시스템이 잘 갖춰져 있다. 간혹 사생활 동영상과 사진 등이 유출되어서 형언할 수 없는 고통을 겪는 유명인들의 경우에서도 알 수 있듯 개인들이 P2P 등을 사용하고 인터넷에 익숙하기 때문에 자신의 정보를 100퍼센트 완벽하게 지키기란 결코 쉽지 않은 일이다. 차라리 체계적이고 전문적으로 보안에 집중하는 기업에 이런 정보를 맡기는 편이 오히려 보안상 더 안전하다. 따라서 보안 문제 때문에 클라우드 시대에 반대한다는 논리는 더 이상 설득력이 없다.

여기서 우리가 먼저 알아야 할 것은 우리나라의 여러 기업이 제공하고 있는 클라우드가 사실 바른 의미의 클라우드는 아니라는 점이다. 구글이나 아마존에 비하면 가야 할 길이 한참 멀었다. 구글과 아마존도 아직 클라우드 세상에 본격적인 진입을 했다고 보기는 어렵지만, 웹하드 수준에 머물고 있는 우리 기업들에 비해서는 훨씬 진일보했다. KT와 네이버에서 제공하는 클라우드를 이용해본 많은 사람들이 웹하드와의 차이점을 묻곤 한다. 이는 우리의 클라우드 발전이 아직까지 개인보다는 기업 중심으로 이루어지고 있기 때문에 개인 분야에 대해서는 서비스가 많이 부족한 탓이다.

구글과 아마존의 클라우드 세상

클라우드 세상을 이해하기 위해서는 현재 가장 앞선 행보를 보이고 있는 구글과 아마존의 클라우드 서비스를 이해할 필요가 있다. 최근에 구글에서는 클라우드 프린트 서비스를 오픈했다. 아이폰에서 프린트를 하려면 애플리케이션을 실행시켜야 하는데, 구글 클라우드는 어떤 모바일이든 구글의 클라우드 서비스를 이용해서 컴퓨터에 연결된 프린터나 와이파이로 연결된 프린터를 사용할 수 있도록 했다. 어플을 이용해 프린트를 한다는 점에서는 구글과 애플의 차이점이 없어 보이지만, 구글의 경우 간단한 클라우드 서비스에 대한 조작으로 본인이 가진 컴퓨터를 서버화하고 구글의 서버를 공유함으로써 언제 어디서든 내 컴퓨터의 프린터에 출력할 수 있도록 했다. 이런 프린트 방식은 클라우드 서비스의 작은 시작에 불과하다.

구글이 클라우드 운영체제인 gOS[5]도 공개했다. 아직까지는 잘 활용되고 있지 않지만 클라우드 세상에 대한 대비가 꾸준히 진행되고 있음을 보여준다. gOS의 장점은 부팅 속도가 매우 빠르다는 것이다. 처음 부팅을 하면 지금까지 윈도 체제의 PC에서 본 것과 달리 구글이 만든 웹브라우저인 크롬이 구글 검색창으로 안내한다. 여기서는 문서 작성도 할 수 있도록 구글독스Google Docs[6]가 제공되며, 스케줄 역시 구글 캘린더로 관리할 수 있다. 이메일은 G메일을, 메신저는 구글 메신저를 사용하면 된다. 부팅을 할 때는 약 10초가 소요되지만 종료할 때는 1초 만에 컴퓨터를 끌 수 있다. 하지만 이와 같은 클라우드 OS가 더 활성화되지 않는 것은 컴퓨터 사용자가 문서 작성과 인터넷, 이메일만 하는 것이 아닐뿐더러 웹브라우저만 달랑 띄워져 있는 화면이 여전히 불편하기 때문이다.

하지만 클라우드 환경이 나아지면서 사람들은 점차 클라우드에 익숙해질 것이다. 최근 들어 구글독스가 MS오피스를 연계하는 등 불편함을 점차 개선하고 있다. 구글의 클라우드를 사무 환경에서 써도 별로 불편함을 느끼지 못하도록 체계를 구축한 것이다. 아마존에서는 클라우드용 뮤직 플레이어를 선보였는데 구글도 같은 기능의 뮤직 플레이어를 선보였다. 인터넷만 된다면 언제든지 원하

---

5. 구글의 클라우드 컴퓨팅을 위한 운영체제다.

6. 구글에서 제공하는 웹브라우저 기반의 문서 도구이며, 구글 오피스로도 불린다.

는 음악을 들을 수 있는 체계까지는 갖추고 있는 것이다.

클라우드로 가게 되면서 소비자들이 얻을 수 있는 가장 큰 이익은 하드웨어(모바일 PC처럼 클라우드 전용 PC)를 매우 저렴한 가격으로 구입할 수 있다는 점이다. 값비싼 저장 장치를 탑재할 필요가 없기 때문에 저렴한 하드웨어로도 지금의 고사양 PC 이상의 성능을 제공받을 수 있다. 대용량 처리와 작업 등은 개인의 컴퓨터가 아니라 클라우드 서비스를 제공하는 업체의 서버에서 진행하기 때문이다. 대부분의 자료도 클라우드 서버에 저장되며, 음악을 듣거나 영화를 보는 것도 대부분 클라우드를 통해서 이루어질 것이다. 물론 소비자 입장에서 단점도 있다. 우선은 불법으로 다운받는 일이 어려워지면서 모든 콘텐츠와 서버에 대해 별도의 사용료를 지불해야 한다는 점이다.

이런 상황에서 구글은 다른 업체보다 유리한 입장에 서 있다. 구글은 주로 광고 수익을 통해 기업의 이익을 실현하는 기업으로 클라우드 서비스 역시 무료화할 수 있다는 강점이 있다. 물론 콘텐츠에 대한 권한은 콘텐츠 개발자에게 있기 때문에 콘텐츠까지 무료로 운영하기는 어렵겠지만, 구글에서 제공하는 모든 서비스는 무료로 할 수 있을 것이다. 구글독스부터 뮤직 플레이어, gOS까지 모두 무료로 사용할 수 있을 것이다. 대신 구글의 크롬만을 써야 하는 조건이 부담스러울 수 있지만, 소비자 입장에서 별도의 비용 없이 그 모든 서비스를 제공받을 수 있다는 것은 매우 유리한 조건이다.

이처럼 다소 불리한 상황에서 애플이 모바일 광고 업체 쿼트로 와이어리스를 인수한 것은 매우 의미 있는 일이다. 구글이 무료라는 막강한 무기를 쓸 수 있는 것은 모두 광고라는 또 다른 수익원이 있기 때문인데, 애플도 모바일 광고에서 수익을 창출할 수 있다면 아이클라우드 서비스를 전부 무료 또는 매우 저렴한 가격으로 제공할 수 있을 것이다.

4G에 대한 통신사의 투자

클라우드가 도입되면 언제 어디서든 매우 빠른 속도의 무선 통신을 사용할 수 있어야 한다. 물론 유선 인터넷망이 설치된 장소에서는 클라우드 서비스를 사용하는 데 불편함이 없겠지만, 클라우드 서비스는 집이나 사무실뿐 아니라 언제 어디서든 사용이 가능해야 강점이 빛을 발할 수 있다. 그러기 위해서는 무선 통신사들도 거기에 맞는 투자와 변화를 해야 한다.

4세대 이동통신 LTE에 대한 투자는 이런 변화에 맞춘 인프라의 변화라고 이해할 수 있다. 4세대 이동통신은 3세대에 비해서 다운로드는 75Mbps, 업로드는 최대 37.5Mbps 속도로 사용이 가능하다. 이 정도의 속도는 800MB 상당의 영화 한 편을 다운받는 데 3G에서는 약 7분 24초가 걸리던 것을 4G에서는 1분 25초로 단축할 수 있음을 의미한다. 또한 4세대 이동통신망은 데이터 수용량도 3세대 비해서 3배쯤 되기 때문에 데이터 폭주에 따른 통신망 장애 문제는 상당히 해결될 것으로 보인다.

우리나라에서는 롱텀에볼루션LTE이 4세대 이동통신 네트워크로 사용되고 있으며(실제로 LTE는 3.9G 기술이다) 각 통신사들이 이 부분에 사활을 걸고 있는 상황이다. 특히 통신 업체 중에서 가장 인지도가 낮은 LGU⁺가 가장 적극적인 대응을 하고 있다. LGU⁺가 3G망에서 다른 업체보다 인지도가 낮은 이유는 3G 망의 투자가 다른 업체보다 부족했기 때문이다. 어차피 3G망에서의 선점을 놓쳤다면 기회는 4G밖에 없다는 판단인 것이다. 더구나 방송통신위원회가 물가 안정화 차원에서 기존의 화이트리스트 관리를 블랙리스트 관리로 전환할 것이라고 밝힘에 따라 통신 업체 간의 경쟁은 더욱 치열해지고, 이러한 변화에 잘 적응하는 기업이 통신 업계의 선두 자리로 올라설 수 있을 것이다. 4G 네트워크를 전국에 깔고 상용화하기까지는 시간이 소요된다. 통신사들은 2012년 말까지 전국에 LTE를 설치할 계획을 세우고 있는데, 이런 무선 통신 환경이 업그레이드

되면 클라우드 세상을 조금 앞당길 수 있을 것이다.

클라우드, 네트워크 세상을 열다

조지 오웰George Orwell의 《1984》에 등장하는 '빅 브라더'는 현대사회의 감시와 통제를 의미하는 상징적인 단어가 되었다. 클라우드가 발달할수록 걱정되는 부분은 바로 '빅 브라더' 같은 존재의 탄생이기도 하다. 개인의 정보가 기업과 정부에 고스란히 노출되고 분석될 수 있다는 것은 시민의 행동을 감시하고 관리할 수도 있다는 의미다. 아마도 이 부분은 사회적으로 많은 논의가 필요할 것이다.

애니메이션 〈공각기동대〉는 클라우드 세상을 예측하는 데 도움이 된다. 〈공각기동대〉는 영화 〈매트릭스〉에도 영향을 미쳤을 만큼 철학적으로 상당히 많은 고민을 담은 작품이다. 〈공각기동대〉의 기본 바탕은 네트워크가 지배하는 세상과 사이보그가 인류와 혼재하는 세상에서 발생한 사건이다. 〈공각기동대〉에서 얻고자 하는 것은 어디에서든 접속이 가능한 네트워크다. 이 개념은 〈매트릭스〉에서도 이어지는데, 인간들이 모두 네트워크로 연결된 가상의 세계에서 살아가는 모습이 그려진다. 영화처럼 완성된 네트워크 세상이 정말 찾아올까 의심스럽기도 하지만 실제로 가능하다 하더라도 이러한 완벽한 네트워크 세상이 오기까지는 꽤 많은 시간이 필요할 것이다.

하지만 이들 두 작품이 말하는 것처럼 네트워크로 전 세상이 연결된 미래가 가까워지고 있는 것은 사실이고, 클라우드는 그런 세상의 시작점이다. 따라서 이런 영화들이 그리는 세상을 절대로 가볍게 봐서는 안 된다. 그냥 한 편의 재미있는 영화로 치부했다가는 미래에 큰 기업으로 성장할 수 있는 많은 기회를 놓쳐버릴 수 있기 때문이다. 〈공각기동대〉의 네트워크도 어떻게 보면 터무니없게 느껴지지만, 방법만 다를 뿐 언제든 우리가 필요로 할 때 네트워크에 접속할 수 있는 세상은 어쨌든 도래할 것이다. 방법과 형태만 다르지 찾아오는 미래의 모습은 같은 내용이다. 우리는 이런 네트워크로 연결된 세상에 대비해야 하며, 분명히 클라우드가 그런 세상을 열고 있다.

애플의 아이클라우드

애플 역시 치밀하게 클라우드를 준비하고 있다. 아이패드2 발표 때 스티브 잡스는 iOS4.3을 함께 소개했다. iOS4.3에서 주의 깊게 살펴볼 것은 개인용 핫스팟을 적용하고 테더링 기능을 더욱 강화했다는 점이다. 총 5대의 제품을 연결해서 언제든지 3G망을 통해서 각 제품을 인터넷에 연결시킬 수 있는 기능이다. 그전부터 있었던 테더링 기능을 OS 업그레이드 과정에서 더욱 강화시킨 것이다. 애플에는 와이파이만 되는 제품들이 많다. 이는 3G를 쓸 수 있는 제품이 아이폰과 아이패드밖에 없는 상황에서 3G가 없을 경우 인터넷에 접속할 수 없음을 의미한다. 와이파이가 많이 깔리기는 했지만 원하는 때에 어느 장소에서든 사용이 가능한 것은 아니다. 그렇기 때문에 3G를 이용해서 애플의 다른 제품까지 인터넷에 접속 가능하게 하는 것은 매우 중요하다. 개인용 핫스팟이 나오면서 와이파이 모델의 아이패드, 아이팟 터치, 맥북까지 개인은 필요하면 언제든지 인터넷에 접속해서 작업을 할 수 있으며, 와이파이 모델에는 없는 GPS 기능까지 활용할 수 있게 되었다.

애플의 이런 변화를 단순히 모든 제품을 인터넷에 연결시켰다는 데 한정해서만 판단하면 안 된다. 애플의 모든 제품이 언제든지 인터넷에 연결되도록 했다는 것은 인터넷 연결을 통한 애플의 사업 확장을 의미하며, 아이클라우드 세상에 대한 준비를 상당히 오래전부터 해왔다는 방증이기도 하다.

애플은 랄라닷컴을 인수해 스트리밍 기술을 확보했다. 스트리밍을 통해서 언제든지 필요한 음악이나 영상을 듣고 볼 수 있게 된 것이다. 기업 인수 측면에서 볼 때 애플이라는 기업에서 스트리밍 회사를 인수한 것은 클라우드 준비의 일환이다. 아마존의 클라우드 뮤직 플레이어는 스트리밍 방식을 이용해서 음악을 듣는 것이다. 요컨대 클라우드 세상이 오면 다운로드맵 방식보다 스트리밍 기술이 매우 중요해지고, 이런 기술을 미리 확보하고 있어야 지금의 느린 무선 인터넷망에서도 효과적인 스트리밍 작업을 진행할 수 있다는 말이다.

애플 클라우드 서비스의 가장 초창기 사례는 모바일미MobileMe[7]다. 하지만 초창기 서비스인 만큼 만족스러운 클라우드 서비스를 제공해주지 못했으며, 다른 클라우드 서비스보다 우위에 선 느낌도 별로 없었다. 주소록의 동기화, 사진이나 동영상을 웹 앨범에서 관리할 수 있는 기능, 주소록을 관리하는 기능 등이 제공되었는데, 그나마 아이폰 사용자에게 유용한 부분은 내 아이폰 찾기Find My iPhone 기능 정도가 아닐까 싶다. 웹하드 기능의 아이디스크iDisk도 있지만 특이한 것은 아니다. 이런 모바일미 서비스는 말 그대로 아이클라우드에 진입하기 전에 사전 기술력을 체크한 수준이라고 생각하면 된다.

애플의 본격적인 클라우드 서비스는 아이클라우드부터 시작한다. iOS5에서 공개된 아이클라우드 서비스는 그동안 애플 제품의 동기화 플랫폼을 개인용 PC의 아이튠즈에서 애플의 클라우드로 옮기는 1차적인 작업을 성공적으로 마무리지은 것으로 이해하면 된다. 클라우드에 자료를 담아놓으면 자신의 메일 계정으로 어떠한 애플 제품에서든 모든 자료를 공유할 수 있다. 아이폰으로 찍은 사진을 언제든지 아이패드로 볼 수 있으며, 아이폰에 등록된 연락처나 메모를 내 아이폰이 아니어도 어디에서든지 확인할 수 있게 했다.

이런 서비스를 별로 대수롭지 않게 여기는 사람들도 많을 것이다. 이런 제품 간 동기화의 필요성을 별로 느끼지 못하는 사람들은 아이클라우드가 중요한 변경점이라는 말도 잘 이해되지 않을 것이다. 더구나 아이클라우드는 5G만 무료

---

7. 아이폰의 데이터 동기화 서비스로 아이클라우드의 초기 서비스 모델이다.

로 사용할 수 있기 때문에 동영상 등은 클라우드에 담기가 어렵다. 그러나 이것은 시작일 뿐이다. 애플의 모든 제품들은 지속적으로 아이클라우드와 연계되어 확장될 것이며, 조금씩 클라우드의 사용을 늘려가는 개인들은 어느 순간 클라우드에 너무 많은 정보를 담아두었다는 사실을 깨닫게 될 것이다.

아이튠즈 홈 공유 시스템

아이튠즈에는 홈 공유 시스템이 있다. 아이튠즈에 있는 자료들을 홈 공유를 통해서 다른 컴퓨터와 공유할 수 있는 기능이다. 사실 이런 시스템이 없는 것보다는 낫지만 불편한 것은 사실이다. 주로 사용하는 아이튠즈가 설치되어 있는 컴퓨터를 항상 켜놓아야 하기 때문이다. 애플 역시 이런 사실을 익히 알고 있지만, 아직까지 대부분의 사람들이 자신의 컴퓨터에 많은 자료를 보관하고 있는 현실을 고려해 이런 기능을 추가한 것이다.

애플의 모든 제품들은 아이클라우드에 연결해 사용할 수 있게 진화하고 있다. 초기에는 아이튠즈와 아이클라우드를 공유하는 체계로 운영되겠지만, 결국 소비자들은 불편해서라도 아이클라우드에 자신의 자료를 넣는 형태로 변화할 것이다. 클라우드 세상으로 갈 수밖에 없다. SSD의 용량 확대 한계와 가격 하락의 한계도 한몫을 차지할 것이다. 애플 제품들은 시간이 흐를수록 하드디스크 대신 SSD를 사용할 텐데, 이렇게 되면 배터리와 무게, 속도 면에서 하드디스크보다 더 좋은 성능을 유지할 수 있다. 대신 가격이 하드디스크보다 훨씬 비싸다는 단점이 있는데, 이는 기술과 양산으로 해결해야 할 문제이다. 다만 SSD의 가격과 용량 문제가 빠른 속도로 개선되고 있지는 않은 상황이다. 프로그램이나 사진, 동영상 등은 용량이 무한대로 커지고 있는데 SSD가 그만큼 따라오지 못하고 있는 것이 현실이다. 이런 현실은 결국 사람들을 클라우드 세상 속으로 밀어넣는 계기가 될 것이다.

애플이 아이클라우드로 진화해 지금의 아이폰만큼이나 성공해서 자리 잡게 되면 지금보다 더 큰 영향력을 발휘하게 될 것이다. 아마도 다른 OS가 설치된 스마트폰이나 스마트패드는 꿈도 꾸기 어려운 시대가 올 수도 있다. 이유는 간단하다. 지금도 애플의 아이폰을 가지고 있으면 다른 스마트패드를 구입하기가 비교적 어렵다. 호환성 문제 때문이다.

그래도 다른 제품을 원하는 소비자들은 안드로이드 제품을 구입하게 되는데, 이것은 아이클라우드가 아직 시작에 불과하기 때문에 가능한 이야기다. 만약 아이클라우드 서비스가 정착된다면 다른 OS가 설치된 스마트패드를 구입하겠다는 생각은 꿈도 못 꿀 일이다. 기존의 모든 자료가 애플의 아이클라우드에 있어서 다른 제품을 구입하면 콘텐츠를 활용하기 더욱 어렵기 때문이다. 지금은 그나마 소비자에게 애플 이외의 다른 제품을 고를 수 있는 선택권이 있지만, 아이클라우드 세상이 오면 그 기회마저 빼앗기게 되는 것이다.

또한 애플은 자사 제품끼리는 더욱 연동이 잘되게 만들 것이며, 그럴 경우 애플에서 출시하는 제품과 동일한 기능을 갖는 다른 회사 제품을 구입하기는 어려워진다. 컴퓨터를 구입할 때 대부분이 MS 제품만을 사용하고 있는 것처럼 스마트폰, 스마트패드, 스마트TV도 모조리 애플에 의존해야 할 것이다. 물론 편리한 부분도 많겠지만 구속을 받아야 하는 불편함도 겪게 될 것이다. 다른 클라우드 서비스 업체로 이동하기도 어려워진다. 자신에게 최적화된 클라우드 서비스를 버리고 다른 업체로 이동하는 것은 쉽지 않기 때문이다.

스티브 잡스가 꿈꾸고 만들고자 했던 세상은 바로 이런 세상이다. 애플은 클라우드까지 점령하게 되면 더 무섭게 성장할 것이다. 하드웨어, 소프트웨어, 그리고 개인의 사생활까지 모두 애플이라는 성에서 숨 쉬도록 만들어놓을 것이다. 이것은 〈매트릭스〉의 네트워크처럼 이뤄지는 것이며, 히틀러가 그렇게 꿈꿨던 전 세계 사람들을 하나의 틀 속에 넣고자 하는 욕망을 달성하는 것이다.

애플 이외에도 구글이라는 거대 기업이 클라우드 플랫폼에서 경쟁하겠지만 디바이스가 없는 구글(모토로라를 인수했기에 향후에는 애플과 같이 디바이스까지 보유한 기업이 될 수 있다.)과 디바이스와 플랫폼까지 모두 제공하는 애플은 영향력 면에서 상당히 큰 차이가 있을 것이다.

애플이 아이클라우드를 통해서 클라우드 플랫폼까지 모두 점령하는 것을 우리 기업들이 방치해서는 안 된다. 우리 기업들의 미래를 위해서라도 더욱 적극적으로 클라우드로 변화하는 세상에 대해서 철저히 준비해야 한다.

클라우드와 인공지능

미래에 가장 두려운 IT 기업은 어떤 모습일까? 바로 클라우드 서비스를 보유하면서도 상당히 뛰어난 인공지능 기술까지 확보한 기업이다. 최근에 애플이 이런 기업 형태에 한 단계 다가가는 일이 발생했다. iOS5를 통한 본격적인 아이클라우드 서비스의 시작과 시리라는 인공지능 기술이 담긴 음성 인식 서비스의 제공이다. 애플이 시리를 인수했을 때 이미 예측된 일이기는 하지만 울프럼알파라는 지식검색엔진과 협력 체계를 구축했는지까지는 파악되지 않았다. 애플이 인수한 기업 중에서 검색엔진과 관련된 기업은 없었기 때문이다. 따라서 검색엔진은 계속 구글 엔진을 사용할 것으로 예측되었는데, 스티브 잡스는 25년 전에 이미 이 기술의 가치를 이해하고 꾸준히 지원하고 있었던 것으로 알려졌다.

자연어를 인식할 수 있고 정확도가 상당히 높은 시리의 음성 인식과 이를 분석하는 인공지능, 마지막으로 슈퍼컴퓨터를 이용한 지식검색엔진까지의 연계를 구축한 애플은 아이폰이나 아이패드가 잘 팔리지 않아도 먹고살 수 있는 확실한 기반을 구축한 셈이다. 또한 울프럼알파의 검색엔진은 구글의 검색엔진과 달리 검색어의 데이터를 모으는 것이 아니라 과학적인 전문 지식을 끌어다 보여준다. 이런 검색 방식은 그동안 애플이 스마트TV 시장에 진입하는 데 장벽이 되었던 TV용 웹브라우저에 대한 문제도 해결해줄 것으로 전망된다.

클라우드와 사생활, 보안 시스템

IT가 발달하고 클라우드처럼 개인의 정보가 한곳에 모이는 매체가 존재할 경우 가장 걱정되는 것은 사생활 침해다. 그리고 실질적으로 많은 사람들이 이 점을 우려하고 있다. 가령 구글은 개인이 주로 검색하는 항목들을 분석함으로써 개인에 맞춘 광고 서비스를 제공하고 있다. 단순한 검색으로도 이렇게 맞춤식 광고가 진행되는데, 개인의 사생활이 모두 드러난 클라우드 세상에서는 더욱 심해질 수 있다는 것이다.

더구나 가전제품까지 클라우드에 연결된다면 이런 상황은 계속 확대될 것이며 개인 정보를 활용한 광고도 더욱 치열해질 전망이다. 물론 애플이 모든 가전제품을 만들지는 않을 것이다. 그들의 장점을 살릴 수 있는 분야에서는 제품을 계속 생산하겠지만, 현재의 가전 업체처럼 모든 가전제품을 만드는 회사로의 변신은 결코 고려하지 않을 것이다. 대신 애플은 클라우드를 만들고 모든 가전과 연계할 수 있는 플랫폼을 제공할 것이다.

현재의 가전제품 업체들은 클라우드와 스마트TV를 개발하는 업체와 연계될 것이며, 그렇게 되면 각 가전제품에 대한 자료들이 분석되고 저장될 수 있다. 즉 대용량 데이터 처리를 클라우드 제공 업체에서 담당하는 것이다. 이를테면 소비자가 세탁기를 주로 언제 사용하는지, 한번에 얼마나 많은 세탁물을 넣는지, 세탁을 할 때 세제만 넣는지 세제와 섬유유연제를 같이 넣는지, 넣는 양은 얼마나 되는지 등의 자료를 활용함으로써 개인별 분석이 가능해진다. 이런 분석 자료를 모아보면 각 개인에게 딱 맞는 광고를 할 수 있게 된다. 개인에게 가장 적합한 세제와 섬유유연제에 대한 정보가 자신도 모르는 사이에 광고로 되돌아올 것이며, 가전제품 업체에서는 개인별 세탁의 효율성 등에 대한 가이드가 가능해질 것이다.

　냉장고와 오븐도 마찬가지다. 개인이 주로 어떤 음료를 어느 정도 주기로 소비하는지, 어떤 제품들이 냉장고에 장기 보관되고 어떤 제품들이 빠른 주기로 소비되는지 분석된 뒤에 역시 클라우드 업체에서 적절한 광고 매체로 활용할 것이다. 클라우드 업체들은 대신 클라우드를 무료로 이용할 수 있게 할 것이며 운영비는 광고 업체들로부터 충당하게 된다. 이런 세상이 오기 위해서는 막대한 데이터를 분석할 수 있는 인공지능 알고리즘이 필요하다. 검색 기능에 막강한 실력을 가진 구글이 큰 장점을 발휘할 것으로 보인다.

　개인에게도 분명 편리한 세상이다. 내가 고민하지 않아도 분석된 자료들이 구입 목록을 정리해주고, 생활비에서 식재료의 어떤 부분이 많이 지출되는지도 알려줄 것이다. 주말에는 어떤 음식을 먹는 것이 좋을지 추천해줄 수 있으며, 내가 사는 지역의 맛집들도 자동으로 안내해줄 수 있다. 클라우드와 인공지능의 결합은 사람들로 하여금 생각하고 고민해야 하는 일들을 상당히 줄여주겠지만, 대신 그만큼의 개인 정보 노출에 대해서는 감수해야 하는 것이다. 여기서 말하는 개인 정보는 신상 정보뿐만 아니라 개인의 습관이나 습성까지 모두 포함한다. 개인 신상 정보의 누출보다 무서운 것이 바로 이런 습관이나 습성, 스케줄 등이 모두 공개되는 현상이며, 이렇게 공개된 정보는 얼마든지 돈벌이 수단으로 악용될 소지가 있다. 편한 만큼 위험한 세상에 직면하는 것이다.

　잡스가 구상했던 아이클라우드는 분명히 여기까지 진행될 것이다. 그가 체계를 잡은 애플 역시 인공지능에 많은 관심을 갖고 있을 테니 향후에 이런 미래를 만들기 위한 여러 행보를 조만간 확인할 수 있을 것이다.

애플랜드에 필요한 기술

아이폰과 아이패드 등 애플 제품에 대한 소비자의 가장 큰 불만은 배터리가 내장되어 있다는 점이다. 그래서 집이나 회사에서 수시로 충전 케이블로 충전을 해줘야 한다. 문제는 앞에서도 말했듯이 애플의 내장형 배터리 정책은 바뀌지 않을 것이라는 점이다. 배터리와 메모리를 내장형으로 가면서 안정적으로 소프트웨어를 작동시킬 수 있으며, 더 자유롭게 원하는 디자인을 구현할 수 있고, 속도를 더 빨리 낼 수 있기 때문이다. 최근에는 애플이 연료전지를 이용한 배터리 활용에 대한 특허를 출원한 자료가 공개되기도 했다. 언제 적용될지는 알 수 없지만 이 기술이 적용된다면 배터리에 대한 모든 문제가 해결된다. 다만 많은 전문가들은 이 기술을 실제로 제품화하기는 쉽지 않다고 보고 있다.

그렇다면 충전이라도 편해야 하는데, 거기에 대한 답이 바로 무선 충전 기술이다. 무선 충전 기술은 급성장하는 시장이기도 하며, 애플에게는 무척이나 필요한 기술이다. 일반적으로 사용되는 유도 충전 기술은 무선으로 전원을 공급하기 위해 자기장과 전자기 에너지를 사용한다. 현재 전동칫솔에서 이러한 유도 충전 방식을 이용해서 충전을 하고 있다.

현재 나와 있는 무선 충전 제품에는 LG전자의 무선 충전 패드, HP 터치스톤, 에너자이저 Qi, 파워매트, 듀라셀 마이그리드 등이 대표적이다. LG전자의 무선 충전 패드는 세계 무선전력협회로부터 무선 충전 표준인 Qi 인증을 받았고, 스마트폰의 경우 무선 전용 배터리 커버를 이용하여 충전이 가능하다. 파워매트는 매트의 전원 송신부와 리시버의 수신부로 구성되어 있다. 매트에 리시버를 올리고 그 위에 원하는 스마트폰이나 모바일 기기를 연결해서 사용하는 형태로, 한번에 충전할 수 있는 모바일 기기는 대략 세 개 정도이다. 에너자이저 Qi는 LG전자 무선 충전 패드와 마찬가지로 세계 무선전력협회의 무선 충전 표준을 따른다. 따라서 제조사에 관계 없이 모바일 기기를 연결할 수 있다. 파워매트와 마찬가지로 매트 위에 모바일 기기를 올려놓으면 자동으로 충전이 되지만 매트 크기가 상대적으로 작아 한번에 대략 두 개 정도의 스마트폰만 충전할 수 있다.

듀라셀 마이그리드는 앞서 설명한 제품들이 사용하는 비접촉 전송이 아니라 전도 충전 방식, 즉 금속과 금속이 맞닿아 전기를 전송하는 형태다. 예컨대 아이폰에 전용 케이스를 씌우고 마이그리드 위에 올려놓으면 양쪽에 붙어 있는 금속이 연결되어 배터리가 충전되는 원리다. 사람이 직접 금속을 만져도 안전하고 충전 속도가 비접촉 방식보다 빠르지만, 개방형 유도 충전 표준 기술이 아니어서 다른 제품과 호환되지 않는다는 단점이 있다. 이런 무선 충전 방식은 소요 시간도 유선과 거의 동일하기 때문에 불편한 사항은 거의 없으나, 자기장을 형성하기 때문에 안정성은 좀 더 검증할 필요가 있다.

애플은 무선 충전에 대해서는 스마트 커버처럼 제품을 출시할 가능성이 높다. 스마트 커버를 통해서 제품 개발과 동시에 필요한 액세서리를 개발하는 정책을 취하고 있음을 표방하기도 했는데, 아이폰이나 아이패드 등에서 사용 가능한 무선 충전 제품을 향후에 출시할 가능성이 매우 높으며 디자인과 기능이 어떻게 나올지는 지켜봐야 할 부분이다. 다만 지금처럼 배터리 커버를 씌우는 불편함은 최소화할 것이다.

배터리 성능 향상 기술

애플뿐만 아니라 모든 IT 기기와 전기자동차에 아주 유익한 기술이 개발되었다. 2009년에 과학 저널《네이처》는 기존 충전 방식보다 약 36배 빨리 충전시킬 수 있는 리튬-이온 배터리 기술을 MIT 연구팀에서 개발했다고 보도했다. 이 배터리는 양극에 리튬과 탄소 등 두 개의 전극을 사용하는데, 기존 배터리 디자인에 리튬 인산을 코팅해 배터리 터미널에 이르는 터널들에 직접 이온들을 이동시키는 방법으로 훨씬 더 빠르게 충전할 수 있도록 했다. 이 기술을 이용하면 휴대전화는 10초, 전기자동차는 몇 분 내에 충전할 수 있다.

아직 상용화되지 않은 상태지만 3년 내에 상용화가 가능하다는 주장도 있다. 그러나 기술 개발 이후 2년이 지났지만 아직까지 상용화되지 않은 것은 양산과 관련한 기술적인 문제가 있는 것으로 추정된다. 메모리처럼 양산이 중심인 곳에서도 개발에서 양산까지는 시간차가 꽤 있으므로 순수 연구소에서 개발한 이런 기술들은 보급하는 데 더 많은 시간이 필요하다. 언제 양산될지는 정확히 알 수 없으나 이 기술이 보급된다면 애플도 적극적으로 수용할 것이다.

물론 리튬-이온 배터리의 성능을 향상시키고자 하는 노력은 많은 기업과 연구소에서 진행하고 있다. 배터리 기술은 휴대전화나 노트북뿐만 아니라 전기자동차에도 생존과 관련한 중요한 부분이기 때문이다. 분명 배터리에 많은 노력을 기울이고 있기는 하지만 다른 분야에 비해서 기술 개발이 더딘 것은 사실이다. 배터리 자체의 기술 개발이 빠르지 않다면 방법은 스마트폰에서 배터리 사용을 최소화하는 전략뿐이다. 일반적으로 소프트웨어 최적화라는 것은 이런 부분까지 포함한다. 불필요하게 작동되는 부분을 없애는 것이 필요한데 애플도 이런 작업을 꾸준히 진행하고 있다. 배터리 일체형이라는 단점을 안고 있기에 애플에서 더더욱 관심을 가질 수밖에 없다.

애플의 스마트TV를 위한 기술

애플TV가 셋톱박스가 아닌 대형 화면을 갖춘 수상기를 만든다면 음성 인식과 함께 동작 인식 시스템은 아주 중요한 부분이 될 것이다. 아직까지 애플은 셋톱박스의 형태로만 제품을 출시하지만 좀 더 환경이 갖춰졌다고 판단하면 셋톱박스가 내장된 수상기 형태로의 제품을 출시할 것이다. 수상기 형태로 출시되어야 비로소 스마트TV라고 말할 수가 있다. 또한 동작 인식 시스템이 중요한 것은 지금의 스마트TV처럼 복잡한 리모컨을 없애기 위해서다.

아이폰이나 아이패드처럼 터치패드도 없고 맥북처럼 마우스도 없는 애플TV가 단순해지기 위해서는 동작 인식 시스템이 그 역할을 대신해야 한다. 물론 동작 인식 시스템만으로는 부족하다. 음성 인식 시스템과 같이 맞물려 동작 인식 시스템이 작동해야 비로소 그 가치를 제대로 발휘할 수 있게 된다. 한때 큰 인기를 끌었던 닌텐도 위는 사람의 동작을 인식하는 데 답답한 면이 많이 있었다. 사용자가 원하는 형태대로 섬세하게 동작을 인식하기 위해서는 게임기인 닌텐도 위처럼 동작 인식 센서만으로는 안 되고 카메라 기능까지 같이 작동해야 한다.

최근 아이패드2로 안경 없이 3D 영상을 볼 수 있는 기술이 프랑스에서 개발되었는데, 전면에 설치된 카메라가 사용자 머리의 움직임을 추적하면서 3D 입체영상을 볼 수 있게 해주는 기술이다. 즉 머리 위치에 따라 보여주는 영상을 조금씩 달리하는 것이다. 머리가 아래로 내려가면 영상도 아랫부분이 보이도록 하고, 머리가 오른쪽으로 이동을 하면 영상도 따라서 오른쪽 화면이 보이게 하는 원리다.

이런 기술과 동작 인식 센서를 결합한다면 복잡한 리모컨이 없어도 원하는 내용을 스마트TV를 통해서 볼 수 있게 된다. 물론 사용의 편리성을 갖추기 위해서는 음성 인식까지 같이 맞물려야 한다. 애플은 음성 인식에 대해서는 시리를 인수하면서 다양한 프로그램을 개발하고 있는 중이다. 남은 수순은 동작 인식 기술을 가진 업체를 인수해서 더 편리한 애플 스마트TV를 개발하는 것이다.

스마트TV용 웹브라우저 개발

스마트TV에 대해서 부정적인 입장을 보이는 사람들의 공통적인 의견이 있다. 보통 사람들이 스마트TV로 인터넷을 즐기고 싶어 하느냐는 것이다. TV 말고도 스마트폰이나 스마트패드, PC 등을 통해서 충분히 네이버나 구글 검색 활동을 할 수 있는데, 굳이 잘 보이지도 않고 입력하기도 불편한 TV에서까지 인터넷 검색 작업을 할 것이냐는 질문이다. 굳이 쓰이지도 않을 기능을 넣어서 TV 가격만 올리는 것 아니냐는 비판이다.

이는 절반은 맞고 절반은 틀린 내용이다. 스마트TV로 가기 위해서는 반드시 인터넷을 이용해야 하고, 인터넷을 이용할 수 있는 스마트TV는 더 큰 편리성을 제공할 것이다. 다만 현재 컴퓨터에서 보는 인터넷과 TV에서 보는 인터넷이 같으면 안 된다. TV를 보면서 원하는 상품이나 여행 정보, 물건 정보 등에 대한 궁금증은 얼마든지 생길 수 있다. 이럴 때 아이폰이나 아이패드를 찾아 사파리를 열어서 검색하는 것은 불편하다. 바로 TV를 통해서 원하는 정보를 찾아볼 수 있어야 한다.

그러기 위해서는 스마트TV용의 웹브라우저가 필요하다. 컴퓨터에서 사용하는 것을 그대로 TV에서 보여주는 것은 잘못된 방식이다. 아이폰의 지니어스 기능이 애플의 서버에서 작업하듯이 스마트TV도 각 제품의 서버에서 작업을 처리해서 전송해줘야 한다. 이렇게 TV에 적합한 웹브라우저가 필요하다. 그것은 웹브라우저의 형태가 아닐 수도 있다. 필요한 것은 사람들의 욕구를 아주 이해하기 쉽게 디스플레이해주는 것이다. 지금의 웹브라우저처럼 복잡해서는 곤란하고 결과만 정리해서 보여주는 새로운 웹브라우저여야 한다. 현재까지는 울프럼알파 검색엔진을 사용할 가능성이 높으며, 어떤 형태로 이 결과를 담아낼지 상당히 주목되는 부분이다.

결재 시스템 기술

아이폰4에는 없었지만 차기 아이폰에 들어갈 기술로 가장 가능성이 높았던 것이 바로 NFC_{Near Field Communication}이다. 애플은 아이폰4S에는 포함시키지 않았지만 통신사에서 별도 케이스의 액세서리 형태로 NFC를 출시했다. 아이폰4S에서는 애플이 주로 고려하는 비용 대비 편의성이나 주변 환경의 구축 여부에 따라 포함되지 않았지만 아이폰5에는 내장될 것으로 예상된다. NFC는 13.56MHz 주파수 대역에서 10센티미터 이내 거리로 NFC 태그에 포함된 정보를 주고받는 근거리 무선통신 기술이다. 기존의 RFID(전자태그)를 좀 더 확장시킨 개념으로, 스마트폰 같은 모바일 제품의 결재를 보다 간편하게 처리할 수 있는 방식이다. 대중에 많이 알려진 RFID와 비교할 때 NFC의 장점은 태그에 있는 정보를 읽을 뿐만 아니라 쓰기도 가능하다는 점이다. 또한 인식 오작동이 적어서 최근에 블루투스나 적외선 방식을 대신할 기술로 주목받고 있다.

읽기와 쓰기가 되는 장점으로 NFC가 탑재된 단말기끼리는 콘텐츠 전송 및 공유가 가능하며, 그로 인한 응용 분야도 상당히 넓다. 게다가 NFC가 탑재된 휴대전화로 전자화폐, 전자티케팅, 도어키, 신분증 등의 역할을 할 수 있으며 명함, 전화번호, 사진, 음악 등도 손쉽게 교환할 수 있다.

NFC 기술은 10년 전에 개발되었지만 그동안 여러 업체의 노력에도 불구하고 주목받지 못했다. 하지만 스마트폰 시장이 커지고 애플과 구글, 노키아가

NFC 기술을 적극적으로 지원함으로써 NFC 모바일 결재 시장은 급속도로 커지고 있다. NFC를 통해서 사용자 인증과 결재를 동시에 처리할 수 있게 되면 카드사 등 금융계에도 혁신적인 변화를 몰고 올 가능성이 크다. 물론 NFC가 활성화되려면 소매점에서 NFC로 결재가 가능하도록 해야 하는데, 이는 원하는 소비자가 많아지면 일반화될 것으로 보인다.

생체 인식 기술과 스마트폰

2011년 현대캐피탈이 고객 정보를 해킹당했다. 현대캐피탈 등의 금융권에 대한 해커들의 공격은 과거에도 디도스DDOS 공격 등으로 발생했던 부분이고, 앞으로도 계속 일어날 수 있다. 특히 무선 랜이 확대되면서 보안 문제가 계속 부각되고 있다. 2008년 미국 보안 솔루션 업체인 에어타이트 네트웍스Airtight Networks가 세계 27개국 공항을 조사한 결과, 80퍼센트 이상이 무선 랜 보안에 취약했고 44퍼센트는 보안 설정조차 없이 운영되고 있는 것으로 밝혀졌다.

이와 관련해 NFC 도입에 따른 보안 문제 역시 다시 한 번 사회적 이슈로 부각될 것이다. NFC 같은 결재 시스템은 편리한 만큼 해커들의 집중 공격 대상이 될 가능성이 높다. 따라서 개인 정보와 금융 정보 보호를 위한 보안 정책은 앞으로도 계속 이슈가 될 사항이다. 이런 상황에 직면하게 되면 많은 업체들은 보안이 강화된 결재 시스템이나 관리 시스템을 필요로 하게 된다.

생체 인식(바이오 인식) 기술은 개인 정보 노출 및 보안 문제에 대비해 조금이라도 도움이 되는 기술로 자리를 잡게 될 것이다. 아직까지는 생체 인식에 대한 활용이 많지는 않다. 사람마다 다른 특성을 찾아내는 작업이 쉽지 않기 때문이다. 현재 생체 인식과 관련해 많이 사용되고 있는 방법에는 홍채, 지문, 얼굴, 정맥 인식 등의 접촉식과 음성, 필체 등의 비접촉식이 있다. 다만 불편한 점이 있다면 처음에 개인이 등록을 해야 하는 부분과 본인을 증명하는 정확도 면에서 아직은 신뢰도가 낮다는 것이다. 하지만 생체 인식으로 개인 정보 인증 방식이 변하는 것은 당연한 수순이며 모바일 결재 시스템이나 기타 전자화폐, 도어키 등 일반 제품들도 생체 인식 방식으로 변하게 될 것이다. 애플과 구글은 이미 얼굴 인식에 대한 기술을 확보하고 있다. 결국 보안과 관리 차원에서 생체 인식 기술의 발달은 필연적인 것으로 보인다.

생체 인식의 가장 큰 장점은 신용카드나 신분증을 분실해도 다른 사람이 사용할 수 없다는 것이다. 그러므로 카드 업체에서도 생체 인식 결재 방식에 관심을 가질 이유가 충분하다. 애플도 마찬가지로 향후 모바일을 통한 결재 활동이 활성화된다면 개인 정보 유출에 대한 대비책으로 생체 인식을 활용한 결재 방식에 관심을 가질 것이다.

A6, A7을 위한 SOC 기술

A5가 A4보다 훨씬 더 좋아진 성능은 CPU 속도가 아닌 그래픽 처리 속도다. 그래픽 처리 속도를 기존 모델보다 9배나 향상시킨 것은 애플에서는 그만큼 그래픽을 중요하게 생각한다는 의미다.

일부 전문가는 그래픽 칩 전문 회사인 엔비디아NVIDIA를 애플이 인수할 가능성이 있는 기업으로 지목하기도 했다. 그래픽도 중요하지만 테그라Tegra[8] 칩을 개발한 엔비디아를 인수할 경우 안드로이드 진영에 큰 타격을 줄 수 있기 때문이다. 하지만 기업 가치가 약 64억 달러로 평가되는 고가의 기업을 애플이 인수할 가능성은 없어 보인다.

다만 애플이 그래픽을 아주 중요시한다는 사실을 A5의 성능을 공개하면서 다시 한 번 세상에 분명히 한 것이다. 좋은 그래픽은 소비자가 원하기도 하지만,

---

8. 배터리 소모를 최소화하면서 고화질 영상을 오랜 시간 동안 재생할 수 있도록 한 그래픽 칩이다.

고화질의 그래픽을 사용하는 프로그램이 많이 나오는 상황에서 그래픽 처리 속도는 애플에게도 매우 중요한 부분이다. 그래픽 처리 속도가 나쁘면 제품 전체가 느려지는 현상이 일어날 수 있기 때문이다. 향후에도 애플은 꾸준히 그래픽 처리 속도의 향상을 위해서 노력할 것으로 보인다.

칩 디자인 회사

애플이 A4 프로세서 개발에 깊이 관여했던 인트린시티를 인수한 것은 많은 시사점이 있다. 인트린시티는 ARM을 비롯한 다양한 아키텍처의 CPU를 더욱 효율적으로 구동할 수 있게 해주는 프로그램을 개발한 업체다. 이런 기업을 인수한 것은 앞으로도 칩 디자인과 관련해 좋은 기업이 있다면 언제든지 인수에 나서겠다는 의지를 보여준 것이다. 이런 기업들은 대규모 기업이 아니라서 인수 비용도 그리 많이 들지 않는다. 대신 애플 제품에서 사용하는 CPU를 더 효율적으로 사용하게 함으로써 애플 제품의 가치를 높이는 효과가 있다.

애플은 모바일 제품이라 A4에서 A5의 제품을 출시할 때 인텔처럼 크게 발전된 칩을 보이기는 쉽지 않다. 제품의 크기 등 한계가 많기 때문이다. 그래서 현재 제품에 들어 있는 칩들을 효율적으로 사용하는 것이 매우 필요하다. 이런 관점에서 훌륭한 칩 디자인 회사가 있다면 애플은 주저하지 않고 인수합병에 나설 것이다.

잡스 이후,
애플을 이기는 것은
가능하다

iCloud

패러다임이 바뀌는
순간이 기회다

이어달리기를 할 때 각자가 최선을 다해서 뛰는 것만큼 중요한 것이 있다. 다음 선수에게 어떻게 바통을 전달해서 그 순간의 손실을 최소화할 것인가 하는 문제다. 아무리 1등으로 달려도 바통 터치에서 서로 호흡이 맞지 않으면 2등, 3등 주자들에게 쉽게 1등 자리를 내줄 수 있다. 이런 바통 터치의 중요성은 기업에도 똑같이 적용된다. 소니를 보면 쉽게 이해할 수 있다. 1990년대까지 전자제품 시장에서 최고의 기업은 소니였다. 브라운관 TV부터 비디오플레이어, 워크맨 등은 당시 소비자들이 가장 갖고 싶어 하던 제품이었다. 소니 제품은 가격도 다른 제품보다 비쌌다. 그래도 소비자들은 좋은 성능과 훌륭한 디자인을 갖춘 소니를 원했다.

가전제품 시장에서 계속해서 1등으로 달릴 것만 같던 소니도 패러다임의 변화라는 바통 터치 타임에서 삼성과 애플에게 1등 자리를 내주었다. 브라운관 TV는 PDP를 지나 LCD TV로 급격히 시장이 변하기 시작했다. 브라운관과 완전히 다른 방식의 벽걸이 TV가 소비자들의 마음을 사로잡았다. 브라운관보다 훨씬 얇은 데다 화질도 훌륭했다. 역시 가장 큰 장점은 두께였다. 앞으로 툭 튀어나온 브라운관 TV는 거실을 좁고 답답하게 느껴지도록 만들었는데 LCD TV는 전혀 그렇지 않았다. 얇게 만들어진 LCD TV는 벽에 걸어둘 수도 있었고, 거실에 세워도 얇은 두께 때문에 공간을 더 넓게 사용할 수 있었다. TV의 패러다임이 변하기 시작한 것이다.

이렇게 패러다임이 변할 때는 모두 다 같은 출발선에서 뛰는 상황이 조성된다. 기존 제품 시장에서 소니를 이기기는 쉽지 않았지만 제품의 패러다임이 크게 변하는 순간만큼은 모두 같은 라인에서 새롭게 출발하는 모양새가 되었다. TV라는 큰 시장으로 이해한다면 이어달리기에서 바통을 터치하는 순간이기도 하다.

이 순간에 다른 가전 업체들 사이에서 앞질러 나온 기업이 삼성이었다. 삼성은 LCD TV 시장에서 소비자가 새로운 선입견을 가지는 시점이라는 것을 이해했고, 이런 타이밍에 맞춰서 유럽 시장을 중점적으로 공략했다. 북미 사람들보다 유럽인들이 더욱 다양성을 추구하는 습성이 있었기 때문이다. 소니만을 추구하지 않는 유럽 사람들의 성격상 삼성도 괜찮은 제품으로 인식되기 시작했고, 그런 인식은 점점 확대되었다. 지금은 삼성이 LCD/LED TV 시장에서 부동의 1위를 차지하고 있다. 1980년대와 1990년대의 절대 강자였던 소니는 LG와 치열한 2위 싸움을 벌여야 하는 입장이 되었다.

소니의 워크맨도 비슷한 상황을 겪게 되었다. MP3플레이어가 나오기 전에는 모두 워크맨을 들고 다녔다. 오늘날 MP3플레이어처럼 많은 사람들 가방에 들어 있었던 소니의 워크맨은 청소년 시절에 가장 갖고 싶은 제품이기도 했다. 이런 워크맨이 한순간에 사라졌다. MP3플레이어는 다양한 음악을 담을 수 있고 가벼우며 배터리도 상당히 오래갔다. 뮤직 플레이어의 패러다임이 완전히 바뀌는 시장에서 애플의 아이팟은 단숨에 선두 주자로 올라섰다. 소니는 다시 한 번 자신의 주 종목이었던 시장을 다른 기업에게 내줘야 하는 아픔을 겪어야 했다.

노키아도 마찬가지다. 노키아가 세계적인 기업으로 인정받을 때는 패러다임의 변화에 맞춰 변신을 잘한다는 칭송을 받았다. 종이를 만드는 제지 회사에서 이동전화 회사로의 전환은 매우 바람직한 변화였다. 한때 이런 성공적인 변화에 대한 칭송으로 '노키아를 배우자.'라는 붐도 일었다. 하지만 노키아는 늙은 노병이 되어가고 있다. 스마트폰에서 애플의 아이폰에게 밀리고, 결국 심비안 OS 대신 MS의 윈도폰7을 채택하기에 이르렀다.

이처럼 새로운 패러다임이 다가왔을 때 변화 시점을 놓친 기업은 바로 무너질 수밖에 없다. 이런 측면에서 소셜 네트워크라는 패러다임에 잘 승차한 기업은 역시 페이스북이다. 소셜 네트워크상에서 페이스북의 승전보는 끊임없이 들려오고 있다. 페이스북의 가치도 이미 500억 달러를 넘어섰다. 역시 패러다임의 변화에 잘 대응해 기업을 운영했기에 이룩한 성과다. 패러다임의 변화는 앞으로도 계속 찾아올 것이며, 변화를 정확히 인지하고 대응한 기업들은 그 생명을 다시 연장하겠지만 그렇지 못한 기업은 천천히 몰락할 것이다. 새로운 패러다임에 아이디어를 실어서 탄생하는 기업들도 앞으로 계속 등장할 것이 분명하다. 이 중에서 일부는 크게 성장하겠지만 일부는 경제사의 한 줄에만 기록된 채 곧 사라지게 될 것이다.

현재의 강자가 미래의 강자는 아니다

현재의 강자를 이기는 것은 참 어렵다. 특히 우리나라 통신 시장을 보면 이런 생각이 더욱 강해지는데, 현재 우리나라 통신 시장의 50퍼센트는 SK텔레콤이 차지하고 있다. KT와 LGU⁺가 분투하고 있지만 한 번 길을 잘 닦아놓은 SK텔레콤을 꺾기가 쉽지 않아 보인다. KT는 SK텔레콤을 꺾기 위해서 아이폰 도입이라는 극단의 조치를 취하기도 했다. KT는 아이폰 도입으로 국내 다른 제조사로부터 질투와 시샘을 받기도 했지만 우리나라에 스마트폰을 단기간에 보급시키는 큰 역할을 했다. KT의 이런 노력에도 불구하고 여전히 SK텔레콤의 시장점유율은 50퍼센트를 넘고 있다.

가장 큰 어려움을 겪은 기업은 역시 LGU⁺다. 스마트폰으로 시장이 급변한 상황에서 단말기 라인업이 부족한 것은 물론 스마트폰에 대한 대응 역시 많이 부족했다. 현재 LGU⁺의 스마트폰 점유율은 전체 스마트폰 시장에서 10퍼센트를 약간 상회하는 수준이다. 전체 통신 시장에서 20퍼센트의 점유율을 차지했던 LGU⁺에게는 정말 수치스러운 숫자다. 이런 LGU⁺가 4세대 통신망에 대해서는 대대적인 투자를 감행하고 있다. 다른 통신사보다 앞서 투자하고 이 시장의 소비자를 먼저 잡기 위해 많은 노력을 기울이고 있다. LGU⁺ 입장에서는 이것 말고 달리 방도가 없어 보인다. 가입자가 포화 상태인 3G망에 투자를 할 바에야 다음 세대에 투자를 하는 편이 낫다고 판단했을 것이다.

LGU⁺의 선택이 얼마나 효과적일지는 결과를 좀 더 지켜봐야 한다. 통신 시장이 3세대에서 4세대로 전환하는 것은 엄밀히 볼 때 패러다임이 변하는 순간이 아니기 때문이다. 분명히 기술의 변화가 있지만 소비자들은 이런 변화를 별로 깨닫지 못할 수도 있다. 패러다임이 변하는 순간이라면 그러한 선행 투자가 좋은 결과를 창출할 것이 분명하지만, 지금의 상황이 그 정도까지는 아니라는 것이다.

더구나 LGU⁺에는 치명적인 단점이 있다. 통신 품질에 대한 소비자들의 불신이 바로 그것이다. 통화가 잘되지 않고 끊기는 지역이 많다는 인식이 널리 퍼져 있다. 이런 부분도 4세대로만 가면 해결할 수 있는데, 4세대에 이르러 소비자들이 LGU⁺로 통신사를 이동할지는 좀 더 두고 볼 일이다. KT와 SK텔레콤도 4세대로 전환되는 시점에서 넋 놓고 가만히 있지는 않을 것이기 때문이다. 또한 LGU⁺에 대해 실망한 고객들이 많아 SK텔레콤에 비해서 고객 충성도가 떨어지는 것도 어려움 중 하나다. 그럼에도 LGU⁺ 입장에서 통신 시장의 4세대로의 이

전이라는 큰 변화 앞에 기민하게 대응함으로써 SK텔레콤에 도전장을 던지는 것
은 최선의 선택이라고 볼 수 있다.

패러다임이 변하는 순간이 절호의 찬스

애플이 스마트폰과 스마트패드 시장에서 최고의 강자라는 것은 반론의 여지
가 없는 사실이다. 2011년 1분기 실적에서 영업이익 8조 5,000억 원을 기록하
며 작년 동기 대비 98퍼센트나 증가했다. 물론 이 중심에는 아이폰과 아이패드
가 자리 잡고 있다.

아이폰은 패러다임이 변하는 시점에 맞추어 나왔다기보다 아이폰 때문에 스
마트폰으로의 패러다임 전환이 조금 더 가속화됐다고 할 수 있다. 피처폰에서
스마트폰으로 옮겨갈 것은 분명했지만 아이폰이 나오기 전까지는 그런 모습이
뚜렷하게 보이지 않았다. 블랙베리가 있었지만 기업 중심의 사업 형태라서 일반
인과 전 세계 다른 나라로의 확대는 생각만큼 원활하게 진행되지 않았다. 아직
스마트폰이라는 새로운 패러다임이 갖춰지기 전이었다. 아이폰이 스마트폰으로
옮겨가는 패러다임을 앞당겼던 것이다. 아이폰은 패러다임 변화 후에 적절한 대
응으로 성공한 제품이 아닌 패러다임 변화를 앞당겨서 성공한 케이스로 지금까
지와는 다른 성공 모델이라는 점에 유의해야 한다.

아이폰의 성공은 역시 스티브 잡스라는 거물이 있었기에 가능했다. 또한 패
러다임에 맞춰 각종 생태계까지 구축한 것이 아이폰 성공의 비결일 것이다. 단
순히 아이폰만 갖췄다면 애플이 이렇게까지 성공하지는 못했을 것이다. 아이폰
을 통해서 스마트폰이라는 패러다임으로 사람들이 옮겨올 수 있도록 스마트폰
주변 환경까지 갖추게 한 것은 잡스의 위대함을 더욱 인정하게 만든다. 고릴라
글래스가 그랬듯이 뛰어난 한 제품만 가지고서는 세상을 이끌 수 없으며 세상
의 패러다임을 변화시킬 수도 없다. 환경이 갖춰져야 하는데 잡스는 그런 환경까

지 준비했다. 이 환경이란 각종 콘텐츠까지 모두 포함된 시장을 의미한다. 이처럼 치밀한 준비가 있었기에 패러다임을 앞당겼으며 이러한 성과는 영업이익률로 보답받을 수 있었다.

삼성과 애플의 사례처럼 패러다임이 변화하는 순간이 지금 앞서가는 기업을 따라잡을 수 있는 절호의 기회다. 애플처럼 패러다임을 앞당기는 방법도 있고, 변화하는 패러다임에 대응해 발빠르게 움직이는 방법도 있다. 잡스가 없는 애플이 언제까지 이렇게 거대 기업으로 남아 있을지 아무도 알지 못한다. 애플 역시 실수를 하거나 패러다임의 변화를 놓칠 때가 있을 것이다. 그런 기회를 잘 잡아서 애플보다 더 나은 제품과 서비스, 소비자 환경을 제공한다면 당장은 어렵더라도 삼성이 소니를 이겼던 것처럼 애플을 이길 기회가 반드시 찾아올 것이다.

패러다임의 변화를 감지하라

패러다임에 대해 얘기할 때 기존 기업이 가장 많이 하는 실수는 기술 혁신만 생각하는 것이다. 패러다임의 변화에 기술이 큰 역할을 하는 것은 분명한 사실이다. 기술이 없으면 패러다임의 변화도 없지만, 그렇다고 기술이 전부는 결코 아니다. 소니도 그러했지만 기업이 저지르는 가장 큰 실수는 기술을 위한 기술 혁신을 할 때라고 할 수 있다. 사람이 배재된 기술 혁신을 추진하는 것이다. 기술을 위한 기술 혁신은 연구소나 엔지니어를 위한 일이지 소비자를 위한 일은 아니다. 기술에만 집중하다 보면 이런 현상이 발생할 수 있다.

완제품이 아닌 부품을 생산하는 곳은 기술을 위한 기술 혁신을 해도 그리 큰 문제가 되지 않는다. 스마트폰이나 스마트패드에 들어가는 모바일 D램과 CPU, 플래시 메모리 같은 부품 분야의 기술 혁신과 디자인에 대해서 소비자들은 사실 별로 관심이 없다. 제품 안에 어떤 부품이 들어 있는지는 궁금해하지 않으며, 제품 자체가 어떻게 작동하고 어떤 기능으로 나를 만족시켜줄 것인가를 더 중요하게 생각한다. 그러므로 부품을 공급하는 곳에서는 기술을 위한 기술 혁신을 창출해도 큰 문제가 없다.

하지만 완제품을 만들어 파는 곳은 절대로 그런 전략을 구사해서는 안 된다. 기술을 위한 혁신에 빠지면 소비자가 원하는 제품을 공급하지 못하고 잡다한 기능으로만 가득한 이상한 제품들이 출시된다. 우리나라 가전의 초창기 모습이 바로 이러했다. 앞선 선진 기업들을 따라잡기 위해서는 그들과의 차별화가 필요했으며, 차별화의 수단으로 이런저런 잡다한 기능들을 제품에 넣은 것이다. 기능이 많으면 선진 기업과의 차별화뿐만 아니라 소비자들의 선택을 이끌어낼 수 있으리라고 기대했지만, 애플의 성공과 실패에서 볼 수 있듯이 기능이 많다고 해서 소비자가 그 제품을 선택하는 것은 절대 아님을 인식해야 한다.

제품을 디자인하고 제품에 들어가는 기술을 개발할 때 가장 중요한 것은 소비자에게 무엇이 필요한지를 생각하는 것이다. 그리고 그 기술이 들어갔을 때 소비자가 불편해하지 않고 사용할 수 있을지, 사용하는 데 어려움을 겪지는 않을지 생각해야 한다. 다양한 기능을 포함하되 사용법은 극도로 간단하게 만들어내는 것이 제품 개발의 기본이다. 이런 제품에 변화하는 패러다임을 심어준다.

구글과 페이스북을 보더라도 이런 생각이 옳다는 것을 알 수 있다. 포털사이트를 봤을 때 구글을 제외한 네이버나 다음 등은 첫 메인 페이지부터 무척이나 복잡하다. 시시각각의 신문 기사, 파워블로그, 광고로 도배된 국내 포털을 보다가 구글을 보면 마음이 편해진다. 어쩌면 푼돈에 불과한 광고 수익에 눈이 멀어 큰 시장을 잃을 수도 있다. 소비자들은 복잡함을 극도로 싫어한다. 페이스북도 이런 부분에서는 구글과 비슷하다. 페이스북도 무척이나 단순하며, 단순하기에 사용하기 쉽고 부담 없이 접근할 수 있다. 패러다임이 지속적으로 변화하더라도 이 같은 사람의 심리는 변하지 않는다. 그렇기에 패러다임의 변화와 함께 단순함을 지속적으로 추구하는 제품 철학과 디자인이 필요하다.

아이폰은 피처폰에서 스마트폰으로 바뀌는 패러다임의 변화에 선두 주자가 되어 세상을 바꾼 제품이다. 아이폰이 이렇게까지 성공할 수 있었던 것은 패러다임을 앞당겼을 뿐만 아니라 스마트폰을 통해서 소비자들에게 즐거움과 편리함을 선사했기 때문이다. 보통은 패러다임을 맨 처음 변화시킨 제품보다는 그 이후에 출시된 두세 번째 제품이 더 크게 성공한다. 첫 번째 작품은 오직 패러다임 변화에만 초점이 맞춰져 있기에 소비자에게 이 변화된 패러다임으로 무엇을 선사할지에 대한 고민이 부족한데, 두세 번째에 이르러 단순히 패러다임의 변화뿐만 아니라 소비자를 고려해 진화된 제품이 출시되기 때문이다. 그런데 아이폰은 이 두 가지 모두를 만족시켰다. 단순히 스마트폰이라는 휴대전화 시장의 패러다임 변화를 가져다 주었을 뿐 아니라 스마트폰을 통해서 소비자가 어떤 만족감과 기쁨을 얻을 수 있을지까지 고민해서 출시한 제품이기에 다른 제품이 아이폰을 이기기가 쉽지 않다. 지금까지의 시장의 룰을 깬 제품이기 때문이다. 이런 부분까지의 고민이 없었다면 아이폰은 오직 패러다임만 변화시킨 제품으로 머물렀을 것이고, 그다음에 출시된 제품들이 세계적으로 인기를 끌게 되었을 것이다. 패러다임의 변화를 인식하고 변화된 패러다임에서 소비자들에게 무엇을 줄 것인가에 대한 고민까지 해야 성공할 수 있는 세상으로 한 단계 진보했음을 인지해야 한다.

필요하다면 지금의 자신도 버려라

밥 딜런Bob Dylan 이야기를 해보자. 1999년 《타임》지가 선정한 20세기 가장 영향력 있는 인물 100선에 선정되기도 했던 밥 딜런은 패러다임의 변화라는 시대적 요구에 부흥해서 자신을 변화시킨 인물 중 한 명이다. 기업이나 사람이나 가장 힘든 일 중 하나가 지금의 자신을 버리는 것이다. 그런데 그는 성공으로 이끈 모든 것을 버릴 줄 아는 사람이 다시 한 번 성공의 길로 뛰어오를 수 있음을 보여주었다.

밥 딜런은 1960년대 포크 가수로 미국에서 포크 음악과 저항 운동의 상징적 음악가로서 활동했다. 그러던 그가 1965년에 대단한 변신을 했다. 1965년 뉴포트 포크 페스티벌에서 록 밴드 폴 버터 드 블루스 밴드와 알 쿠퍼 등을 대동하고 일렉트릭 사운드를 선보였다. 그때까지 포크 가수로 세상에 이름을 알려왔던 그가 일렉트릭 기타를 들고 나와 자신과 포크송을 사랑하는 사람들에게 선보인 것이다. 이런 변화는 사람들에게 거부감을 주었고 야유와 반발도 불러일으켰지만, 그는 포크 록이라는 새로운 음악 영역을 개척하게 되었다. 이처럼 과거의 성공에 자신을 붙잡아두지 않기 위해서는 과감히 지금의 자신을 던져버릴 수도 있어야 한다.

우리의 사례로는 제일모직을 생각해볼 수 있다. 제일모직 하면 가장 먼저 떠오르는 단어가 빈폴과 갤럭시 등의 의류 브랜드일 것이다. 소비자들과 최접점에서 마케팅하고 판매하는 것이 이런 의류 제품이기 때문이다. 하지만 제일모직은 전자재료 부품 업체이기도 하다. 반도체에 들어가는 소재나 LCD 광학소재인 편광필름을 개발하는 등 제일모직은 전자재료 분야에서 중요한 역할을 하는 소재 기업이다. 의류 산업만으로는 제일모직의 성장 모멘텀을 찾기 어려웠기에 과거의 성공을 잊고 전자재료 업체로 다시 한 번 우뚝 선 것이다.

패러다임이 변화하는 세상에서 성공하기 위해서는 과감히 지금의 자신을 있게 해준 과거의 성공을 버릴 줄 알아야 한다. 과거의 성공에만 매달리면 천천히 몰락한 폴라로이드처럼 조용히 세상에서 이름을 잃어갈 수도 있다.

제품에 철학과 생명을 담아라

기업이 소프트웨어의 중요성을 인식한 것은 최근 들어 아이폰이 스마트폰 분야에서 돌풍을 일으키면서였다. 그전까지는 소프트웨어는 하드웨어를 뒷받침하는 하나의 부품 같은 존재로 인식했다. 기업들이 소프트웨어에 대해 관심을 두지 않게 된 이유는 PC 분야를 독점한 MS의 영향이 가장 컸다. 전 세계 PC OS의 90퍼센트를 차지하는 MS의 존재 때문에 소프트웨어는 당연히 MS 제품을 써야 했고, 기업에서는 모두 똑같은 MS의 OS를 사용해야 하는 상황에서 소프트웨어에 신경 쓸 여력이 없었다. 당연히 제품의 차별화는 하드웨어 분야에 기대할 수밖에 없었다. 소프트웨어는 MS 제품을 사서 넣기만 하면 되는 상황이었다. MS의 윈도를 보면서 소프트웨어가 중요하다는 얘기는 많이 했지만 기업 일선에서는 실제로 무용한 말이었다.

이런 기업 문화에 충격을 준 것이 아이폰의 출시였다. 소프트웨어와 하드웨어를 모두 일체형으로 만들어서 판매하는 애플의 정책상 다른 기업들은 애플의 iOS를 사용하고 싶어도 MS의 OS처럼 살 수가 없었다. 하드웨어는 아이폰만큼 만들 수 있지만, 그런 하드웨어에 적합한 OS를 확보하지 못한 기업들은 모두 적당한 대응책을 찾지 못한 채 안드로이드가 출시되기 전까지 마음고생만 했다.

그렇다면 지금은 어떨까? 약간의 변화가 생기기는 했지만 여전히 소프트웨어의 중요성에 대한 자각이 부족하다. 그동안의 관행이 쉽게 바뀌지 않기 때문이다. 특히 우리나라는 하드웨어 중심의 기업 성장이 근간을 이루었기 때문에 여전히 소프트웨어의 중요성과 가치에 대한 인식이 낮은 편이다. 스티브 잡스 역시 생전에 애플의 강점은 하드웨어와 소프트웨어의 우수성과 조화에 있다고 수차례 언급한 바 있다. 기업이 훌륭한 소프트웨어를 소유하는 것보다 강력한 무기는 없다. 소프트웨어에 대한 더 큰 인식의 변화가 우리 기업들에게 절실한 상황이다.

콘텐츠는 상상 이상으로 무한하다

우리가 가진 고정관념 중 하나는 콘텐츠에 대한 생각일 것이다. 콘텐츠라고 하면 떠올리는 것이 음악과 영화, 책이다. 지금까지 이런 것이 콘텐츠의 대명사였고, 그 이상을 생각하는 사람은 없었다. 잡스는 콘텐츠 대신 인문학이라는 표현을 즐겨 사용했다. 인문학이 분명 콘텐츠라는 단어보다 더 큰 의미를 담고 있으며 더 많은 내용을 포함하고 있는 것이 사실이다. 그렇다고 해서 인문학에 콘텐츠가 빠질 수 있는 것은 아니다. 인문학 안에서 가장 큰 비중을 차지하는 것이 바로 콘텐츠다.

잡스의 철학이 고스란히 녹아 있는 애플을 이기기 위해서는 훌륭한 하드웨어와 소프트웨어, 그리고 콘텐츠까지 가지고 있어야 한다. 아이팟은 음악, 아이패드는 책, 아이폰은 앱이라는 콘텐츠를 가지고 있다. 그렇다면 모든 콘텐츠가 다 나왔으니 다음 제품은 없는 것이 아닌가라고 생각할 수 있지만, 이는 콘텐츠의 개념을 너무 단순하게 보기 때문에 생기는 오해이다. 잡스가 생각했던 콘텐츠란 제품에 생명을 불어넣는 인문학적인 요소를 의미한다. 잡스의 개념에 따르면 애완동물이 하나의 콘텐츠로 자리 잡을 수 있으며, 친구라는 개념이 콘텐츠가 될 수도 있다. 제품의 기계적인 요소가 아닌 내용으로 사람과 공감할 수 있는 무엇인가가 바로 콘텐츠인 동시에 제품의 생명인 것이다. 소비자들은 이렇게 만들어진 제품을 쉽게 버릴 수가 없다. 오래된 가전제품은 큰 고장이 없어도 싫증이 나면 폐기처분할 수 있지만 우리를 반겨주는 강아지나 고양이를 쉽게 버릴 수 없듯이, 소비자와 공감하는 제품들은 오래도록 살아남는다.

잡스는 항상 이 부분을 염두에 두고 제품을 만들어왔다. 단순히 성능만 좋은 제품이 아닌 생명을 가지고 그 생명으로 소비자를 만족시켜주는 제품이었다. 물론 그도 처음부터 제품에 대한 이해가 있었던 것은 아니다. 그의 행적으로 보건대 아마도 픽사의 CEO로 있을 때 이런 부분에 대한 이해를 분명히 가졌을 것으로 짐작된다. 이 원칙은 잡스뿐만 아니라 모든 기업이 가져야 하는 부분이다. 최근에 페이스북이 떠오른 것도, 카카오톡이 떠오른 것도 성능보다는 그 안에 내가 아는 사람이 있다는 콘텐츠가 포함되어 있기 때문이다. 그만큼 콘텐츠의 존재가 중요한 시대가 되었다.

기업은 제품이 아닌 콘텐츠를 준비해야 한다

이제 제품을 기획할 때 콘텐츠까지 생각해야 하는 시대가 왔다. 하드웨어와 소프트웨어, 거기에 생명을 불어넣는 콘텐츠까지 3박자를 갖춘 제품만이 시장에서 성공할 수 있게 되었다. 이런 변화는 점점 빨리 진행되고 있으며 더욱 심해질 것이다.

물론 새로운 아이디어로 제품 개발에 성공할 수도 있다. 하지만 그런 제품들은 조만간 이런저런 기업들이 똑같이 만들어내면서 레드오션 시장으로 밀리고 치열한 가격 경쟁을 해야 한다. 이런 사례는 주변에서 많이 볼 수 있다. 한때 유행했던 스팀청소기, 김치냉장고도 같은 맥락이다. 중소기업에서 아이디어를 가지고 제품을 창조했지만 대기업의 마케팅과 자금력으로 시간이 지날수록 경쟁은 치열해지고, 결국은 첫 제품을 만들어냈던 중소기업의 입지가 좁아지게 되었다. 이렇게 시장이 레드오션화되는 것을 막기 위해서는 역시 콘텐츠를 통해서 제품의 생명력을 만들어내는 것이 중요하다.

애플의 앱스토어가 다른 어떤 어플 마켓보다 강력하듯이 콘텐츠는 오래될수록 힘을 더 크게 발휘하게 된다. 기계적인 성능만 본다면 최신의 것이 좋지만 콘텐츠는 오래될수록 그 가치가 더 크다. 애플을 이기기 위해서는 기업들이 여기까지 고민하고 제품을 만들어야 한다.

제품 철학을 가져야 불확실한 시장에서 살아남는다

스티브 잡스는 생전에 중요한 발표회장에서 다른 기업들에 대한 비판을 서슴지 않았다. 아이패드2 발표회장에서도 "2011년은 따라쟁이의 해인가?"라는 말로 다른 기업들을 비판했다. 이런 행동들은 다른 기업뿐만 아니라 언론들까지 잡스의 적군으로 만드는 결과를 초래했다. 너무나 직설적인 잡스의 태도를 좋아하는 사람들도 있지만, 반대로 다른 기업들에 대한 배려가 없는 독선적인 인물로 이해되기도 했다.

그의 인간성은 제쳐두고서라도 그가 왜 그렇게 자신감 있게 다른 기업을 비판했는지 생각해볼 필요가 있다. 정치적인 행동인지, 아니면 마케팅의 한 부분인지, 그것도 아니라면 정말로 순진하게 자신이 옳고 다른 기업이 틀리다는 것을 알리려 한 것인지 말이다. 일단은 두 가지의 가능성에 무게가 실린다.

첫 번째는 마케팅이다. 그가 중요한 프레젠테이션을 진행하는 것은 세간의 관심을 극대화하고자 하는 마케팅 방식 중의 하나다. 그리고 그런 발표가 있기 전까지는 철저히 비밀주의로 일관한다. 애플II를 발표할 때만 해도 사전 광고를 통해서 세상을 요란하게 했지만 큰 소득을 얻지 못했기에 잡스는 이후로 철저히 비밀주의 마케팅을 해왔다. 그 결과 그가 새 제품에 대한 소개를 진행하는 발표 회장은 그만큼 무게가 실리고 세계의 이목이 집중되는 자리가 되었다. 이런 자리에서 자사 제품의 우수성을 알리고 다른 제품을 비판하는 것은 나름 마케팅의 효과가 있을 것이라고 짐작해볼 수 있다. 언론들은 잡스의 그런 거친 행동을 빠짐없이 실어 나를 것이며, 전 세계 소비자들은 그런 언론을 통해서 그와 애플에 대한 정보를 알게 되는 것이다.

두 번째는 순수한 마음으로 독설을 퍼붓는다고 생각할 수도 있다. 다만 멘토처럼 다정하고 부드럽게 표현을 하는 것이 아니라 경쟁 상대로서 매섭고 날카롭게 비판을 가한다. 아이패드가 출시되기 전까지는 스마트패드의 콘셉트가 불분명했고 용도도 명확하지 않았는데, 아이패드가 출시되면서 스마트패드라는 제품의 콘셉트가 정리되었다. 다른 기업들도 비로소 비슷한 콘셉트로 제품을 디자인하고 출시할 수 있게 된 것이다. 첫 번째 아이패드가 비록 완벽한 제품이 아님에도 2010년에 전 세계적으로 1,500만 대 이상 팔려나간 것은 스마트패드의 콘셉트를 애플처럼 잡고 제품을 기획한 곳이 없었기 때문이다. 아이패드1이 공개된 가운데 당연히 다른 기업에서 이와 유사한 형태의 스마트패드가 많이 출시될 것이고, 잡스는 그 예견된 상황을 비꼬며 "따라쟁이의 해인가?"라고 얘기한 것이다. 하지만 이런 현상은 애플에게는 반갑지 않지만 소비자 입장에서는 결코 나쁜 일이 아니다. 소비자 입장에서는 많은 기업이 경쟁하고 그런 경쟁 속에서 좋은 제품이 저렴하게 출시되면 그만큼 좋은 일도 없기 때문이다. 하지만 따라가는 입장에 있는 기업들은 애플이 확보한 선점이라는 혜택을 맛보기 어렵기 때문에 아주 치열한 싸움을 치러야 한다.

잡스의 가장 큰 장점 중 하나가 제품에 대한 철학이 명확하다는 것이다. 그리고 지금 단계에서 어떤 수준의 제품이 나와야 하고 다음 단계에서는 얼마나 발전한 제품이 나와야 하는지, 제품의 로드맵도 정확히 그리고 있다. 그렇기 때문에 항상 선점이라는 혜택과 혁신적인 제품을 출시한다는 찬사를 받게 되는 것이다. 기존 기업들은 주로 단발적으로 기획하는 데 그치고 지속적으로 제품의 생명을 이어가는 기획을 하지 못했는데, 이제는 잡스의 이런 기획력을 배워야 한다. 한때 광고계에서도 스토리텔링 형태의 광고가 유행한 적이 있다. 단편적인 광고가 아닌 이야기가 연결되는 광고였는데, 소비자들로 하여금 상당한 관심과 호기심을 불러일으켰다. 바로 이런 것을 애플은 소비자들에게 가지도록 하는 것이다. 그렇게 할 수 있는 것은 아이폰, 아이패드, 애플TV 등 애플에서 나오는 제품에 대한 잡스의 철학이 명확했고 애플은 그런 철학에 맞춰서 다음 제품, 그다음 제품을 출시하기 때문이다.

단순한 모방으로 덫에 빠질 수도 있다

기업들은 소비자가 항상 최고의 기술이 반영된 제품만을 원한다는 논리에 빠지기 쉽다. 이런 생각으로 항상 최신의 기술만 담은 제품을 출시하려고 하는데 세상은 이것이 결코 정답이 아님을 아이패드2로 보여주었다. 아이패드가 출시된 이후 다른 기업들은 오직 아이패드보다 더 성능이 좋고 더 가볍고 더 최신 기술이 반영된 제품을 출시하는 데만 혈안이 되어 있었다. 언론에서도 항상 아이패드를 기준으로 하여 어떤 점이 더 좋다는 둥 아이패드에 없던 기술을 담았다는 둥 하며 기술 관점으로만 제품을 분석했다.

하지만 아이패드2의 가장 큰 혁신은 공교롭게도 가격이었다. 다른 기업들은 가격이 혁신될 것이라는 생각을 하지 않았다. 그들은 혁신의 대상은 오직 기술뿐이라고 생각했는데, 이런 고정관념이 아이패드2를 통해 여지없이 무너져내렸다. 아무리 따라가는 입장이라고 해도 제품 철학이 확고해야 하고 제품에 대한 로드맵을 가지고 있어야 한다. 그렇지 않으면 아이패드2로 겪은 난국을 또다시 경험할 수 있으며, 그때마다 적지 않은 타격을 받게 될 것이다.

기업들은 비록 유사한 제품을 만들더라도 소비자가 어떤 형태로 활용할지 고민해야 하며, 다른 모델이 어떤 식으로 갖춰질지도 미리 예상하고 기획해야 한다. 물론 이 기획안에는 제품뿐 아니라 콘텐츠와 가격, 서비스까지 모두 포함되어야 한다.

아이패드2 발표에서 선보인 스마트 커버도 지금까지 기업에서는 생각지도 못했던 제품 기획안이다. 기업들은 오직 자신의 메인 제품에만 집중할 뿐 이렇게 액세서리까지 생각하지 않는다. 3D TV처럼 특수 안경을 반드시 사용해야 하는 경우는 예외지만 일반적으로 메인 제품만을 기준으로 홍보하는데, 아이패드2는 이런 고정관념도 깼다. 소비자 입장에서 제품을 보고 소비자 입장에서 더 필요한 것이 무엇인지 생각해서 액세서리로 공급한 것이다. 다른 기업보다 더 소비자를 생각했음을 알려주는 대목이다.

아이패드2도 완벽한 제품은 아니므로 소비자 입장에서 불편한 사항들이 생기게 마련이고, 그런 불편함을 최소화하기 위해서 스마트 커버나 HDMI 커넥터 등을 동시에 개발했다. 이런 것조차 필요 없이 만들면 더 좋겠지만 현실적으로 불가능하므로 액세서리 형태로 기획하고 공급한 것이다. 액세서리는 다른 기업에서 만들어야 한다는 고정관념을 깬 좋은 사례이다.

앞으로 기업들이 애플과의 경쟁에서 이기기 위해서는 더욱더 소비자 입장에서 불편함을 개선하려면 무엇을 더 해야 할지 생각하지 않을 수 없게 되었다. 애플보다, 스티브 잡스보다 더 많이 소비자를 생각하지 않는다면 계속 애플의 덫에 빠져서 허우적거리게 될 것이다.

 아이클라우드, 그다음의 충격

클라우드 시장에 기회가 있다

클라우드 시장은 아직까지 초보적인 수준에 머물러 있기 때문에 모든 사업자들에게 기회가 열려 있다. 클라우드 시장에서 자리를 잡고 성공하기 위해서는 아이패드의 경우처럼 클라우드에 대한 콘셉트와 비전을 먼저 정확히 그리는 것이 가장 중요하다. 빨리 뛰어든다고 성공하는 것이 아니라 클라우드의 콘셉트와 단계별 발전에 대한 로드맵을 정확히 그려낼 수 있어야 마침내 성공의 열매를 얻을 수 있다.

이런 상황을 고려할 때 아직까지 정확한 길을 걷고 있다고 생각되는 기업은 없는 듯하다. 구글과 아마존의 행보, 애플과 MS, 그리고 우리나라의 KT와 네이버가 열심히 클라우드 시장에 도전장을 던지고 있으나 세상은 스마트폰이 나왔을 때만큼의 호응을 보이지 않고 있다. 아직까지는 기술과 서비스가 소비자의 마음을 사로잡지 못하고 있다는 증거다. 또한 현재 클라우드 서비스의 소비 대상을 일반 소비자가 아닌 기업을 우선 타깃으로 잡고 있기 때문에 이런 현상이 더욱 뚜렷하게 나타나는 것이다. 하지만 언제까지나 기업들을 대상으로 사업을 할 수만은 없다. 기업 시장이 어느 정도 안정화되고 포화 상태에 이르면 일반 소비자 시장으로 확대될 것이다. 이때부터는 치열한 서비스 경쟁을 해야 한다.

분명 기업 서비스가 일반 소비자를 대상으로 하는 서비스보다 쉽다. 기업은 기업의 목적이 있고 기업에서 직원들이 사용하는 오피스 툴이 분명하기 때문이다. 하지만 일반 소비자로 넘어가면 다양한 성능과 다양한 조건들이 요구되며, 이런 요구를 모두 받아들이며 발전하기는 쉽지 않다. 기업의 경우 만약 그래픽을 개발하는 업체라면 그래픽 툴 중심의 클라우드가 갖춰지면 되고, 게임 업체라면 게임 개발 툴 중심의 클라우드 서비스를 제공해주면 된다. 그러나 개인은 게임을 하는 사람, 게임을 개발하는 사람, 그래픽 업무에 종사하는 사람, 음악을 좋아하는 사람 등 특징이 너무나 많고 다양하기에 이런 소비자들을 모두 만족시키는 클라우드 서비스로 정착되어야 한다. 쉽지 않은 길임에 틀림없다. 하지만 어려운 만큼, 완성이 쉽지 않은 만큼 기회는 크다. 애플 역시 아이클라우드에서 볼 수 있듯이 이 길에 분명한 미래가 있다고 판단하고 있다.

클라우드로의 변화는 패러다임의 변화다

누구에게나 인생에서 기회가 주어진다. 기업도 다르지 않다. 클라우드 시장으로의 변화는 커다란 패러다임의 변화다. 지금은 오직 클라우드 서비스를 공급하는 업체에 대해서만 논의되고 있지만, 앞으로는 클라우드라는 시장에서 어떤 프로그램이 개발되고 공급되는지도 중요한 부분이 될 것이다. 앱스토어가 중요한 시장이 된 것처럼 클라우드 플랫폼에서 어떤 프로그램이 개발되어 공급되는지도 무척 중요해질 것이고, 이런 공급 업체들에게는 어떤 식으로 혜택을 줄지에 대해서도 중요하게 다뤄질 것이다. 구글이나 애플, 아마존 등의 기업이 훌륭하기는 하지만 어차피 그들이 세상의 모든 프로그램을 개발할 수는 없기 때문에 클라우드 플랫폼에서 개발자의 역할은 애플의 앱스토어와 안드로이드 마켓의 활성화만큼이나 중요한 요소가 될 것이다. 클라우드 시장이 정착되면 사용한 만큼 또는 정액제로 소비자들에게 비용을 청구하게 되고, 프로그램을 개발한 업체들은 사용된 만큼의 수익을 얻을 수 있을 것이다. 만약 구글이 클라우드 서비스까지 모두 무료화한다면 클라우드 내에서 프로그램을 구입하고 설치할 수도 있을 것이다. 방법은 달라질 수 있지만 클라우드 플랫폼 업체는 최대한 개발자들을 많이 끌어들여 소비자들이 쓸 만한 프로그램을 최대한 확보하는 것이 무척이나 중요하다.

특히 온라인게임 업체와의 연계는 클라우드 플랫폼의 확대에 커다란 역할을 할 가능성이 높다. 클라우드로 가게 될 경우 가장 큰 장점은 불법 소프트웨어의 사용이 상당히 어려워진다는 것에 있다. 하지만 소비자는 비싼 프로그램을 구입할 필요 없이 원할 때만 빌려서 사용하면 된다. 이런 면에서는 클라우드로 가는 것이 소비자나 개발자 모두에게 이익이 된다. 개발자들에게 어려움이 있다면 클라우드 업체가 여럿일 경우 각각의 플랫폼에 맞춰서 프로그램을 다양하게 개발해야 한다는 점 정도일 것이다. 예전처럼 MS 윈도가 세상을 점령할 때는 오직 윈도에 맞춰서 프로그램을 개발하면 되었지만, 이제는 아이폰이나 안드로이드폰에 맞춰서 어플을 개발하듯 각각의 클라우드 플랫폼에 맞춰 프로그램을 개발해야 한다.

또한 클라우드로 가게 되면 국내 기업끼리만 경쟁하는 것이 아니라 전 세계 기업과 경쟁하게 된다. 애플과 구글 등 세계적인 기업이 강력한 플랫폼으로 국내 시장에 진출을 해올 텐데, 이런 기업을 상대로 이기기 위해서는 지금부터 철저한 로드맵을 가지고 클라우드 플랫폼을 발전시켜 나가야 한다. 지금 우리나라의 클라우드 공급 업체를 구글이나 아마존 등과 비교해보면 수준 차이가 많이 느껴진다. 좀 더 정확한 기획과 투자가 필요해 보인다.

소셜 네트워크도 클라우드로 넘어간다

일부에서는 페이스북이 진정한 소셜 네트워크이지 구글은 진정한 소셜 네트워크가 아니라는 평을 하기도 한다. 페이스북이 인적 네트워크에 의해 모든 것이 이루어지는 데 반해 구글은 아직 거기에 이르지 못했다는 평가다. 페이스북과 구글은 태생부터 다르기 때문에 어쩔 수 없는 결과일 수 있다. 페이스북은 처음부터 지인 중심의 소통을 목적으로 태어난 네트워크이고, 구글은 전 세계에 흩어져 있는 모든 자료를 찾아내는 검색 중심의 네트워크이므로 본질적으로 차이가 날 수밖에 없다.

지금 페이스북과 구글이 소셜 네트워크 분야에서 치열한 경쟁과 싸움을 전개하고 있는 것은 그들의 수익 방식이 비슷하기 때문이다. 페이스북이나 구글은 하드웨어를 판매해서 수익을 내는 것이 아니라 광고와 플랫폼 대여를 통해서 수익을 얻는 구조다. 다만 페이스북은 지인을 중심으로 이런 활동을 전개하고, 구글은 개인별 검색에 대한 데이터베이스를 구축해서 맞춤형 광고로 수익을 창출해내고 있는 점이 다를 뿐이다.

시대가 소셜 네트워크로 넘어가면서 이들 두 업체의 경쟁이 심화되는 형국인데, 이런 경쟁도 클라우드로 넘어가면 또 다른 양상을 띠게 될 것이다. 자신이 믿을 수 있는 지인 중심의 페이스북이 불특정 다수가 선택한 구글보다 좀 더 신뢰가 가는 것은 사실이다. 그렇기 때문에 소셜 네트워크라는 문화에서 페이스북의 가치와 영향은 엄청나다. 하지만 클라우드로 넘어가면 이런 소셜 네트워크도 클라우드 속에서 하나의 문화로 자리 잡게 될 것이다.

지금은 페이스북과 구글이 경쟁 상태이지만 조금만 지나면 협력하는 사이가 되어야 한다. 구글의 안정된 클라우드 플랫폼 안에서 페이스북의 소셜 네트워크가 또 다른 문화로 역할을 하는 형태로 진화되어야 한다. 소셜 네트워크도 클라우드라는 플랫폼에서 더 큰 가치와 편리성을 가질 수 있기 때문이다. 그러므로

 아이클라우드, 그다음의 충격

클라우드 플랫폼을 전 세계에 까는 일은 무척이나 중요하다. 다른 발전도 생각해볼 수 있는데, 클라우드 사이를 연결하는 소셜 네트워크의 탄생이다. 다른 클라우드 속에 있는 사람들을 연결해주는 매개체도 탄생할 가능성이 높다. 지금의 카카오톡으로 안드로이드폰이든 아이폰이든 상관없이 메신저를 할 수 있듯이 이런 매개체의 탄생도 기대해볼 수 있다. 세상이 변하는 만큼 대응할 수 있다면 새로운 패러다임의 변화는 분명 큰 기회가 될 것이다.

아이클라우드, 애플의 독자 노선

애플은 클라우드로 넘어가는 변화를 충실하게 준비하고 있다. 준비하는 방식이 다른 업체와 다르기 때문에 크게 부각되지는 않았지만 아이클라우드에서 볼 수 있듯이 단계별로 진행하고 있다. 애플의 준비 사항 중 가장 큰 특징이자 다른 기업과의 차이점은 애플 제품과 연계하면서 클라우드를 발전시킨다는 점이다. 구글처럼 불특정 기업과 개인을 대상으로 하는 클라우드 서비스가 아니라 애플 제품을 사용하는 사람 중심으로 대응해가는 것이 애플의 방식이다.

하드웨어를 가진 기업과 그렇지 않은 기업의 차이점이자 클라우드에 대한 애플의 생각이 드러나는 부분이다. 페이스북처럼 아는 사람들끼리 모이는 세상이 아닌 애플 제품을 쓰는 사람끼리 모으는 전략으로, 알고 있는 사람들 중에서도 애플 제품 사용자에 한해서만 연결이 가능하도록 한다. 이런 식의 전략은 종교 집단에서 개인을 연결시키는 방식과 유사하다. 예를 들어 무라카미 하루키의 소설《1Q84》에 등장하는 후카에리가 있던 곳은 선구라는 종교 집단이며 이곳에 들어가면 나오기가 무척 어렵다.

애플은 강제적으로 소비자들이 애플 세상에서 빠져나가지 못하게 하는 것이 아니라 환경적으로 빠져나가지 못하게 하는 노력을 하고 있다. 사이비 종교 단체처럼 폭력을 휘두르는 것이 아니라 스스로 들어온 애플랜드의 편의성에 취해 나가지 못하게 하는 전략이다. 아이클라우드의 진화도 분명히 이런 형태로 이루어질 것이며, 그런 현상들은 지금의 제품에서도 충분히 엿볼 수 있다. 지니어스 등의 인공지능 서비스나 모바일미, 애플TV의 서비스 등에도 모두 이런 철학이 기본적으로 깔려 있다.

클라우드 점령 기업이 긴 시간 동안 세상을 독점한다

우리는 MS가 윈도로 전 세계 PC의 OS를 점령하고 오랫동안 독점이라는 지위를 누리면서 편하게 수익을 창출해온 모습을 보았다. 한편으로 이는 프로그램 개발자에게 유리한 부분도 있었다. 지금의 모바일 시장처럼 안드로이드용 프로그램, 아이폰용 프로그램, MS의 윈도폰7용 프로그램 등 각각 다른 언어를 쓰는 OS에 맞춰서 여러 프로그램을 개발할 필요가 없었기 때문이다. MS의 윈도가 전 세계 독점이다 보니 윈도용 프로그램만 개발하면 그만이었다. 소비자들도 윈도를 쓰는 것을 당연하게 여겼고, 새로 출시되는 모든 PC에는 윈도 프로그램이 설치되었다. 싫든 좋든 소비자들은 무조건 윈도만 사용해야 했다.

이런 양상이 클라우드 때문에 다시 찾아올지도 모른다. 특히 애플이 그들의 생태계를 클라우드까지 확장해서 안정화시키면 상당히 오랜 시간 동안 MS의 윈도처럼 독점의 시간을 갖게 될 것이다. 어쩌면 MS 윈도보다 더 무서운 파괴력을 지닐 수도 있다. MS는 윈도라는 OS만 독점했을 뿐 하드웨어까지 독점한 것은 아니었다. OS는 윈도를 사용했지만 하드웨어 분야에서는 소비자들이 얼마든지 선택권을 가질 수 있었다. 하지만 애플은 하드웨어까지 만들어서 공급하는 업체다. 따라서 아이클라우드라는 새로운 플랫폼으로 사람을 끌어모은다면 그 위력은 MS 이상이 될 수 있다. 클라우드라는 세상의 도래가 기회이자 많은 기업들에게 위기인 이유는 바로 여기에 있다.

《빅 스위치Big Switch》의 저자인 니콜라스 카Nicholas Carr는 클라우드 세상에서 전기처럼 인터넷이나 프로그램을 사용한 만큼 돈을 지불하는 방식에 대해 이야기했다. 그런데 사실 클라우드 세상의 도래는 니콜라스 카가 생각한 이상의 세계로 사람들을 인도할 것이다. 〈공각기동대〉에서 보았던 전 세계 네트워크 연결의 시작이 바로 클라우드다. PC에서 또는 기존의 가전에서 할 수 없었던 많은 일들을 데이터 센터에 있는 서버에서 처리, 보관, 관리하고 결과를 전송해주는 등 애니메이션에서나 나올 법한 일들이 실제로 일어날 것이기 때문이다. 물론 당장 애니메이션에서 봤던 세상이 실현되는 것은 아니겠지만 적어도 조금씩 그런 세상으로 변해갈 것이며, 그 속에서 살아가는 사람들은 그런 변화를 느끼지 못한 채변해 있을 것이다.

스마트폰이 보급되면서 OS를 소유한 기업이 더욱 세상의 중심이 되었다. 하드웨어와 소프트웨어로 구분되던 시절에는 소프트웨어가 하드웨어를 지배한다고 했는데, 지금은 한 단계 더 진보해서 OS를 가진 기업이 다른 전체를 지배하게 되었다. 이런 OS 중심의 흐름은 당분간 유지되다가 결국에는 클라우드를 가진 기업에게 그 자리를 양보할 것이다. 애플이나 구글보다 먼저 클라우드에 대비하는 것이 애플과 같은 무서운 기업을 이기는 방법이 될 것이다.

글로벌 콘텐츠 기업이 승리한다

2011년 MS의 윈도폰7 시장점유율이 겨우 2퍼센트대로 스마트폰의 명맥만 유지하고 있는 상황에서 최근 노키아와 MS의 윈도폰7이 제휴하는 데 합의했다. 이로써 윈도폰7은 노키아라는 제조사를 등에 업고 세계 시장에 다시 한 번 도전할 수 있는 계기를 마련했다. IT 분야 시장조사 업체 IDC는 2015년 윈도폰7이 아이폰을 따돌리고 스마트폰 시장점유율을 21퍼센트대까지 끌어올릴 수 있을 것으로 예상했다. 2011년 말까지 2퍼센트의 시장점유율을 5퍼센트대로 올리고, 노키아가 지속적으로 윈도폰7 OS를 설치한 신제품을 내놓으면서 2015년에는 21퍼센트대까지 올릴 수 있다는 것이다.

MS가 노키아라는 거대한 제조사와 힘을 합친 것은 바람직한 선택이고 그에 따라 시장점유율 또한 높아질 것으로 예상되지만, IDC가 예측한 만큼은 아닐 것이다. 왜냐하면 노키아가 심비안 OS를 당장 버릴 수 없기 때문이다. IDC는 심비안의 점유율이 지속적으로 낮아져서 2015년에는 0.2퍼센트로 주저앉을 것이라고 예상했지만 그렇게 되지는 않을 것이다. 이유는 노키아의 기존 시장점유율 방식이 저가 제품에 있기 때문이다. MS의 윈도폰7을 사용하기 위해서는 거기에 맞는 하드웨어가 갖추어져야 한다. 최소 1GHz 칩셋을 장착해야 하고, 500만 화소 카메라에 256MB 램이 요구된다. 이런 하드웨어를 갖추고 노키아에서 생산되는 윈도폰7용 스마트폰의 가격은 저렴해질 수 없으므로 인도와 아프리카 등의 가난한 나라에서는 꿈도 꾸기 어려운 제품이 된다. 저가 시장에서의 싸움이라면 IDC의 예측처럼 될 수도 있겠지만, 그렇지 않기 때문에 IDC의 예상만큼 소비자들이 호응할지는 좀 더 두고 봐야 하는 부분이다.

물론 윈도폰7이 안드로이드보다 늦게 출시된 만큼 장점도 있다. 윈도폰7은 소셜 네트워크에 좀 더 친화적인 사용자 인터페이스를 갖추었다는 평가를 받았다. 아이폰의 경우에는 각각의 아이콘을 묶을 수도 있고 바탕화면에 깔아서 사용할 수도 있지만, 윈도폰7은 아이콘이 없는 대신 일정한 크기의 정사각형과 직사각형이 있는 사용자 인터페이스에 여섯 개의 카테고리를 나누어 세부 항목들을 묶은 허브 형태로 구성했다. 여섯 개의 허브 안으로 한 단계 더 들어가서 커뮤니케이션을 하거나 게임을 즐길 수 있고, 애플리케이션을 작동시킬 수도 있는 구조다. 윈도폰7은 분명히 윈도모바일6.x와는 차원이 다르게 진화했고, 아이폰이나 안드로이드 제품과 다른 사용자 인터페이스를 채택한 것도 사실이다. 이런 MS의 변화가 시장에 어떤 영향을 줄지는 좀 더 지켜봐야 한다. 노키아가 심비안을 버리고 윈도폰7 중심의 스마트폰을 출시한다고 선언한 이상, MS도 스마트폰 OS로 다시 일어날 기회를 잡을 수도 있다.

PC와의 연계, 그리고 기업형 모바일로의 진화

MS의 가장 큰 장점은 데스크톱과 노트북 OS 시장에서 시장점유율 90퍼센트를 차지하고 있고, 대부분의 기업에서 MS오피스를 꾸준히 사용한다는 것이다. 비록 모바일 분야에서 구글과 애플을 상대로 고전하고 있지만 여전히 MS

는 무서운 기업으로 언제든지 전세를 역전시킬 수 있는 무기를 갖추고 있다. 특히 MS오피스는 아직까지 적다운 적을 만나지도 않은 상황이다. 구글이 구글독스를 출시했지만 MS오피스에 비하면 새 발의 피에 불과하다. 이런 장점을 가진 MS이기에 모바일 전략도 분명히 기존의 PC와 연계하는 방향으로 진화할 것이고, 이런 연계가 성공적으로 안착되면 패러다임의 전환에서 다시 한 번 일어나 자리를 잡은 기업으로 남게 될 것이다.

기업형 모바일을 타깃으로 발전시키는 것이 MS에게 득이 될지 해가 될지는 좀 더 지켜봐야 한다. 하지만 기업형 모바일을 무기로 가지고 가지 않으면 기존에 뿌리를 깊게 내리고 있는 안드로이드와 애플 진영을 공격하기가 쉽지 않아 보인다. 윈도폰7이 분명히 기존의 윈도모바일 시리즈보다 훌륭한 OS이고 나름 차별화도 이룩했지만 소비자가 이 OS를 설치한 제품에 얼마나 열광할지는 의문이다. 기업형 모바일로 진화하면 당장은 시장점유율을 높일 수 있지만 일정 비율 이상으로 시장을 확대하기는 쉽지 않을 것이다. 그래서 처음부터 소셜 네트워크가 잘될 수 있도록 사용자 인터페이스도 꾸몄지만 여전히 MS의 OS는 기업형에 어울린다는 생각을 떨쳐버리기 어렵다.

클라우드로 진화하는 세상을 보면 MS의 모바일 시장에 대한 변화는 매우 시급하다. 아직은 괜찮지만 클라우드로 진화한다면 지금의 시장점유율 90퍼센트는 아무런 의미가 없어지기 때문이다. 이런 숫자는 과거의 영광일 뿐이다. MS는 이렇게 변해가는 세상을 모두 이해하고, 필요하면 밥 딜런처럼 과거의 성공 방식을 버릴 각오까지 해야 한다. 노키아가 자신의 심비안 OS 대신 과감히 윈도폰7을 채택한 것처럼 해야 할지도 모른다. 아직 세상의 변화가 끝난 것이 아니기 때문에 PC OS 분야에서 막강한 파워를 가진 MS의 모바일 분야 재기도 매우 기대되는 부분이다. 많은 기업에서 좋은 제품을 다양하게 출시한다면 소비자 입장에서는 그보다 더 좋은 일이 없다.

오픈 소스 안드로이드의 성장

많은 전문가들의 예상 중 공통적인 부분은 안드로이드가 스마트폰 OS시장에서 지속적으로 성장함으로써 점유율이 50퍼센트대에 육박할 것이라는 점이다. 이처럼 안드로이드 OS가 성장할 것이라고 예측하는 이유는 간단하다. 애플이 아이폰으로 전 세계 스마트폰 시장의 강자로 떠올랐음에도 기존의 휴대전화 제조사에서는 아이폰에 대항할 방법이 없었다. 그 이유는 자체적인 스마트폰 OS가 없었기 때문이다. 스마트폰 제조 능력은 갖추었지만 거기에 들어갈 소프트웨어가 없었던 것이다. 때마침 구글은 안드로이드라는 OS를 가지고 나왔고, 더군다나 이 OS를 무료로 제공하기까지 했다. 물론 윈도모바일6.x가 있었지만 아이폰에 비해 만족도가 상당히 떨어져 아이폰에 대항할 수가 없었다. 따라서 안드로이드는 모든 휴대전화 제조사에게 구세주와 같은 존재였다. 그리고 기존의 모든 휴대전화 제조사들이 안드로이드 OS를 가지고 스마트폰을 제작함으로써 안드로이드의 시장점유율이 급격히 증가할 수 있었다. 구글은 꾸준히 업그레이드를 제공했고 초창기 버전에서 문제가 되었던 많은 오류들을 제거하면서 품질을 높였다. 앞으로도 이런 추세는 변하지 않을 것이다.

다만 안드로이드의 점유율 향상에 걸림돌이 되는 부분은 노키아와 MS의 결합이다. 안드로이드 OS를 탑재한 스마트폰의 전략과 노키아의 판매 전략이 비슷하기 때문에 이들 두 진영의 경쟁이 매우 치열해질 것으로 보인다. 애플은 하드웨어와 소프트웨어를 동시에 구축하고 있기 때문에 점유율은 그리 큰 의미가 없다. 결국 OS 시장점유율 경쟁은 안드로이드와 MS 윈도폰7의 싸움이 될 것이다. MS의 윈도폰7보다 안드로이드 OS를 이용하는 제조사가 많지만 노키아의 제조 능력과 판매 능력은 결코 무시할 수 있는 수준이 아니다. 안드로이드 진영이 시장을 선점한 상황에서 윈도폰7 OS가 단숨에 안드로이드를 꺾기는 어렵겠지만 안드로이드의 계속되는 성장을 어느 정도는 막을 것으로 전망된다.

점차 안정화되고 있는 안드로이드 마켓

초창기에 불안했던 안드로이드 마켓이 서서히 안정화되면서 안드로이드 OS의 시장점유율 향상에 한몫을 하고 있다. 안드로이드 마켓과 애플 앱스토어의 가장 큰 차이점은 얼마나 관리를 하느냐에 있다. 특히 애플은 앱스토어에 등록되는 어플을 엄격하게 규제하고 있는 반면, 초창기 안드로이드는 이런 규제가 무척이나 약했다. 따라서 안드로이드 마켓에 올라온 어플들은 복제가 쉬웠고, OS가 자주 업그레이드되면서 개발자가 기존 어플에 대해 지속적으로 개선 작업을 해야 하는 부담이 컸다. 상황이 이러하다 보니 개발자가 새로운 어플을 등록하는 것을 꺼리는 문화가 생겼고 안드로이드 마켓에는 쓸모 있는 어플이 없다는 평이 나오기도 했다. 하지만 점차 안드로이드 OS가 안정화되면서 업그레이드도 과거만큼 자주 하지 않고, 구글의 관심이 커지면서 시장도 점차 확대되는 추세이다.

이처럼 안드로이드 마켓의 안정화는 안드로이드 OS의 확대에 크게 기여할 것이다. 앱스토어에 비해 한참 부족하다는 평가에서 이제는 꽤 쓸모가 있는 어플 마켓으로 성장하고 있다는 평가로 바뀌고 있다. 더구나 안드로이드 스마트폰 사용자가 늘어날수록 안드로이드 마켓은 어플을 등록해서 돈을 벌려는 개발자에게 큰 기회의 시장이 된다. 기회가 클수록 개발자는 많이 모이게 마련이며, 시장은 더욱 커지고 안정화되는 선순환 구조로 바뀐다. 이런 부분까지 지속적으로 안정화되면 애플의 독주는 상당 부분 저지될 가능성도 있다.

생각보다 높은 iOS의 점유율

시장조사 기관인 IDC에서 2015년 스마트폰 운영체제로만 봤을 때 애플 iOS의 시장점유율은 15.3퍼센트밖에 되지 않을 것이라는 예측을 발표했다. 하지만 이 예측은 정확하지 않을 가능성이 매우 높다. 다른 시장조사 업체인 컴스코어

comScore가 2011년 2~3월 미국 모바일 기기 기준 가입자들 기기에 장착된 OS를 조사했는데 iOS는 3,790만 명, 안드로이드는 2,380만 명이었다. 이러한 조사 결과는 미국 시장만 본 것이고 아이폰뿐 아니라 아이패드까지 포함한 수치라서 IDC가 스마트폰에 한정해 전 세계 시장에서의 점유율을 계산한 것과는 차이가 있다. 하지만 분명히 iOS가 점유율에서 안드로이드를 이기고 있다. 스마트패드 분야에서 아이패드는 독보적인 존재이므로 이 수치에서 아이패드가 차지하는 부분이 무척 클 것이라는 예상이 가능하지만, IDC의 예측만큼 애플의 아이폰 판매가 저조하지는 않을 것이다.

특히 애플은 통신사의 확대 등 다양한 방법으로 아이폰 판매를 늘리기 위해서 노력하고 있다. 안드로이드는 여러 제조사에서 제품을 만들고 판매하기 때문에 iOS의 시장점유율이 안드로이드보다 낮다는 것을 예측할 수 있다. 하지만 시간이 흐를수록 지금보다는 훨씬 높아질 것이다. 통신사의 확대 역시 애플이 2011년에 처음으로 도입한 판매 방식이다. 우리나라도 SKT까지 통신사를 확대해 공급했으며 미국도 버라이즌을 통해서 아이폰을 공급하기 시작했다. 물론 두 통신사 모두 기존의 다른 통신사만큼 판매가 이루어지지는 않았지만 향후에는 그렇지 않을 것이다.

KT가 처음으로 아이폰3GS를 도입했을 때도 사람들은 아이폰4를 많이 기다렸다. 조금만 참으면 더 좋은 모델로 구입할 수 있는데 잠깐을 참지 못해서 아이폰3GS를 구입하기에는 아쉬움이 많았던 것이다. 그래서 아이폰4에 아이폰3GS보다 더 많은 예약자가 몰렸고, 초기 물량도 상당히 많이 판매되었다. SKT와 버라이즌의 상황도 이때와 비슷하다고 봐야 한다. 아이폰 화이트 모델과 아이폰 후속 모델이 출시될 것이라는 예측이 나온 가운데 굳이 구 모델을 비싼 돈을 들여서 살 필요가 없는 것이다. 실제로 미국에서 아이폰4S는 출시된 지 사흘 만에 400만 대가 팔려 나갔다. 이는 아이폰4의 사흘 판매 기준 170만 대를 두 배 이상 능가한 수치다. 이렇게 아이폰4S가 나온 4/4분기 시점까지 포함한다면 그 전의 데이터로만 판단한 예측은 결코 정확하지 않다. 따라서 iOS의 시장점유율이 높지 않을 것이라는 예측은 맞지 않다고 말할 수 있다.

iOS의 위험 요소, 우군이 적다

애플이 원 디바이스 원 플랫폼 정책을 추구하는 한 iOS의 점유율 향상에는 역시 한계가 있다. 스티브 잡스가 없는 애플도 이 정책을 당분간은 바꾸지 않을 것이다. 애플은 구글이나 MS와 수익원이 다르기 때문이다. 구글은 더욱 많은 제조사가 자신의 안드로이드 OS를 사용하는 것이 유리하며, 실제로도 그렇게 되게 하려고 노력한다. 당연히 OS의 점유율 향상은 무척이나 중요하다. 또한 MS는 구글보다는 덜하지만 역시 OS를 판매하는 입장이라서 많이 팔릴수록 이득이다. 하지만 애플은 그렇지 않다. OS 판매가 아닌 자신의 OS를 담은 제품 판매와 앱스토어의 콘텐츠 판매로 수익을 올리는 기업이다. 다시 말해 애플에게는 OS 점유율보다 제품과 콘텐츠 판매에 따른 이익이 훨씬 중요하다.

애플은 굳이 OS 점유율을 늘리기 위해서 구글과 같은 정책을 쓰지는 않을 것이다. 하지만 많은 언론들은 이런 데이터를 비교해 평가하기를 좋아하고, 점유율이 낮기 때문에 성장에 한계가 있다고 얘기하곤 한다. 그리고 구글의 손을 들어주고 싶어 하지만 2011년 1/4분기의 영업이익률을 볼 때 구글의 손을 들어주기가 좀 어색해졌다. 구글의 영업이익은 32억 달러, 애플은 78억 달러로 애플이 구글보다 두 배 이상 이익을 많이 창출했다. 그리고 애플의 영업이익률이 당분간은 꺾이지 않을 것이라는 점이 더 큰 문제다. 아이폰과 아이패드의 판매 추이를 볼 때 애플은 앞으로도 한동안 큰돈을 벌어들일 것이 확실하기 때문이다.

iOS 점유율로만 애플이라는 기업을 평가하는 것은 사람들로 하여금 잘못된 판단을 하게 만든다. 여러 가지 데이터를 복합적으로 보여줌으로써 정확하게 판단을 내릴 수 있게 하는 것이 중요하다. 그렇지 않으면 세상의 변화를 정확히 읽을 수 없을뿐더러 애플처럼 전 세계를 대표하는 기업이 우리나라에서는 결코 탄생할 수 없을 것이다.

아이클라우드,
지금껏 경험하지 못한 빅뱅

최근 몇 년 사이에 전 세계를 뒤흔든 기업들을 뽑으라면 페이스북, 트위터, 구글, 애플 등 몇 개 기업으로 축약할 수 있다. 중동의 자유화 물결을 타고 페이스북이 전 세계 많은 사람들의 관심사로 떠오르기도 했으며, 신문 기사보다 앞서서 현재의 정보를 전달하는 것이 트위터의 역할이 되어버렸다. 하지만 이런 기업들은 여기까지다. 이 정도의 영향력과 성공도 물론 대단하지만, 많은 시간을 들여서 그들을 분석하고 싶다는 생각이 들 정도는 아니었다. 어쩌면 사회가 변하는 과정에서 자연스럽게 파생된 기업일 수도 있기 때문이다.

끊임없이 성장하고 사회에 영향을 주는 기업이 되는 것이 중요하다. 스티브 잡스가 키를 잡았던 애플은 마치 산 정상에서 굴려 보낸 작은 눈덩이처럼 점점 더 영향력이 커지고 있다. 더구나 잡스의 생각을 이해하면 할수록 그가 미래를 만들기 위해서 현재의 각본을 얼마나 정확하게 작성했는지 놀라지 않을 수 없다. 그가 했던 말, 아이폰이나 아이패드에 들어간 기능들, 현재 제품의 업그레이드 등은 당장의 모습이 아닌 몇 년 뒤의 모습까지 구상하고서 개발한 것이다. 현재는 그런 몇 년 뒤의 모습을 위한 준비 과정으로 진행되고 있다.

애플은 2011년 6월에 열린 WWDC에서 아이클라우드에 대해 집중적으로 발표했다. 그 바람에 6개월간 공들여 집필하여 마무리되어가던 이 책의 상당 부분을 수정해야 했다. 원고 초안에는 스티브 잡스가 클라우드 세상을 잡기 위해서 많은 준비를 할 것이며, 조만간 애플이 클라우드를 들고 세상에 나올 것이라고 예측하면서 그 시기를 내년 중반쯤으로 생각했다. 사회 환경 측면에서 아직 클라우드라는 새로운 패러다임을 받아들일 준비가 부족하다고 여겼다. 하지만 잡스는 2011년 6월에 애플도 드디어 클라우드를 핵심 플랫폼으로 활용할 것이라고 선언했고, 모든 애플 사용자를 위해서 10월에 iOS5와 함께 정식으로 클라우드 서비스를 공개했다. 예측보다 빠른 잡스의 행보는 어쩌면 클라우드 세상을 잡는 것이 그 무엇보다 중요하다는 내 의견에 동의해준 것인지도 모르겠다.

나는 스티브 잡스가 현 세상의 IT 리더였다고 생각한다. 그래서 그의 생각을 읽고 그의 행보에 맞춰서 움직여야 급변하는 IT 세상에서 살아남을 수 있으리라는 나름의 판단을 내렸다. 잡스보다 더 뛰어나서 그가 하지 못하는 그다음의 미래까지 모두 읽어내 준비한다면 더할 나위 없이 좋겠지만, 사실 잡스만큼만 생각하고 준비해도 세상을 이끄는 기업이 될 수 있을 것이다.

구글의 에릭 슈미트 회장과 스티브 잡스는 매우 친한 관계였다. 하지만 에릭 슈미트가 구글에 본격적으로 합류하면서 두 사람의 사이는 악화되었다. 잡스의 독특한 성격을 고려할 때 슈미트와 잡스가 매우 친할 수 있었던 것은 둘의 생각이 매우 비슷했기 때문일 것이다. 기업인으로서 그리는 미래의 모습과 그 미래를 위해서 무엇을 준비해야 할지에 대한 구상이 유사했기에 슈미트가 애플의 이사회에 참여하는 동안 아주 좋은 관계를 유지할 수 있었다. 다만 슈미트가 구글에 본격적으로 합류한 뒤에 잡스가 했던 여러 구상과 유사한 형태로 구글의 행보가 이어지면서 두 사람의 사이는 상당히 나빠졌다. 그들의 관계를 떠나서 이런 현상에 대해 결론을 내리자면, 애플과 구글이 미래를 위해 준비하는 내용 중 겹치는 부분이 있다면 IT 미래가 그런 방향으로 흘러간다고 확신해도 문제가 없다는 것이다.

지금은 아이폰이나 갤럭시S2 등 스마트폰에 대해서만 온 세상의 관심이 쏠려 있는데, 중요한 변화의 흐름은 스마트TV와 클라우드로 넘어간다는 것이다. 애플과 구글이 쉬지 않고 준비하는 시장이 바로 이 두 분야이다. 스마트TV 분야에서는 구글이나 애플 모두 아직까지 큰 성과를 이루어내지 못했다. 하지만 끊임없이 투자하고 다음 모델을 만들어내기 위해서 노력하고 있다. 클라우드도 마찬가지다. 당장은 큰 성과가 없지만 어마어마한 돈을 투자해서 데이터 센터를 만들고 기업과 사람들을 클라우드 세상 속으로 끌어들이려고 노력하고 있다.

하지만 우리나라의 언론이나 많은 전문가들은 이 기업들의 이런 미래에 대한 투자와 준비보다는 현재의 이슈인 아이폰과 아이패드, 갤럭시S2, 갤럽시탭 등에 대해서만 집중적으로 보도하며 관심을 보이고 있다. 한 발 늦은 행보인 것이다. 잡스는 스마트TV와 클라우드가 사람의 삶을 얼마나 크게 변화시키는지를 정확히 이해했고 그런 환경을 구축하기 위해 몇 년간 공을 들이면서 계속 도전했다.

우리나라 기업들은 스마트폰의 경우 힘들었어도 선발 기업들을 어느 정도 따라잡을 수 있었지만, 스마트TV와 클라우드가 세상의 중심이 되는 시기가 오면 후발 주자가 따라갈 수 있는 기회조차 사라지고 없을지 모른다. 누군가가 걱정했던 것처럼 우리나라의 기업들은 이런 업체의 제품을 제조해주는 생산 기지 역할만 하고 핵심은 그들이 갖게 될지도 모른다.

애플과의 전쟁은 아직 끝나지 않았다. 많은 언론들은 애플과의 전쟁에서 승전보와 관련한 내용은 열심히 실어 나르고 있지만, 안타깝게도 패전보에 대해서는 세상에 알리기를 꺼리고 있다. 언론이 이런 정보를 모두 나르지 않는다고 해서 애플의 영향력이 줄어드는 것도 아니고, 사람들이 그런 정보를 알지 못하는 것도 아니다. 사람들은 이제 정보를 습득하기 위해 신문 기사에만 매달리지 않기 때문이다. 애플과 같은 기업을 이기기 위해서 또는 젊은 인재들이 스티브 잡스와 같은 인물이 되기 위해서 무엇을 해야 하고 어떻게 준비해야 하는지 알려주는 것이 필요한 때이다. 그러기 위해서는 우리가 잘하는 것도 알려야 하지만 우리가 잘하지 못하는 것도 알려야 하며, 승전보든 패전보든 모두 객관적으로 분석해서 어떻게 해야 할지 성찰해야 한다.

알면 알수록 스티브 잡스가 이끌었던 애플을 이기기는 무척이나 힘들겠다는 생각이 든다. 특히 이번에 선보인 아이폰4S의 시리를 접하는 순간 정말 무서운 무기를 어느 정도 완성시켰다는 사실에 놀라지 않을 수 없었다. 애플이 클라우드를 기반으로 인공지능을 연계하면서 음성 인식과 동작 인식을 미래의 사용자 인터페이스로 활용할 것이라고 예상했는데, 그런 미래의 초석은 시리로 어느 정도 준비가 마무리된 것으로 보인다. 다른 기업이 새로운 전쟁을 위한 준비가 부족한 상황에서 첨단무기로 공격하는 모양새다.

물론 애플이 가지지 못한 것도 많이 있다. 애플이 부러워할 만한 우리나라 기업만의 장점도 충분히 있다. 애플보다 더 깔끔한 AS와 소비자 대응 정책, 그리고 다른 가전제품까지 생산한다는 것은 우리 기업들이 가진 장점이다. 이런 장점을 어떻게 살리느냐에 따라, 잡스처럼 미래에 대한 준비를 단계별로 얼마나 철저히 하느냐에 따라 미래에는 애플을 이길 수 있을지도 모른다. 애플도 아직은 자신의 무기를 완벽하게 완성시키지는 못한 상태이기에 우리에게 기회가 있는 것이다. 그래서 모든 것이 미완인 지금이 그 어느 때보다 중요한 시기이다.